宇野常寛

庭の話

Tsunehiro Uno

Think as a Garden

講談社

庭の話

目次

庭の話

装丁　川名潤

#1　プラットフォームから「庭」へ

§1　キーウの幽霊

いまや懐かしい話だ。ロシアがウクライナに侵攻を開始した日、つまり開戦の翌日に当たる二〇二二年二月二十五日のことだった。ロシアの侵攻に抵抗するウクライナの人びと、そしてウクライナを支持する人びとのあいだで、ある噂がネットを通じて拡散していった。それは、ウクライナのMiG-29戦闘機を操縦するあるエースパイロットが、開戦から三十時間のあいだにロシアの戦闘機を六機撃墜したというものだった。[*1]

この「噂」には、約二十秒の短い動画が添えられていた。キーウの市街地のビルの隙間から見上げるように撮影されたそれは、上空を飛行する機影とその爆音を一瞬だけとらえていた。このエースパイロットは「キーウの幽霊」と呼ばれ、瞬く間にロシアの侵略に対する抵抗のシンボルの位置を獲得していった。ウクライナの前大統領ペトロ・ポロシェンコは、「キーウの幽霊」その人であるとするパイロットの画像をTwitter（当時はまだ「X」という名称ではなかった）に投稿し、欧州連合のウクライナ大使ミコラ・トチツキーは「一人のウクライナのMiG-29ジェット戦闘機パイロットが、ロシア人との空中戦で一日で六回の勝利を収めました。彼は「キーウの幽霊」と呼ばれています」とその存在を讃えた。[★2]

すでに広く知られているように、この噂は事実無根のデマにすぎない。そのようなエースパイロットは存在せず、投稿された動画はロシア製のコンピューターゲームの動画を再編集し合成したものであることがその日のうちに複数の、それも西側諸国のメディアの検証によって判明していた。[★3]

おそらくそれは開戦当初は圧倒的な優位を保持していると考えられていたロシアの侵攻を前にしたウクライナの市民が、あるいはウクライナを支援するどこかの国の誰かが自分たちを勇気づけるためにつくった他愛もない作り話にすぎなかった。しかしウクライナはこの小さな噂を最大限に利用した。「英雄」の物語によって自国の、そして西側諸国の市民の戦意高揚をおそるべき低コストで実現したのだ。

英雄の捏造《ねつぞう》のためにウクライナが「表立って」おこなったことはひとつだけだ。ウクライナ国防省がそのTwitterのアカウントで「キーウの幽霊」の噂について述べるさまざまな人びとの投稿を、とくにコメントも付けずただリツイートすること——それだけだった。しかし、その効果は絶大だった。国防省の担当者がこの「噂」を拡散する作業に費やした時間は、おそらく驚くほど短い。しかしこの「噂」の拡散が、西側諸国においてウクライナ支持の世論が開戦直後に急速に醸成されたことに少なからず貢献したことは疑いようがない。それが二十四時間足らずでデマであることが検証されたとしても、その費用対効果はきわめて高かったはずだ。

重要なのは、ほんの短い間だけエースパイロットの実在が信じられたことよりもむしろこの「噂」が広く、瞬く間に数多くの人びとにシェアされた事実のほうだった。たとえ捏造されたものであったとしてもそれを多くの人びとが求めていることが可視化されたことにこそ、意味があったのだ。この虚構の英雄の物語は大統領プーチンの専横と彼によって引き起こされた侵略戦争に抵抗するという西側諸国の市民たちの国境を越えた強い連帯が、それも急速に成立しうることを瞬く間に知らしめてしまったのだ。

「キーウの幽霊」の事例は今日における情報の操作が恐ろしいほど低コストでかつ高ベネフィットな戦術であることを、そして情報の発信はそれが事実を伝えることではなく、人びとの欲望に応えることにおいて威力を発揮することを私たちに教えてくれる。より正確には人びとが、一人の発信者としてその物語を語る快楽を利用することの有効性を証明している。この「噂」を広めたのは、国家による大規模なプロパガンダではなく市井の人びとの発信だった。だからこそ、それは国境を越えた民意の可視化として威力を発揮した。人びとはその実在が限りなく疑わしい「キーウの幽霊」について投稿することそのものに、情報を発信することそのものに強い高揚と快感を得ていたはずなのだ。

そしてこの虚構の英雄の存在は彼が実在しないことが瞬時に暴かれたとしても、危機を前にした「私たち」の連帯の高揚と快感を、そしてそれらが発信されることによって増幅することを人びとに十分すぎるほどに確認させたのだ。

この文章が書かれている二〇二四年現在、戦局は膠着《こうちゃく》して久しい。この膠着は大半の人びとにとって、予想外のものだったはずだ。開戦前「二週間保《も》たない」と評されていたウクライナは、[4]西側諸国の強力な支援を得て首都キーウを中心にもちこたえ、ロシアは戦線を大きく後退させた。そして開戦から最初の一年にあたる二〇二二年の戦局は大きくウクライナ側に傾くことになった。この戦況を生み出したのはウクライナ軍と国民の高い士気と、そしてそれを支える西側諸国の強力な支援であったことはすでに誰もが知っていることだ。そして後者を可能にしているのが西側諸国の親ウクライナ、反ロシアに傾いた国民世論であり、これがウクライナのプロパガンダの成功によって醸成されていたことはもはや疑いようがない。

ウクライナの大統領ゼレンスキーが、喜劇俳優出身であることは広く知られている。彼はテレビ番組の政治風刺ドラマで架空の大統領役を演じ、そのイメージを用いて現実の政治に進出して今日の地位を手に入れた。その選挙は彼が所属する劇団を母体とした政党によって、主演を務めた『国民の僕《しもべ》』の最新シーズンとして演出された。ゼレンスキーは、少なくとも二〇二二年当時において、情報社会下の民主主義におけるもっとも効果的なプロパガンダの方法を実践してみせた政治家であったはずだ。そのプロパガンダとはかつてのように、英雄の活躍を一方的に発信するものではなく、それを受け取った人びとにボールを預け、シュートをうながすパスであることによってしか成立しない新しいかたちのものだ。クレムリンにスーツで君臨し、陰謀論めいた国民の物語を語るプーチンの旧態依然とした独裁者のイメージをなぞる振る舞いに対し、カメラの前にTシャツ一枚で登場し、ロシアの非道への抵抗と、ウクライナへの人道的な支援を呼びかけるゼレンスキーの「役者の違い」は明白だ。そして両者の情報へのアプローチの差こそが、戦局に大きく反映されていたのだ。

そして現在における膠着状況が、西側諸国のウクライナへの関心低下によることもまた、疑いようがない。西側諸国の「ゼレンスキー疲れ」は開戦から半年足らずで指摘されていたが、[*5]今日ではそれに加えて二〇二三年十月のハマスのイスラエルに対する大規模テロ、そしてその後のイスラエルによるパレスチナに対する事実上の無差別攻撃が、西側諸国の市民の関心を集め相対的にウクライナへの関心を低下させている。

こうして考えたときウクライナの戦争は、断じて二十世紀への逆行ではない。そこで進行しているのはきわめて、二十一世紀的な現象だ。それは表面的には二十世紀型のナショナリズムの衝突のもたらした、かつての正規戦への回帰として現れている。それは残念ながら、この三十年に進行した時代の変化を不可逆なものだと認めたくない人びとの願望が見せている夢にすぎない。「キーウの幽霊」という現象と、ゼレンスキーのプロパガンダ戦略の成功が示すように、これは情報技術に基づいたグローバルなプロパガンダが、それもトップダウンではなくボトムアップに構成されるものがもっとも強い力で情況を決定するきわめて二十一世紀的な戦争なのだ。

戦線から遠のくと、楽観主義が現実にとって代わる。そして最高意思決定の段階では現実なるものはしばしば存在しない。戦争に負けているときは特にそうだ。[*6]

これは東京におけるテロをシミュレーションしたある映画のセリフの引用だが、今日においてこの「戦線」という概念は、少なくとも以前のようには存在しえなくなっている。二十世紀が後方の生産力が前線の戦力を支える総力戦の時代なら、二十一世紀はテロの時代だ。そこがもはやニューヨークやパリの中心街であったとしても、いや、そうであるからこそ戦場に選ばれることを、すでに人類は経験的に知っている。もはや誰にも「戦線から遠のく」ことはできない。なぜならばすでに戦線という概念が解体されつつあるからだ。

そもそもテロリズムとは、相対的に小規模な破壊と殺戮で最大限のプロパガンダをおこなうことを目的とした行為だ。そのために、敵国の中心部や重要な施設を象徴的に破壊し、その場所で市民を殺害し、恐怖を与える。これによって敵国の人心を刺激し、統治権力を脅かす。その敵国が民主的な制度にのっとっていればいるほど、その効果は高い。テロリストたちは敵国の人びとに破壊と殺戮を報道させることで、自分たちに注目を集め、メッセージを伝える。比喩的に述べれば、彼らは自分たちのYouTubeのチャンネルの登録者数を増やすために、テロをおこなっているのだ（実際に、現代のテロリストたちの多くが、自分たちの団体のプロパガンダとメンバーの勧誘の手段として、YouTubeなどのプラットフォームを用いている）。彼らの非合法な政治活動にとって情報発信は存在証明とほぼ同義であり、それによる新しいメンバーの獲得（動員）は活動の維持に直結している。そしてここではその情報発信の効果を最大化するものとしてテロが選ばれているのだ。

距離を無効化したアプローチ（攻撃）をおこなうテロとはインターネット的な戦争の形態だ。

二十世紀前半の総力戦、つまり二度の世界大戦のうち、とくに後者は放送（ラジオ）と映像（映画）というふたつの技術の産み出したものだと言われる。放送と映像、ふたつの技術は国家による大衆の動員力を飛躍的に増大させ（その先鋭化した形態が、全体主義運動だった）、総力戦を可能にした。続く冷戦下の東西両陣営の相対的な安定を支えたのは、このふたつの技術の融合したテレビだった。そしてその冷戦の終結の原因のひとつが、西側諸国の衛星放送の受信による東側諸国の市民の意識の変化であったことは記憶に新しい。人類にとって、戦争とは常に、情報技術によってその形態を決定されてきたのだ。

そして前線と後方の境界線を破壊したテロの時代を経て、今日の戦争をもっとも強い力で決定しているのがインターネット（SNSのプラットフォーム）上で展開されるプロパガンダとしての情報戦にほかならない。今日のテロリストたちの「攻撃」が、なかばサイバースペース上の彼らの発信の影響力の増大を目的におこなわれていることはすでに指摘したとおりだが、その延長に今日の国家間の「戦争」も存在する。これがウクライナで顕在化した、新しい戦争のかたちなのだ。

この新しい戦争のかたちが証明するように、今日の人類社会はインターネット上で、Facebookの、Instagramの、X（Twitter）のプラットフォーム上で展開されているユーザー間の情報発信による相互評価の連鎖と、その結果としての世論形成が支配的な力をもっている。それはいわば、すべてのプレイヤーが参加する相互評価のゲームにほかならない。今日の情報環境において、あらゆるユーザーは受信者であると同時に潜在的な発信者だ。そしてこのときユーザーには自己の発信に他のユーザーから反応を得るインセンティブが多かれ少なかれ発生する。つまり誰もが他のユーザーからのリアクションを潜在的に期待している。たとえそれが名もなき1アカウントであったとしても、いや、名もなき1アカウントだからこそ自分の投稿が不特定多数に評価されることは、一時的にでも強い快楽を与える。そして各プラットフォームは人間が情報発信によるインスタントな承認の中毒に陥っていることを経験的に知っている。そして「Like《いいね》」や「Repost《リポスト》」というかたちでその承認を可視化することで、より人びとをその快楽の虜にした。そして今日では人類が覚えた新しい麻薬の効果を用いて政治的、経済的な「動員」をおこなうことこそをプロパガンダと、あるいは広報と呼ぶのだ。

とくに民主主義という制度は、この相互評価のゲームが世論に対して強い影響力をもつようになったことで迷走をはじめている。二〇一六年のブレグジットしかり、ドナルド・トランプの台頭しかり——。したがって、このプラットフォーム上の相互評価のゲームで優位に立つことが、西側の民主主義国に暮らす人びとの心を摑《つか》み、その世論を操作することが、これらの国家たちからの足並みをそろえた支援を獲得するためにもっとも有効であることをゼレンスキーは理解している。だからこそ彼はインターネットを通じて、戦場から国境を越えて「直接」世界中の市民に問いかけつづけているのだ。そしてその言葉がより新しい、次の戦争の出現によって人びとに届かなくなると同時に彼の戦略もまた破綻しつつあるのだ。

§2 アフター・トランプの世界

ここで注意したいのは、そもそもロシアのウクライナへの侵攻はバイデン政権下のアメリカの非介入――たとえ侵攻があったとしても、ウクライナへは派兵はしないとなかば宣言したこと――を前提におこなわれたものだったことだ。アフガニスタンとイラクでの失敗から、今日のアメリカが二十一世紀初頭のように「世界の警察」を継続することは国民感情的に難しい。とくに人的損害に対する国民の忌避感は決定的だ。トランプから僅差で大統領の座を奪取したバイデンは常にトランプという稀代のポピュリストであり、世界でもっとも影響力のある政治的インフルエンサーの動向を警戒する必要があり、そのためトランプ以上に世論に配慮した政権運営を強いられてきた。この「配慮」のひとつが、結果として二〇二一年夏のアフガニスタンからの無残な撤退劇としてあらわれた。ここで西側諸国がタリバン政権の手綱を中国とロシアに渡さなければならなくなったことが、間接的にロシアのウクライナへの侵攻を可能にした。ウクライナの戦争はアメリカのポピュリズムの、具体的にはトランプという現象の落とし子なのだ。

二〇一六年に顕在化したトランプという固有名詞が、あるいはブレグジットと呼ばれた事件が象徴する現象は、この三十年の世界を牽引したグローバリゼーションと情報技術、世界をひとつにつなげる力へのアレルギー反応として位置づけられている。

この三十年のあいだに冷戦からパクス・アメリカーナへ、そしてその崩壊へと時代は移ろい、ローカルな国民国家からグローバルな市場に人類社会の最上位レイヤーは変化し、そして世界を変える究極の手段はそのローカルな国民国家の法を選挙や革命で変える政治から、グローバルな市場にイノベイティブな商品やサービスを投入する経済へと移行した。選挙や革命を通じた旧来の政治的なアプローチによる社会の変化はひとつのローカルな国民国家にとどまる。しかしこの新しい経済的なアプローチは、驚くほどの短い時間で世界中の人びとの社会と生活のかたちを変えることができる。そして、今日の現役世代の才能と情熱の大半がこの新しい（経済的な）アプローチに、とりわけ広義の情報技術を用いた産業に集中している。

ローカルな国家からグローバルな市場へ。これは前世紀末から世界中の経済学者や哲学者が口を揃えて述べていた常套句だった。たとえば、アントニオ・ネグリとマイケル・ハートはそれを〈帝国〉という言葉で表現したのだが、彼らの予言が確実に現実化しつつあるその一方で、その進行の速度は彼らの予想よりも早く、彼らの予想外の事態を引き起こしている。その象徴が二〇一六年のふたつの事件——トランプとブレグジット——だった。

イギリスのジャーナリスト（デイヴィッド・グッドハート）は述べる。世界はいま「Anywhere」な人びとと「Somewhere」な人びとに二分されていると。[*7] Anywhere な人びと、つまり「どこでも」生きていくことができる人びととは今日のグローバルな情報産業や金融業のプレイヤー、クリエイティブ・クラスのことだ。彼らは東京でも、ロンドンでも、ニューヨークでも、シンガポールでも同じように働き、生きていくことができる。彼らに特定の国家に所属する国民であるという意識は相対的に希薄だ。彼らにとって国籍とは自己につけられた無数のタグ——所有しているクレジットカードや加入している動画配信のサブスクリプションサービスのようなもの——のひとつにすぎない。世界市民的な意識をもつ彼らの考える「社会」とは全人類が参加するグローバルな市場のことであり、そして自身の仕事（経済的なアプローチ）を通してその社会にコミットする。

これに対してSomewhereな、つまり「どこかで」しか生きられない人びととは二十世紀以前の、製造業を中心とした旧い産業に従事しローカルな国民国家の一員としての意識をもつ人びとだ。彼らの多くは旧先進国の中産階級であり二十世紀までその成長を支えていた製造業は、途上国との南北格差によって成立する加工貿易で富を得た産業だ。そのため、ナショナリスティックで排外主義的な傾向を帯びやすい。グッドハートによれば、ブレグジットとトランプの当選は後者の人びとの反乱であり、それはグローバル化、情報化といった世界から境界を消失させ、ひとつのゲームボードに統一する力に対するアレルギー反応なのだ。

このとき私たちが忘れてはならないのはこの構造が存在するかぎり（少なくとも既存の）民主主義に基づいた国家は、後者のSomewhereな人びとのアレルギー反応を抑制できないということだ。グローバリゼーションと情報化が実現した「境界のない」世界の成立は比喩的に述べればアメリカとベトナムの格差を縮めるその一方で、アメリカ国内の（シリコンバレーのアントレプレナーとラストベルトの自動車工の）格差を広げる。Anywhere な人びとが世界市民の視点から南北格差の是正を正義であり、国内格差の拡大は必要悪だと述べたときSomewhere な人びとは排外主義的なナショナリズムを選択せざるを得なくなる。Anywhere な人びとはこう述べるかもしれない。「境界のない世界」の実現はこの国の経済成長のために必要なのだ、と。その成長の成果を正しく再分配することで新しい格差を埋めることができる、と。しかしこの「正しい（とされる）」言葉はSomewhere な人びとに届かない。なぜならば、それは「あなたたちは世界に関与できない」と宣言しているに等しいからだ。自分たちの経済的なアプローチの成果の余剰を分配する代わりに、政治的なアプローチを濫用してその足を引っ張るべきではないと告げているに等しいからだ。この論理は、Somewhere な人びとの尊厳を根底から否定してしまう。そして、彼らの政治的なアプローチをより動機づける。なぜならば、彼らにはもはやローカルな国民国家を操縦して「境界のない世界」に歯止めをかけるほかないと告げられたに等しいのだから。これが、今日における民主主義の危機の本質だ。

この「境界のない世界」において、世界の大半を占めるSomewhere な人びとは世界に関与する手段をもたない。それはたしかに、錯覚にすぎない。実際には市場を介して（そして情報技術に支援されて）誰もが世界に関与「させられて」いるのが今日の新しい「境界のない世界」だからだ。しかし古い「境界のある世界」に生きるSomewhere な人びとはそれを実感することはできない。彼らの従事する古い産業では、個人はネジや歯車のような部品のひとつとして位置づけられるため、個人の仕事が社会の変化に関与していることを「実感」することが難しい。今日において彼らの「実感」できる社会へのコミットは主に民主主義に基づいた政治的なアプローチによって、ローカルな国民国家に代表を通じて間接的に関与することだ。だからこそ彼らは政治的なアプローチに夢中になる。それは彼らが世界に関与する実感を得る唯一の手段だからだ。

このときその一票は、ひとつの発言は、どんなに小さくても彼らにその実感を、世界に素手で触れる手触りを与える。それがどのようなものであれ、自己の声が他の誰かに承認されることは他の何ものにも代えられない快楽と安心を提供する。その対象が、家族でも友人でもない無関係な誰かであればとくにそうだ。

そして情報技術はこの承認の快楽を獲得するために必要なコストを飛躍的に下げた。とりわけ、民主主義において絶大な威力を発揮することになった。その結果として、今日の世界ではこの承認の快楽が民主主義を内側から破壊しつつある。

人間が求めているのは、正確には政治に関与することでの自己実現ではない。それはあくまで手段にすぎない。求めているのは世界に素手で触れているという手触りだ。そして、民主主義は個人が声を上げることを、無条件に肯定する。そしてすでに存在している声に賛否を示すことで驚くほど簡単に承認を獲得することができる。ある勢力に加担してその勢力と対立する勢力、つまり「敵」を批判することで、発言者が誰であろうと、発言の内容が事実に基づいていようといなかろうと、その発言は「味方」から一定の承認を獲得することができる。トランプが利用したのはこの現実なのだ。

Anywhereな人びとは、あるいはリベラルな立場に立つ人びとは述べる。トランプの述べる排外主義は倫理的に間違っている、と。「壁をつくれ」というアジテーションは政策的に無内容で、愚かだと。しかし彼らは何もわかっていない。トランプは間違っていることや、嘘を述べている「からこそ」Somewhereな人びとを惹きつけているのだ。Somewhereな人びとが求めているのは、倫理的に正しいことでもなければ政策的に賢いことでもない。ただ、自分が世界に素手で触れているという実感なのだ。

ちなみにこのパンドラの箱を開けたのはむしろバラク・オバマだ。オバマをアメリカ大統領の座につけた二〇〇八年の選挙において、彼はインターネットを通じて国民一人ひとりに呼びかけた。アイデンティティの政治を全面的に展開したオバマは、インターネットを用いて個別の選挙民をターゲットに動員し、そして動員した人びとをゲーミフィケーション的に運動に没入させていった。その「草の根」の選挙戦略とは有権者一人ひとりがプレイヤーとして、自分自身が主役としてプレイできるゲームへの動員だった。彼を大統領の座に押し上げた二〇〇八年の選挙でオバマへの献金総額は約七・五億ドルに上ったが、これは敗れた共和党候補マケインの集めた三・六億ドルの二倍を超える。そして、オバマの集めた献金のうち五億ドルがインターネットを介した個人による小口献金だ。[*8]

そして二〇一六年のトランプは、この団体ではなく個人を情報技術を用いて動員する手法に

Facebookなどのプラットフォームの活用と人工知能の分析を加えた。ここでは人間の存在が数字に置き換えられることになる。どのタイミングで、どの属性の人間にどのような単語を用いた広告を表示すれば何パーセントの割合でクリックされ、さらにそのうち何パーセントが商品を購入し、投票所に足を運ぶかが計算されている。この地域に住む、この職業の、このような映画を好み、この球団のサポーターであるこの人種の、この年齢の男性にこのような広告を提示するとこれだけの確率でリアクションする、という分析のもとに広報が展開された。そして一度動員された選挙民たちの多くはプラットフォームにみずから発信し、相互評価のゲームの中で承認を交換することに夢中になっていった。彼らのゲームへの没入が巨大な世論のうねりを形成し、トランプを大統領の座に押し上げたのだ。

§3　ゲームの二層構造

いま、出現しつつあるのは言わば人びとが社会を物語としてではなくゲームとして把握する世界だ。古いたとえを用いれば、かつての近代人は世界と自己との関係を「政治と文学（物語）」としてとらえていた。しかし今日を生きる現代人はそれを「市場とゲーム」としてとらえている。

二十世紀まで、人間の多くは（多くの場合は国民の）歴史＝物語によってその生を意味づけていた。歴史という物語のなかの登場人物として自己を位置づけることで、アイデンティティを確認していた。物語の主役は他にいる。それは国民を代表する政治家やアスリートであり、その時代を代表する俳優やポップスターだ。そして人びとは彼ら／彼女らに（映像や放送を通して）感情移入する。他人の物語にみずからを重ねあわせる。そして同じ物語の登場人物としての、国家を始めとする共同体の一員としての意識をもつ。価値のある共同体の一員であることに、アイデンティティを見出すのだ。しかし、二十一世紀の今日においてはゲームのプレイのもたらす世界に対する手触りがそれにとって代わっているのだ。

今日の世界は、巨大なひとつのゲームとしてとらえることができる。そして、このゲームは二層に分かれた構造をもつ。それはAnywhereな人びとのプレイするゲームと、Somewhereな人びとのプレイするゲームだ。

グローバリゼーションと情報化は、国家（ローカルな物語）よりも大きな市場（グローバルなゲーム）をもたらした。このあたらしい「境界のない世界」に対応したAnywhereな人びとは、個人の力（を用いた経済的なアプローチ）でグローバルな資本主義というゲームをプレイする（直接体験する）。対して対応できないSomewhereな人びとはローカルな相互評価のゲームをプレイする。それは他の誰かに認められること、つまり承認を獲得するためのゲームだ。そしてこの相互評価による承認の獲得のゲームのなかで、もっとも低コストで強い承認を得られる人気のプレイスタイルが「民主主義」なのだ。民主主義による政治への参加は画面のなかの誰かを「推す」ことで、擬似的に自己実現を果たす。集団の一部として代表を選ぶことで、他人の演じる国家の歴史という物語に感情移入する。そしてその実現には社会的な「正義」が保証されているために、人びとは迷うことなくそれにコミットすることができ、そして実現したときの快楽もきわめて大きいのだ。

前者のゲーム、つまり市場を通じた社会参加は自分の物語の体験であり、後者のゲーム、つまり民主主義を通じた政治参加は他人の物語への感情移入だ。

そして重要なのは後者、つまりSomewhereな人びとのプレイする小さなゲームが、より上位の前者、つまりAnywhereな人びとのプレイする大きなゲームの一部として提供されていることだ。

Somewhereにしか生きられない持たざる者にとって、特定の共同体に所属し、その内部からの承認を獲得することこそが唯一の世界に関与する実感を、世界に素手で触れる実感を得る方法だ。そして残酷な話だが今日においてAnywhereな人びとは、Somewhereな人びとのこうした欲望を可視化し、彼らのプレイする巨大な相互評価のゲームによって収益を上げる構造を作り上げている。その構造とはFacebook、X（Twitter）などのSNS（ソーシャルネットワーキングサービス）と呼ばれるインターネット上のプラットフォームだ。

このとき重要なのは、このSomewhereな人びとのプレイする相互評価のゲームが自己目的化すること、つまりゲームのプレイが手段ではなく「目的」になることだ。

自己の発信が、他の誰かになんらかのかたちで承認されること。それはその一瞬で忘れ去られる小さな承認だが、圧倒的に低コストで手に入るために人びとはまるで、口の寂しさをキャンディで慰めるようにそれを反復して求め、そして中毒に陥る。さらに中毒に陥った人びとは、やがて具体的に承認が得られなくてもゲームのプレイそのものを欲望するようになる。そこには、たとえ結果がともなわなくても世界に素手で触れる手触りがあるからだ。

こうして下位の相互評価のゲームのプレイヤー（Somewhere な人びと）はこのゲームそのものの快楽の虜になる。このときの「相互評価」の多くは、実質的にはインスタントな承認の交換にすぎないことは、すでにトランプが証明したとおりだ。つまりその内容が正確であることや、問題の解決に有効であることではなく、そのプレイヤーに承認を与えてくれる——同じ敵を憎み、同じ敵に石を投げるあなたは私の味方である——という承認の交換にすぎない。なぜならば、メッセージの内容を吟味して「評価」するよりも、敵か味方かを判断して「承認」を交換するほうが、時間的にも経済的にもコストパフォーマンスが高く知力も必要としないからだ。

そして、下位のゲーム（相互評価のゲーム、主に民主主義）の設計者を兼ねたメタプレイヤーたち（Anywhere な人びと）はこのゲームを中毒的に反復するゾンビのようなプレイヤーたち（Somewhere な人びと）を動員して収益を上げることで上位の市場のゲーム（金融資本主義）をプレイしているのだ。

このSomewhere な人びとの相互評価（承認の獲得）のゲームと、Anywhere な人びとの市場というゲーム、これが今日の情報社会におけるグローバルなゲームの二重構造だ。

そもそも貨幣とは、外部化された信用のことにほかならず、金融資本主義とはその人の社会的な信用に応じて市場から資金が調達されるメカニズムだ。そして今日の情報技術は、プレイヤー間の相互評価のゲームによってこの信用の一部を可視化している。ここで可視化された信用を広告などに結びつけることで換金すること、つまり共感資本として用いることで急激な成長を見せたのがGoogle、Facebookなどのプラットフォーマーたちだった。

彼らは、下位の相互評価のゲームを設計し、そこから収益を上げる。そしてその相互評価のゲームはプレイヤーの自己目的化により、無限に反復される。この構造を発明したことでプラットフォーマーたちは上位の金融資本主義のゲームで勝利を収め、かつゲームそのものも活性化させることに成功したのだ。リーマン・ブラザーズの破綻の寸前にその臨界点に達していた金融資本主義は、その後情報技術によって形成された相互評価のゲームと接続することによって——Google、Facebook、X（Twitter）などのプラットフォーマーを取りこむことによって——大きく拡張したのだ。

下位のゲームをプレイする人びとが、ゲームをプレイすることそのものを欲望することがプラットフォームの支配力を高め、上位のゲームを活性化させている。ここにはプレイヤーたちの自己目的化したゲームへの没入が、ゲームの構造をボトムアップに強化するという構造がある。プレイヤーによる下位のゲームの自己目的化が、上位のゲームの構造を再強化する——この現象は、一見、二十一世紀に出現した資本主義と情報技術の不幸な結婚の成果のように思える。ある意味ではそのとおりなのだが、ある意味では違う。この現象は古くて新しい問題なのだ。

§4　二十一世紀の〈グレート・ゲーム〉

ハンナ・アーレントは一九五一年に出版した『全体主義の起原』で、十九世紀における英露の植民地争奪戦〈グレート・ゲーム〉について考察している。一般的には、ナショナリズムと植民地からの搾取を前提とした経済構造の結託が、帝国主義の拡大をもたらしたと考えられている。しかしアーレントはここで、むしろ帝国主義の拡大の原動力として、植民地に移住したヨーロッパ人たちの精神に注目する。このときアーレントがその精神を代表するものとして取り上げるのが、ラドヤード・キップリングの記した帝国主義の時代の植民地（インド）を舞台にした冒険活劇（『少年キム』）だ。

『少年キム』に登場するスパイたちはイギリス人もインド人もなく、ただ匿名の存在として活動にコミットし、敵国が己に懸けた賞金の額を誇りにするようになる。イギリス人のスパイとインド人のスパイが人種を超えた兄弟として共に戦うのだ。そこには、ナショナリズムもなければ人種差別もない。彼らの目的は金銭でも地位でも、ましてや国家の繁栄でもない。彼らの目的は、敵国によって自身に懸けられた賞金の金額というゲームのスコアだ。このスコアは何ものにも――金銭にも地位にも――代えることはできない。そして彼らは一様に「名を持たず、その代りに番号と記号だけを持つ」ことを幸福とする。それは、自分の物語を見つけて自己実現を果たすことによる解放ではなく、むしろ個人であることからの解放である。〈グレート・ゲーム〉に参加することで、彼らは匿名の存在となり純粋にスコアという報酬を目指してプレイすることになる。このとき〈グレート・ゲーム〉は、俗世間の価値から人間を解放し、生そのものを肯定してくれる装置として機能する。そして、このゲームのためのゲームには「終わり」がない。彼らの目的はゲームをプレイし、スコアを上げること、それ自体だからだ。キムの物語が体現する〈グレート・ゲーム〉は現実的な利害を超えた価値をもつ装置なのだ。

このゲームそれ自体への没入こそが、帝国主義の拡大の原動力であったとアーレントは考える。十九世紀後半にはすでに、帝国主義は拡大そのものが自己目的化したシステムとして完成されていたというのがアーレントの立場だ。アーレントは述べる。『少年キム』の冒険活劇で描かれた精神は、キップリングの独創ではなく、当時の帝国主義下の植民地を運営するヨーロッパ人たちのあいだで支配的だった精神を反映したものだと。植民地のヨーロッパ人たちの多くは（とくに、その運営を支える官僚機構において）まるでキップリングの冒険活劇に登場したスパイたちのように、ゲームのプレイそのものが自己目的化しており、このゲーム「への」欲望こそが、帝国主義の拡大することそのものの目的化をうながしたのだ。

その存在が世界に確実な影響を与える大規模なゲームに匿名のプレイヤーとして参加したとき、人間はゲームの攻略が、高いスコア（賞金）を上げることが手段ではなく、目的となる。そのために、そもそもこのゲームが何を目的に運営されているかには関心を払わなくなる。自分たちが依存する国家や、その背景にあるイデオロギー、加担しているシステムなどゲームの外部には関心を払わなくなる。アーレントの考えでは、人びとのゲームのプレイを通じた、生の実感への欲望の追求こそが、帝国主義の拡大の原動力にほかならないのだ。

アーレントはこのキム少年の冒険が読者を惹きつけたのは、彼が「ゲームのためにゲームを愛した」からだと述べる。近代社会において、人間はその人生に意味を求める。しかし、インターネット（とくにWeb2.0）の夢が、たとえ発信する手段が与えられても発信するに値する能力をもっている人間は一握りしかいないことを明らかにしてしまったように、人間一人ひとりの生に意味が求められることは、逆に人びとを追い詰める。今日の資本主義下において人間の大半はネジや歯車のような、匿名の部品にすぎないものとして扱われる。にもかかわらずその生に意味を求めてしまうからこそ、近代人は自己が入れ替え可能な存在であることに苦しむ。この皮肉な現実を理解し「醒めた意識」をもつ人間こそが、その生に意味ではなく「情熱的な生の充実感」を求めるようになる。そしてあえて匿名のプレイヤーとしてゲームに参加し、ゲームを攻略した報酬ではなく攻略する快楽そのものを求めるようになるのだ。

帝国主義の時代の末期から百年を経た今日において起きているのは、より矮小で、そしてより酷薄な現象だ。今日のプラットフォーム上の相互評価のゲームを、個人としてプレイする人びとの多くが、おそらくアーレントの指摘した〈グレート・ゲーム〉に埋没した植民地下のヨーロッパ人たちと同じ状態にある。ゲームに没入し、そのスコアを競った結果として、外部を見失っているのだ。

Somewhere な人びとの大半は、ネジや歯車のような生に耐えるため、承認を求めてプラットフォーム上の相互評価のゲームをプレイする。そしてその低コストな承認の獲得のもつ中毒性で考える意志と力を失い、やがてゲームプレイを自己目的化するようになる。その結果として彼らは Anywhere な人びとに動員され、換金されていく。

そしてここで留意したいのがこのように Somewhere な人びとを中毒にして換金するプラットフォームの運営者たち＝Anywhere な人びともまた、皮肉にも同じ構造の罠に陥っていることだ。

なぜならば Somewhere な人びとのプレイする二十一世紀の〈グレート・ゲーム〉とは、Anywhere な人びとのプレイする金融資本主義という上位のゲームのデッドコピーにほかならないからだ。

このゲームにおいては、株式会社という不死の生命をもつ存在――倒産することはあっても、自然死することのない、つまり永遠の時間を生きる存在――が設定される。そしてこの不死の存在がたどりうる未来の損益が、現在の価値（株価）に計算を経由して置き換えられる。当然のことだが、速く利益を生むシミュレーションが成立すると、その分だけ価値は高くなる。つまり予測される未来におけるプレイヤーの生み出しうる価値と、成長の速さ、そしてその事業が実現する成功率との掛け算で価値が決定される。

その結果として、株式会社というプレイヤーは、そしてこの不死の生命を操る人間たち――Anywhere な人びと――はその未来が予測可能、説明可能である「かのように」演じることになる。これが未来の価値を現在の値付けに反映する、ということだ。

この構造は多くの若いプレイヤーたちに挑戦のチャンスを与える一方で、ゲームの性格をある方向に決定づけている。Somewhere な人びとがこの瞬間の承認を求めてプレイするゲームと、同じ構造をもつゲームを Anywhere な人びとは未来に対する（予測可能性、説明可能性に対する）評価を求めてプレイしている。ふたつのゲームの差は、プレイヤーの不死性の有無とそれにともなう「時間」への態度だ。つまり Somewhere な人びとのプレイしているゲームとは、プレイヤーが存在する時間が有限であるために、この瞬間の値付けしか弾き出されない金融資本主義のゲームの簡易なバージョンであり、当然のことだが Anywhere な人びとがプレイするこのゲームは資本主義という拡張することを前提とした運動そのものだ。Anywhere な人びとが不死の身体の成長の可能性を演出するプレイの一部としていかに愚かな Somewhere な人びとを下位のゲームの中毒にするかが問われているのだ。しかし、プレイヤー間の相互評価の構造と、それを獲得する快楽が自己目的化する点において両者は共通している。つまり下位のゲームの外部はより投機的な性格の強くなった同じ構造のゲームなのだ。そして上位のゲームのプレイヤーは「不死」であり、そのプレイに「終わり」はない。

このようにアーレントの述べる〈グレート・ゲーム〉の構造は、今日の情報技術と金融資本主義との結びつきのなかで、二重化されている。Somewhere な人びとは、唯一世界に触れる実感を得る装置としての、相互評価のゲームに埋没する。他のプレイヤーから評価を受け、承認されること自体が目的化し、発信の内容はその手段でしかない。そして Somewhere な人びとをゲームに埋没させることで政治的、経済的に動員し収益を上げるAnywhereな人びともまた、拡大することそのものを目的とした資本主義のゲームに取りこまれている（むしろ、彼らがSomewhereな人びとに与えたゲームは、自分たちのプレイするゲームの簡易版なのだ）。そしてアーレントが私たちに示したのは、このようなゲームの自己目的化が、人間とその社会を決定的に愚かにすることだった。たとえば二十世紀における全体主義という運動は、この二重化されたゲーム（〈グレート・ゲーム〉）の帰結として、この世界に生を受けたのだ。

§5　速さと画一性

そして今日、閉じたネットワーク＝プラットフォームにおける相互評価のゲームは、人間から世界を見る目と触れる手を、社会からは多様性を奪い去ろうとしている。

今日においてタイムラインに流れてくる情報の内容そのものが吟味されることはもはや難しく、ほとんどのプレイヤーは他のプレイヤーたちの反応を見て、より多くの評価が得られるリアクションを選択する。ここではもはや情報の内容ではなく、タイムラインの潮目だけが読まれている。こうして、人間は他の人間の顔色をうかがうだけしかしなくなり、問題そのもの、事物そのものについて考えることを放棄する。ある問題が生じたとき、その問題を解決する方法や問題設定そのものの妥当性は考えられなくなり、大喜利的にどう回答すると座布団を与えられるかのみを考えるようになる。シングルマザーがネグレクトで子供を死なせたとき彼女の人格への批判が集中し、貧困家庭への支援や地方自治体の児童へのケアといった制度の問題は置き去りにされる。ロシアのウクライナへの侵攻を外交的、経済的な圧力を用いて止める戦略ではなく、事実上ほぼ無関係な憲法九条の問題を取り上げて対立する他政党を攻撃する政治家が出現する。

なぜ、このようなことが起きるのか。前述したようにこの閉じたネットワーク上の相互評価のゲームにおいては、あらゆる人間が情報発信の手段をもち、そしてその大半の人間が多かれ少なかれ自分の発信に対する他のプレイヤーの評価を獲得することを目的としている。このときすでに多くのプレイヤーが話題にしている問題に対して発信することが効率的だ。そして、その発信の内容もその問題に対してすでに他のプレイヤーたちの多くが支持している意見に対し賛成するか、反対するかのどちらかを選択することがより効率的になる。いま、この国の議会制民主主義や言論において、第三極が機能せずに事実上の第一極の補完勢力になる理由もここにある。

つまりこのゲームにおいては、新しく問題を設定するインセンティブが、すでに広くシェアされた問題に（それも、すでに支配的な意見に賛成／反対することで）回答するインセンティブよりも圧倒的に低いのだ。そのためこうして、タイムラインの潮目を読みながら、他のプレイヤーからの評価を獲得するゲームをプレイしているうちに、誰もが同じタイミングで、同じ話題のことを考え、発信することになる。

このとき、人びとは情報の送受信になるべく時間的なコストを割かない。複雑な問題そのものの、事物そのものよりも、多くの場合二項対立に単純化された問題についてのコミュニケーションをするように、つまりタイムラインの潮目だけを読むようになる。他のプレイヤーと同じタイミングで、同じ話題に言及することが、このゲームで効率的に承認を獲得するためには有効だからだ。こうして「速さ」が求められていく。そしてその結果、閉じたネットワークの内部でシェアされる情報は多様性を失っていく。もちろん、多様性を社会に実装せよという声そのものは年々拡大している。ユーザー数の増加に比例して、発信される情報そのものも多様化している。しかしどれだけ多くの人びとが発信力をもち、発信される情報は多様化しても、この相互評価のゲームのなかでシェアされる話題は画一化していくのだ。

かつて「Web2.0」という理想が叫ばれていた時代があった。そう昔のことではない。提唱者の一人ティム・オライリーの論文が発表されたのが二〇〇五年のことだ。[*9] この言葉に明確な定義は与えられていない。しかしそのことが逆に、この言葉を当時のインターネットが手にしていた「夢」の象徴に押し上げていった。それまで、ある程度の専門的な知識を必要としていたインターネット（Web1.0）の情報発信が、ブログなどのサービスの普及によってコンピューターさえあればほぼ誰にでも可能になる。これによって、インターネットのすべてのユーザーが潜在的に受信者であると同時に発信者となる。これが「Web2.0」の骨子だ。当時、その推進者たちはこう主張していた。ＳＮＳなどの発展は、あらゆる人びとに情報発信の手段を与える。二十世紀のほぼすべての人類はメディアを介して情報を受信することしかできなかったが、二十一世紀のほぼすべての人類はプラットフォームを介して情報を発信することもできるようになる。みずから情報を発信することによって、人びとはより情報を深く考え、多角的に接するようになるだろうと。それが、世界に多様性をもたらすだろうと。しかしWeb2.0化の終着点、つまり「メディアからプラットフォームへ」の変化がもたらしたのは、まったく逆の効果だった。この変化がもたらしたのは、たとえ発信する手段を得てもほとんどの人間には発信に値する能力などなく、プラットフォームで展開するのはプレイヤー同士の低コストな承認の交換でしかないという現実の可視化だった。そして、いま人びとはプラットフォームの要求する相互評価のゲームの速度に追いつくために、拙速なコミュニケーションを無反省に重ね、問題の内容ではなく他人の顔色だけを読み、考えることを放棄してより愚かになっていこうとしている。そして、インターネットが実現したはずの多様性をみずから放棄しようとしているのだ。

政治から経済へ、国家から市場へ、メディアからプラットフォームへ、コミュニティから場へ、共同体から個人へ、物語からゲームへ。この変化はあるレベルでは確実に人間を檻から解放した。それまで声を上げる手段をもたなかった人びとが声を上げはじめ、それまで届かなかった遠く離れた場所にも声が届くようになった。しかし、あるレベルではこの変化は人間を別の檻に閉じこめたのだ。

物語と違ってゲームは人間を能動的にする。しかし能動的であること、自分の関与で世界が変わること/他のプレイヤーの承認を得ることの快楽は強力すぎて、人間をそれ以外の刺激から遠ざけてしまうのだ。

その結果として、人間は問題そのものに関与する動機を失い、そして世界のあるレベルから多様性は失われている。そこでここでは経済＝場＝プラットフォームから、そこで展開するゲームが与える快楽を相対化する方法を考えたい。それも家族とか、国家とか、そうしたつい最近まで、いや、こうしている今も多くの人びとを呪い、縛りつけているものに回帰することなく、プラットフォームの時代を内破することを考えたい。それが本書の主題だ。

§6 「動員の革命」と複数化

現代の資本主義と情報技術の不幸な結婚としてのプラットフォームを内破すること――この主題を掲げたときにまず私たちが思い浮かべるのが、書を捨てて街に出ること、つまり実空間とそこに結びついた共同体に回帰することだ。しかし、事態はそう単純なものではない。なぜならば今日のサイバースペースを支配する相互評価のゲームは、実空間にも侵略を開始している、いや、すでに侵略は完遂されているからだ。

かつて「動員の革命」という言葉が囁かれたように、二〇一〇年代は情報技術を用いて人びとをサイバースペース経由で実空間に動員していった時代だった。アラブの春や香港の雨傘運動、日本の反原発デモといった社会運動、ＣＤの販売からフェスの動員への音楽産業の収益構造の移行、「インスタ映え」を用いた商店や観光地の集客まで、Facebook やＸ（Twitter）などＳＮＳのプラットフォームを経由した動員が政治からサブカルチャーまでこの時期に幅広く定着していった。それは参加者一人ひとりが発信することで、タイムライン上に潮流を形成し、それを目にした他のプレイヤーの参加をうながすボトムアップの動員だ。

人間は（それがどれほど洗練された希少なものであったとしても）紙や画面の上にある他人の物語に感情移入するよりも、（それがどれほど稚拙で凡庸なものであったとしても）プラットフォーム上に自分の物語を吐き出すほうを好む。二十世紀後半の中産階級たちは休日に自宅でカウチポテトのスタイルを取りながらオリンピックやサッカーのワールドカップなどの競技スポーツを見ていたが、現代のクリエイティブ・クラスは、みずから屋外に繰り出してランニングやヨガなどのライフスタイルスポーツをおこなうことを好む。

つい数十年前まで、この本質が覆い隠されていたのは、単に技術上の問題にすぎない。

二十世紀とは、放送と映像というふたつの技術の発展と組みあわせを用いて他人の物語に感情移入させることで、かつてない大規模な社会の形成に成功した時代だった。この間に人類は紙や画面、とくに後者のなかの他人の物語に感情移入することで、自己と社会との接続を確認していた。しかし、二十一世紀の今日において、人類は情報技術に支援され、その本来の習性を取り戻しつつある。自分の物語を語ること、その発信の内容が他の誰かに承認されること……。たとえほとんどの人間にできることが、すでに存在している支配的な意見のどれかに対して周囲の顔色をうかがいながら追従することだけだったとしても、その快楽は他人の物語に感情移入するそれを大きく上回る。

この習性を応用してプラットフォーマーは「自分の物語」を求めた人びとの欲望を刺激し、彼らを動員していった。人びとは自分の物語を求めて、ハッシュタグのついた実空間に動員されていった。もちろん、人間はそこで何ものにも出会うことはない。あらかじめ、ハッシュタグによって自覚された予定調和の事物にしか出会えない。街を歩いても、目当てのハッシュタグのついたもの以外目に入らなくなる。名所旧跡の前でセルフィーを撮る観光客が何ものにも出会えていないように。代わりに、彼らは相互評価のゲームに閉じこめられる。ハッシュタグとは、すでに多くの人びとが話題にしている事物を可視化する装置だ。彼らが触れているのは、事物ではなく人気のハッシュタグ＝他のプレイヤーたちの発信の生んだタイムラインの潮流でしかないのだ。こうして実空間はサイバースペースに従属し、この閉じた相互評価のネットワークの内部に回収されたのだ。

プラットフォームの支配する今日のサイバースペースはもちろん、比喩的に述べれば「ハッシュタグに汚染された」実空間ももはやプラットフォームの一部でしかないのだ。

次に私たちが思い浮かべるのは、プラットフォームそのものを変質させること、具体的には今日の中央集権的なプラットフォームの寡占状態を、技術的に、経済構造的に自律分散的なものに変質させることだ。

プラットフォーム上では全員が同じゲーム（他のプレイヤーとの相互評価のゲーム）をプレイしている。このとき発信される情報の内容が多様であれば、ゲームそのものは画一化されていてもかまわない、むしろそうあるべきだと、この二十年の間に活躍したシリコンバレーのプラットフォーマーたちは考えた。Amazonの品揃えが豊かであれば、街の本屋はいらないというように。しかし前述したように、発信される情報が多様であったとしても、流通する情報の多様性が減じてしまっては意味がないのだ。

これに対し、支配的なプラットフォーマーに挑戦するスタートアップたちの一部はこの現象を克服するためにゲームの複数化を主張する。たとえば彼らはブロックチェーン技術を背景にしたWeb3の実現が、現在の巨大なプラットフォームにより事実上一元化され、本来自律分散的な構造をもつにもかかわらず擬似的に中央集権的な構造を獲得してしまった現代の（Web2.0以降の）インターネットを、本来の姿に引き戻すことに期待する。小さなプラットフォームが自律分散的に乱立し、小さなゲームが無数に展開されることによって今日の中央集権的なプラットフォームの支配のもたらす弊害（流通する情報の画一化）を取り除くことができると考えるのだ。

しかしおそらくWeb3の実現は、それ単体では解決にはならない。なぜならば、現在進行しているプラットフォームの支配によるゲームとそこで流通する情報の画一化は、むしろプレイヤーたちの欲望によってボトムアップに形成されていったものだからだ。たとえプレイできるゲームが複数あったとしても、かつてのインターネットがそうであったようにプレイヤーたちはみずからそれを手放し、インスタントな承認を求め単一のゲームをプレイするようになるだろう。

個人がウェブサイトをＨＴＭＬを用いて更新していた時代からブログの時代へ、そしてＳＮＳの時代へ。この変化は個人の発信をより簡易にしただけではない。同時に相互評価のゲームがより大規模なものに変化し、他のプレイヤーからの評価が得られやすくなったこと、ある話題について発信することで、同じ話題に関心をもつ他のプレイヤーから反応されることが、この変化によって飛躍的に簡易になったことこそが重要だ。数十名の所属する集団のなかでは誰も相手にしなくなった陰謀論の類もX（Twitter）なら簡単に「共感」してくれる仲間を見つけることができる。こうして、人びとはみずから「ばらばらのものが、ばらばらのままつながる」インターネットの理想を手放したのだ。

インターネットという自律分散的なシステムを、プラットフォームが擬似的に中央集権に変化させたことを、多くの人びとが嘆く。そして、新技術で本来の姿を取り戻すべきだと主張する。しかし、問題の本質は技術にはない。むしろ、インターネットを擬似的な中央集権に変質させてしまったのは、それを用いる人間の欲望だからだ。プラットフォームのもたらしたボトムアップの中央集権を内破するために必要なのは、自律分散を支援する技術ではなく、自律分散を、多様性を、（問題についてのコミュニケーション=相互評価のゲームではなく）問題そのものにコミットする欲望を喚起することなのだ。

たとえ技術的にローカルなプラットフォームが乱立する世界が実現したとしても、そこで展開するゲームが変わらないかぎり、プレイヤーたちはより簡易な承認を求めてグローバルなプラットフォームへの接続を求める。より具体的には、自分たちのローカルなゲームで獲得した承認をより強化するために――たとえば、自分は隠された真実を知り、それをローカルなプラットフォームで説くことで得た承認をより強いものにするために――グローバルなプラットフォームでのより大きなゲームに参加していく。この皮肉な現実は、二〇二〇年のアメリカ大統領選挙における陰謀論（Qアノン）の流通によって、すでに証明されている。小さなプラットフォームで展開する相互評価のゲームは容易にフィルターバブルを形成し、デマと陰謀論の温床になる。そしてユーザーはより多くの承認を求めて、あるいはローカルなプラットフォームで形成された共同体を強化するためにその敵を求めて、グローバルなプラットフォームに接続していくのだ。ゲームの複数化は、問題を解決しない。必要なのは、相互評価のゲームによる承認の交換そのものを相対化することなのだ。

では、どうすれば、プラットフォームとそこで展開する相互評価のゲームを内破することができるのだろうか。ここで、少し変わった角度からプラットフォーム上の相互評価のゲームについて検討してみたい。

§7 「関係の絶対性」とその外部

かつて吉本隆明《よしもとたかあき》は、人間が社会を認識する上で機能する三つの幻想を提唱した。それは自己幻想（自己に対する像）、対《つい》幻想（家族や恋人、友人などに対する一対一の関係に対する像）、共同幻想（集団に対する像）の三つで、これらは互いに独立して存在し、反発する（逆立する）とされる。そして、今日の情報社会を観察したときその中核に存在する代表的なSNS——Facebook、X（Twitter）、Instagramなど——は、この三幻想に対応した機能の組みあわせでできている。具体的にはプロフィールとは自己幻想であり、メッセンジャーとは対幻想であり、そしてタイムラインとは共同幻想である。自己幻想に拘泥《こうでい》するナルシストは不必要にFacebookのプロフィールの写真に凝り、少ない制限文字数に全力で抗ってたいして面白くもないジョークを盛りこもうとする。対幻想に依存する人は、家族や恋人からのＬＩＮＥの返信や、既読マークの付くタイミングを相手との関係性の確認に用いて一喜一憂しながら暮らしている。そして共同幻想に取りこまれたゾンビたちは考える力を失い、Ｘ（Twitter）のタイムラインの潮目を読み、問題の解決でも新たな問題の設定でもなく、他のプレイヤーからのより多くの承認を獲得することだけを目的に投稿するようになる。

当然のことだがシリコンバレーの人びとが吉本を参照したなどということがあるはずもなく、彼らは人間のコミュニケーションの様式を実際のユーザーの行動から分析し、そしてそこから発見された欲望に工学的なアプローチで最適化していったにすぎない。その結果としていま私たちは情報技術によって吉本隆明の述べる三幻想に、より強くとらわれているのだ。

吉本の掲げたこの三幻想の源流にあるのが、「関係の絶対性」という概念だ。人間は他の人間との関係性から自由に思考することができない。したがって、ある関係（の絶対性）に対しては別の関係（の絶対性）を用いることでしか相対化することはできない。ある幻想からは、別の幻想を用いることでしか自立することはできないというのが吉本の主張だった。

半世紀前――かつての学生反乱の時代の終わりに、吉本は共産主義革命という二十世紀最大の共同幻想からの「自立」のために、対幻想に依拠するという処方箋を提示した。共同幻想から生じるイデオロギーの与える自己の存在に価値を与える歴史的な意味は、人間をどこまでも残酷にさせてしまう。アウシュビッツから南京、そして広島まで――二十世紀とは前半の半世紀でイデオロギーによる動員が未曽有の大量殺戮をもたらした時代だ。その生々しい記憶を父母から引き継いだはずの団塊世代たちが、既存のあらゆるものを否定した夢想的なイデオロギーを追求した結果として（つまり真正で無垢なイデオロギーが存在すると仮定し、具体的なビジョンもないままに既存のイデオロギーを批判して急進化した結果として）同じあやまちを、スケールこそ小さいがその残酷さでは引けを取らないかたちで引き起こしてしまったのが全共闘運動とその後の連合赤軍による「粛清」の代表する「内ゲバ」の連鎖だった。そしてこの「敗北」を背景に、全共闘運動のイデオローグとしての役割を担った吉本は彼らが「革命」という共同幻想から離脱するための処方箋を提示したのだ。それは対幻想――具体的には妻を得、子を儲け、家族を守ること――に足場を置きなおすことで共同幻想から「自立」するという方法だった。

その処方箋を提示された患者たち――全共闘の若き活動家たち――はたしかに、家庭という対幻想にアイデンティティの置き場を変えることで共同幻想からは自立した。彼らは髪を切り、ネクタイを締め、そして「妻と子供を守る」ために政治的なイデオロギーとそれを掲げる集団から離脱し、産業社会に身を投じていった。しかし彼らの新しい依存先となった家庭、つまり戦後的核家族という場の多くが、家長が専業主婦と子供を支配する搾取の装置であったこと、そしてまた彼らの多くが私的な領域において対幻想に依存するからこそ、公的な場では思考を停止して職場、つまり企業や団体のネジや歯車のような存在として共同幻想にとりこまれていったことは記憶に新しい。「夫」や「父」であることにアイデンティティを置くことで、彼らは安心して思考停止して「社畜」になったのだ。妻を殴ることで職場での鬱憤を晴らすことや、家族の生活を守るために会社の命令に従い不正に手を染めるといった「矮小な父」たちのありふれた卑しさに、吉本の唱導した「自立」は耐えられなかった。吉本が処方した薬物は乱用され、その結果生じた卑しさはこの国の戦後社会に今日も根強く残る封建的な価値観の延命に手を貸したのだ。

こうして吉本のある幻想を別の幻想で相対化するというプロジェクトは、あえなく失敗した。それどころか、むしろある幻想に支えられて「自立」することのもたらす安心が、別の幻想に埋没する卑しさを正当化し、うながすことを証明したのだ。かつて吉本は三幻想は「逆立」すると述べた。三幻想は独立して存在し、そして反発しあう。そのために、ある幻想に依拠することが別の幻想に依拠することに対しての抵抗になると考えた。しかし、ここで吉本は誤った。三幻想は「逆立」しているのではなく、単に独立して存在しているのだ。まるで、現代を生きる私たちが、プラットフォーム上の複数のアカウントを使いわけるように。そのため逆に、ある幻想に依拠することを用いて別の幻想への依拠をも強化することが可能になる。

そして今日の情報技術はこの三幻想を結託させ、とりわけ自己幻想の追求を大きく支援している。たとえば、現代を生きる人びとは、対幻想（他のユーザーとの関係）や共同幻想（所属する共同体）を誇示することでの自己幻想（アカウント）の強化を中毒的に欲望している。この構造がプラットフォーム上の相互評価のゲームを強化していることは論をまたない。二十一世紀の今日、吉本の三幻想はSNSというかたちで相互補完的に機能して、より強固に人類を関係の絶対性に縛り付け、相互評価のゲームのネットワークのなかに閉じこめているのだ。

言い換えれば、SNSのプラットフォームとは情報技術を用いて人間間の社会関係「のみ」を抽出する装置だと考えてよい。人間間の関係のみを肥大させた結果としてプラットフォーム上の人間の言動は「人とかかわること」に特化し、とくに承認の交換以外の欲望が喚起されなくなっているのだ。こうして、情報技術は人間を関係の絶対性の檻に閉じこめたのだ。[*10]

§8　脱ゲーム的身体

ある幻想で、別の幻想を相対化することが原理的に不可能である以上、もはや関係の絶対性そのものを相対化するほかない。そして、インターネットのほんとうの夢はここにあったはずだ。それは不毛な、自己目的化した相互評価のゲームを通じて自己幻想を肥大させることではなく、一人の人間が家族や国家を経由せずに、世界とつながることそのものにあったはずだ。ばらばらの人間たちが、ばらばらの、家族や、国家といった共同体の一員としてではなく一人の人間のまま他の誰かとつながること。この新しい回路「も」世界に備えることで、相対的に自由になること。インターネットが実現してくれるかに見えたこの自由を、残念ながら私たちはいま、みずからの手で台なしにしようとしているのだ。

では、どうすれば私たちはこの情報技術に支援された関係の絶対性を相対化することができるのだろうか。

以前生まれつき手足の欠損している友人から、このような話を聞いたことがある。自分は別に「歩きたい」と思ったことはない、と。移動がより便利になればその手段は別にどのようなものでもよく、とくに二本の足で歩くことに憧れやこだわりはない、と。それでも新型義肢の開発プロジェクトに参加するのは、社会に対して多様性の価値を訴える効果が高いからだ。そう、彼は述べていた。[*11]

プラットフォームとは「社会的身体」を拡張する装置だ。好きな名前を選び、好きなアバターを用いて、東京の片隅からドナルド・トランプにもイーロン・マスクにもリプライを送ることができる。このとき、「五体満足」な私と「五体不満足」な彼との間にはまったく差はない。プラットフォームに接続したとき、彼の身体の「個性」は消失する。その結果、彼の「別に歩きたくない」（他の移動のほうがいい）という、あの身体だからこそ生まれたユニークな欲望も消去されてしまう。おそらく、ここに今日の人類が陥っている巨大な罠がある。

人間の創る世界を多様にし、豊かにするためには、そこに吐き出される欲望が多様でないといけない。そして欲望は身体から「も」生まれる。歩いたことのない彼に歩きたいという欲望はなく、代わりにまったく別の移動への欲望が生まれているように。

しかし、Facebook や X（Twitter）に接続するとき、世界中のあらゆる人びとの社会的身体は同じものになっている。プラットフォームはユーザーの社会的身体を画一化する。それは社会的身体の五体満足主義にほかならない。プラットフォーム上のコミュニケーションが貧しいのは、そこでコミュニケーションの単位となるアカウント（≒社会的身体）が画一化されているからだ。Facebook や Instagram では Like を与えるか、与えないか。共感するか、しないかで承認が交換される。X（Twitter）や匿名掲示板に散見される一言のコメントはもちろんのこと、そこに制限字数の限界まで文が書かれていたとしても、論理そのものはタイムラインに頻出する「定形」のものであることがほとんどだ（もちろん、ユーザーはそれで「考えた」気になっている）。

プラットフォームのもたらす画一的な社会的身体は相互評価のゲームで承認欲求を満たすこと以外の欲望をもちえない。つまり他のユーザーからの承認欲求を得ることしか考えられない身体を与えてしまう（プラットフォームの仕様上、それ以外の欲望が喚起されにくくなる）のだ。逆もまた然り、だ。目的は人間の身体を縛る。とくに人間間の関係性についての目的は決定的に人間の身体を縛りつける。ハッシュタグに動員されて街頭に出たとき、所属する共同体のメンバーシップを確認するための酒の席にいるとき、やはり私たちのおこなうコミュニケーションは画一化されている。承認を交換するだけの器官と化した結果として、ストリートを歩いているときに偶然目に入るものを気に留めなくなり、居酒屋で出された料理の味を気にしなくなる。

この悪しき循環によってこれらの場でもまた、人びとのコミュニケーションの主体は同じような社会的身体に画一化されてしまい、誰もが同じような行為しかしなくなるのだ。

こうして考えたとき、人間を人間同士の関係性の檻に閉じこめるプラットフォームは私たちが近代の社会のなかで育んできた身体の管理によって欲望を画一化する装置の完成形として位置づけることができる。

しかし今日のプラットフォーム上の画一的な身体はシリコンバレーのアントレプレナーたちの陰謀の結果生まれたものではなく、彼らが無数に提示したプランから私たちがきわめて民主的に選び取ったものだ。それは、私たちが望み、手に入れた貧しい身体なのだ。だからこそそれは市場から、それもインターネットというボトムアップで生成される場所から生まれてきたのだ。そして、その身体が特化する（「関係の絶対性」に縛られた）人間間のコミュニケーションは、残念ながら（少なくとも自分たちが思っているほどには）多様ではない。

では、どうすれば多様性を回復できるのか。プラットフォームの与える画一化された社会的身体を拒否し、脱ゲーム的な身体を回復することができるのだろうか。

§9　虫と花

かつて真木《まき》悠介《ゆうすけ》＝見田《みた》宗介《むねすけ》はこう述べた。「進化史上最もめざましい成功をおさめた種間関係は、昆虫と顕花植物の「共進化」である」と。「クローバーの芳香に引き寄せられるハナバチはその身体を「操作される」、他種の生殖のサイクルの内に組み込まれている。しかしハナバチはそのことによって自身もまた生存と生殖の機会を増大している」のであり、このとき「ハナバチは誘惑されてあることに歓びを感じ」ているはずだ、と[*12]（傍点原文）。

ある種の植物は、生殖のために昆虫などの自分たちとは異なる種の生物を誘惑する。その異種を誘惑するために発達した器官が「花」だ。花とは、同種の（私たちの場合は人間間の）コミュニケーションの外部に開かれた回路なのだ。

真木はリチャード・ドーキンスの利己的遺伝子論に、人間を含む動物の利他の根拠を求める。広く知られているように、ドーキンスは生物の個体を遺伝子の一時的な「乗り物」として考える。個体のために遺伝子があるのではなく、遺伝子のために個体があり、そのために、生物には自己遺伝子の存続と同じように、自己のものと近い遺伝子の存続に適した行動を選択するようにプログラムされている、と考える。アリやミツバチのワーカーたちがみずからの子孫を残すことなく姉妹の子孫を残すために行動するのは、個体にとっては利他的な行為だが遺伝子にとっては利己的な行為である、と。これによって、遺伝子の存続というゲームにおける合理的なプレイとしての利他という現象を説明することが可能になる。そのために生物は個体にとっての利他的な行為――それは実のところ遺伝子にとっての利己的な行為なのだが――に快楽を覚える本能をもつのだ。

このとき遺伝子はその一時的な乗り物である個体の同種だけではなく、異種にも利他的に働きかけて存続を試みることがある。真木によれば虫と花の共進化は、現時点におけるそのひとつの到達点だ。それは「個体にとっての利他」によってもたらされる「遺伝子にとっての利己」の快楽が、種を超えたアプローチによって最大化されたきわめて高度な進化なのだ。

そして、認知の能力を発達させた人間という動物はその高度な進化のもつ豊かさを理解することができる。人間がこの「花」という回路――同種に対するフェロモン的（性的）なアプローチに、異種に対する（季節的）アプローチが加えられた高度なもの――を、美という概念の根底に置いてきたのはそのためだ、と真木は考えるのだ。

利己的な遺伝子はときに個体に対して利他的な行為を要求し、個体はその利他的な行為に快楽を覚える。この快楽とは言い換えれば遺伝子の要求に従って自己という個体を解体することで得られる快楽だ。[*13] そして人間はみずからが個体であることを認知できる能力を保つために、みずからが淫している快楽が自己という個体の解体によって得られていることを理解することができる。ときに他者によって「される」ことが、つまり自己という領域が侵されることが強い快楽をもたらすことを理解することができる。人間とは自己の保存が快楽をもたらすように自己の解体もまた快楽をもたらすことを、そしてこのふたつの本能の組みあわせ（「花」的なアプローチ）がより強い快楽をもたらすことを覚えた動物にほかならないのだ。真木は、ここに文化とその多様化の根拠を見出す。芸術への、宗教への欲望は言い換えれば他者からの「花」的なコミュニケーションの産物なのだ。真木によれば人間は、特定の目的（遺伝子の一時的な乗り物となること）をプログラミングされた「エージェント的な主体」であると同時に、自我に目覚め、そのプログラムを相対化し、行動の目的を自己決定できる「テレオノミー的な主体」でもある。そのために自己解体と自己保存というふたつの矛盾する欲求を同時に抱いているのだ。

自己保存の欲求に駆動された、同種への性的なアプローチのみが存在するとき、その場に発生するコミュニケーションは単純な交配にとどまっていく。そこに自己解体の欲求に基づいた異種へのアプローチが加わったときはじめて、そこに多様な文化は「花」として咲くことになるのだ。

真木の詩的で、ロマンチックな語り口をいったん横に置いて一連の議論を眺めたとき、ここで述べられている「花」的なコミュニケーションに、プラットフォームを内破していくための大きな手がかりがあることに気づく。そう、今日の人類は、「花」的なコミュニケーションのことを忘れている。いま、人類は情報技術に支援されて人間間の相互評価のゲームに中毒的に埋没し、人間外の事物とコミュニケーションすることを忘れてしまっているのではないか。これまでとは比較にならないほど速く、低廉にアクセスできるようになった同種とのコミュニケーションに埋没し、人間外の事物とのコミュニケーションのことを、置き去りにしはじめているのではないか。自己が何かを「する」、承認を獲得し自分が何者「である」かを確認「する」、ことでの自己保存の快楽の中毒になり、事物に心身を侵「される」快楽を、自己解体の快楽を、そして自己解体を経由することで初めて実現する自己保存の快楽を忘れてはいないか。

たとえば二〇二〇年以降多くの人類が、ウイルスという人間「ではない」ものの脅威にさらされたとき、それを直視することから逃げた。多くの人びとが、新型コロナウイルスが未知であることを受け入れられなかった。世界にはまだ、わからないことがあることを受け入れることができなかった。ある人たちはそれはただの風邪と変わらない、「大したことのない」感染症だと述べた。こうした言葉は、それが未知のものであることに怯える人びとの不安を埋めてくれた（ドナルド・トランプはこの効果を利用し、意図的にデマを拡散し、この種の人びとの支持を集めた）。また、ある人たちは急造された新型コロナウイルスのワクチンは、ビル・ゲイツが密かに指揮した人口削減を目的とした毒物であると主張した。このような陰謀論は、そもそも今日の情報の錯綜そのものに耐えられない人たちの精神を安定させる役割を果たした。そして、人びとのこうした未知の事物に対するアレルギー反応が、情報を、社会を大きく混乱させ、パンデミックそのものを長期化させていった。あのパンデミックは、人間間の相互評価のゲームに逃避し、人間外の事物から目を背けた人びとの生んだ情報の混乱と誤情報の拡散(インフォデミック)によって強く下支えされていたのだ。

あのころ人間たちは新型コロナウイルスという未知の存在に怯え、既知の存在とのコミュニケーションに埋没していた。ウイルスという人間外の存在との、長い時間をかけたコミュニケーションのもたらす不安に耐えられず、それから逃れるために情報技術によって支援された人間同士の拙速なコミュニケーションに閉じこもった。この疫病から暮らしを守るために必要な、ウイルスとの感染抑制のゲームではなく、人間間の相互評価のゲームをプレイしていた。そしてその結果として多くの人が、コロナ・ショックを前にしたとき、それを口実にそれ以前から遂げようとしていた野心を追求し、それ以前から疎ましく思っていた対象にツバを吐いたのだ。[*14]

しかし私たちはウイルスによって絶たれた人間同士のつながりを回復すること(相互評価のゲームで承認を交換すること)ではなく、人間以外のもの(ウイルス)と正面から対峙することで危機に耐えられる社会を獲得するべきだったのではないか。この知恵を得たときに、人間同士のつながりもまたより強固で、建設的なものとして蘇るはずだ。

そしていま、ほんとうに必要なことは人間間の閉じたネットワークのなかで、相互評価のゲームをプレイすることではない。むしろ人間「ではない」事物とコミュニケーションすること、つまり「虫」を誘惑するための「花」のようなアプローチなのだ。

§10 プラットフォームから「庭」へ

人間の眼は誰かと眼を合わせるためだけのものではない。人間の手は、誰かの手を取るためだけのものではない。その眼は空を見て、星を見て、宇宙を観ることもできるし、その手はスプーンを持ち、ハサミを用い、弓を引くことができる。人間の身体と精神には人間外の事物とのコミュニケーションを経ることではじめて発動する能力があり、芽生える欲望がある。人間は人間外の事物とのコミュニケーションの可能性に開かれた存在だ。しかし、二十一世紀の人類はその可能性を、なかば無自覚に手放そうとしている。

したがって、私たちは(人間間の相互評価のゲームによる承認の交換を相対化するために)人間外の事物とのコミュニケーションを回復しなければならない。実空間が情報技術に汚染されたいま、プラットフォームの外部に逃れることはすでに難しく、そしてプラットフォームを複数化することでは問題の本質にアプローチできない。だからここでは、このプラットフォーム化した世界を内破して、変質させる方法を考えてみたい。国家から市場へ、メディアからプラットフォームへ、では次はなにか?

ここではその次のものを「庭」の比喩で考えたい。[*15]

なぜ「庭」なのか。プラットフォームには人間しかいない。それも画一化された身体をもつ人間しかいない。そして人間間のコミュニケーションしか存在しない。しかし「庭」は異なる。「庭」は人間外の事物にあふれている場所だ。草木が茂り、花が咲き、そしてその間を虫たちが飛び交う。「庭」にはさまざまな事物が存在し、その事物同士のコミュニケーションが生態系を形成している。人間が介在しなくとも、そこには濃密なコミュニケーションと生成変化が絶えず発生している。「庭」を得て、そこを訪れることで人間は人間外の事物に接し、それらにかかわることで人間間の相互評価のゲームから相対的に離脱する。プラットフォームの与える画一化された身体ではコミュニケーションできないものに触れることで、本来の多様な身体を取り戻す。その眼は他の人間と眼を合わせることから解放され、その手は他の人間と手をつなぐことから解放される。

しかし、同時にそこはあくまで人間の手によって切り出された場だ。完全な人工物であるプラットフォームに対して、「庭」という自然の一部を人間が囲いこみ、そして手を加えたものは人工物と自然物の中間にある。だからこそ、人間はその生態系に介入し、ある程度までコントロールできる。岩が置かれ、砂利が敷かれ、砂が撒《ま》かれている。しかし、完全にコントロールすることはできない。そこは常に天候の、季節の移り変わりの影響を受け、草花の、虫たちの、鳥の、獣の侵入を受け変化しつづける。人間はそこに関与し、変化を与えることができるがその結果をコントロールすることができない。「庭」とは、その意味において不完全な場所だ。しかし、だからこそそこはプラットフォームを内破する可能性を秘めているのではないか。

「家」族から国「家」まで、ここしばらく、人類は「家」のことばかりを考えすぎてきたのではないか。しかし人間は「家」だけで暮らしていくのではない。「家庭」という言葉が示すように、そこには「庭」があるのだ。家という関係の絶対性の外部がその暮らしの場に設けられていることが、人間には必要なのではないか。

そして「庭」とは（私企業のサービスにすぎないＳＮＳプラットフォームのように）、私的な場である。しかしその場は半分だけ、公的なものに開かれている。それぞれの「家」の内部と外部の接点としての外庭があり、そして家事や農作業、あるいは集団礼拝や沐浴の場としての中庭がある。

「家」の内部で承認の交換を反復するだけでは見えないもの、触れられないものが「庭」という事物と事物の自律的なコミュニケーションが生態系をなす場には渦巻いている。事物そのものへの、問題そのものへのコミュニケーションを取り戻すために、いま、私たちは「庭」を再構築しなければいけないのだ。プラットフォームを「庭」に変えていくことが必要なのだ。

そしてサイバースペースはもちろんのこと、今日においては実空間すらも「庭」としての機能はあらゆる場所から後退している。だからこそ、このプラットフォーム化した社会をどう「庭」に変えていくのか。それが本書のもうひとつの主題だ。

この世界に「庭」を、多様な人間外の事物との豊かなコミュニケーションが可能であり、その生態系に（支配することなく）関与する場を、どう手にするのか。それを、サイバースペースと実空間、両方の面から考えていきたいと思う。

「庭（ニハ）」という言葉は、かつては現代とはやや異なる用いられかたをしていた。いくつかの辞書を引いて古語におけるその意味を調べると、それは現代語の「場」と同じような意味であったことが記されている。[*16]

たとえば当時は狩をする「狩場」を「狩庭」と書いていた。漁労をするのは「網庭」、稲作をするのは「稲庭」、草刈りをするのは「草庭」、製塩をおこなう場所は「塩庭」と呼び、さらに戦闘、交易、芸能、仏神事のおこなわれる場所をそれぞれ、軍庭《いくさば》、市庭《いちば》、売庭《うりば》、乞庭《こつば》、舞庭《まいば》、祭りの庭、講の庭などと呼んだという。[*17]

共通しているのは、そこが人間が何かの事物とコミュニケーションを取るための場所であった、ということだ。その対象は、人間というよりはむしろ人間外の事物であった。農作物や獲物であり、それらを用いて製作される道具たちであり、そしてときにこれらの事物に宿る仏神たちであった。この性質は今日の主に観賞を目的に造られる庭にも、引き継がれている。

そして「庭」という言葉は、単に「場」を示すものから、徐々に家屋の内部または隣接した場所のなかで、とくになんらかの事物を対象に作業をする空間のことをさすものに変化していった。そこは、人間の私的な領域と公的な領域とを接続する蝶番《ちょうつがい》のような場所だった。だからこそ、やがて社会的な分業が進行し、その場所が観賞用の、つまり「観る」ためのものに変化したとき、「庭」はそこに暮らす人びとの世界観を象徴的に表現するものとして機能するようになったのだ。

一、地形により、池のすがたにしたがひて、よりくる所々に、風情をめぐらして、生得の山水をおもはへて、その所々はさこそありしかと、おもひよせ〳〵たつべきなり

一、むかしの上手のたてをきたるありさまをあととして、家主の意趣を心にかけて、我風情をめぐらして、してたつべき也

一、国々の名所をおもひめぐらして、おもしろき所々を、わがものになして、おほすがたを、そのところになずらへて、やハらげたつべき也[★18]

この三ヵ条は、世界最古（平安時代末期に成立）の造園の指南書とも言われる『作庭記《さくていき》』に記された、造園の基礎となる心得だ。ここで主張されている心得を本書の文脈で現代的に言い換えると、おおむね以下のようになる。

まず、「庭」とはその家屋の置かれた地形に基づいて造られた実際の自然のミニチュアであるということ、次にその造型に造園家や家主の世界観が反映された作品であるということ、そして最大の参照先はさまざまな土地に実在する景勝地であるということだ。つまり『作庭記』における「庭」とはまずその土地の個性を引き出し、そこに人間のメッセージを、他の場所に存在する

自然の生みだした美をかけあわせることで表現するものなのだ。

かつてのバロック式庭園が人間が理性を用いその人間の秩序に自然の秩序を従わせることへの欲望を、園林が現世には存在しえない桃源郷への欲望をそれぞれ体現したように、人類の歴史のなかで、「庭」とはその時代の人間が考える理想の世界像を体現する場として造られてきた。では、いまこの時代にあるべき「庭」とはなにか。ここではそんな、「庭の話」をしたい。

#2「動いている庭」と多自然ガーデニング

§1　動いている庭

今日において「庭」とは主に「観る」ことを目的にして、自然の一部を囲いこみ、あるいは切り取り、選別して一定の枠内に収めたもののことにほかならない。しかしこれまで紹介してきたように歴史的に「庭」にはその時代の人間が自然物を含む世界をどのようにとらえ、そして人間がどのようなかたちでそこに接続されるべきかという理想を示すものとしての側面がある。だからこそ「庭」をつくる知恵は、プラットフォームの次のものを考える私たちにとって、大きな手がかりを与えるだろう。この章では、なぜその「次のもの」を「庭」の比喩で考えるべきかという疑問に答えながら、プラットフォームに対抗しうる場所の基礎的な条件を、実際の造園についての知恵を参考に考えてみたい。

そして最初に参照するのは、ある庭師の仕事だ。彼は述べる。「わたしの考えでは、庭こそ形によって判断されるべきではない。むしろ存在することのある種の幸福、それを翻訳することができるかどうかで判断されるべきだろう[*1]」と。現代を代表する庭師、フランスのジル・クレマンの仕事から、議論を始めよう。

ジル・クレマンは一九四三年生まれの庭師で、パリのアンドレ・シトロエン公園の庭やケ・ブランリー美術館の庭などがその代表作だ。「動いている庭」をそのコンセプトに掲げるクレマンの仕事は、少なくともヨーロッパの伝統的な作庭とはかけ離れている。

クレマンはヨーロッパの伝統的な「生命をあたかもオブジェのように一つのかたちのなかに押しとどめようとするあらゆる試み」に違和感を表明する。しかしその一方で、アジアの伝統的な作庭——たとえば日本的な、見立てることを用いた作庭——の方法に敬意を表しつつも、これらの「庭」と自分の造る「庭」とでは「庭」をかたちづくる「境界」の概念そのものが異なっていることを挙げ、自分の作庭との違いを強調する。[★2]

「できるだけ合わせて、なるべく逆らわない」——それがクレマンの作庭における基本姿勢だ。その「逆らわない」対象とはなにか。それは自然の営みだ。クレマンは述べる。庭とは古来「最良のもの」を守る囲いであった、と。[★3]「庭」が事物とのコミュニケーション（作業）の場から自己と世界、私と公を接続する場所として認識され、それが家庭内の宗教的な儀礼の場を経て、やがて観賞されるものに変化していったことはすでに確認したとおりだ。この東西を貫く「庭」の歴史とクレマンの指摘をあわせて考えたとき、そこに浮上するのは人類がその「最良のもの」として、自己と世界とを接続する回路としてもっともふさわしいもの——大切なもの、美しいもの、理想とされるもの——が選ばれてきたという側面だ。

それはたとえば砂漠の国では「水」であった、とクレマンは述べる。イスラム式庭園で噴水と水路がその中心に置かれたのはそのためだ、と。そして「水」が砂漠の世界においてもっとも希少な、命をつなぐものでありそれを手にすることが権力そのものであったように、十八世紀のフランス庭園では、啓蒙思想を体現するためにあらゆる要素が「対称的に」配置され、人間の理性とそれが作り上げる秩序の自然に対する優位が表現されたのだとクレマンは述べる。それは単にその庭が、啓蒙思想が社会を動かした時代につくられたからだけではなく、その時代には啓蒙主義の理想こそが「最良のもの」として認識されていたからこそ、それは「庭」の中心的なコンセプトに選ばれたのだ。

そして、クレマンはいう。今日において、私たちが「囲う」べき「最良のもの」は「生命」そのものである、と。実際に、クレマンのつくる「動いている庭」は、一見、自然そのもののように見える。そこは(とくに夏場には)草がぼうぼうと茂り、よく見ると生えているものも実に多様……といえば聞こえがよいが、その外観はむしろ「混沌」という言葉がふさわしい。その庭は噴水と花壇を中心に左右に空間が広がり、対称的に同じ植物が配置される、ヨーロッパの伝統的な「庭」とは似ても似つかない。シンメトリーな歩道などあるはずもなく、こうした茂みや、まったく人間に遠慮することなく根を張った木を避けるように、人間の歩く道がその脇に曲がりくねって配置される。これが「できるだけ合わせて、なるべく逆らわない」クレマンの作庭だ。

クレマンの作庭の原型となったのは、「谷の庭《ラ・ヴァレ》」と名づけられた彼の自宅の庭だ。一九七七年にクレマンは谷底の小川の流れる土地を購入する。そこは、藪の茂る荒れ地と呼んでさしつかえのない場所だった。クレマンは十年ほどかけてみずからの手で石を積み、そして庭を作り上げた。そこでクレマンは、「雑草」の代名詞である（フランスにとっての）外来種バイカルハナウドの、侵略的な繁茂を排除するのではなく、むしろ作庭の中心に置いた。

きっかけはクレマンがある日、庭のなかの道の真んなかにバイカルハナウドが芽吹いているのを発見したことだ。繁殖力の強いこの植物は、放置すると瞬く間に他の植物を淘汰してその場所を覆ってしまう。他の庭師たちがそうしているように、クレマンもこれまではこの雑草を見つけしだい排除していた。しかし、このときクレマンはこの若い芽を抜かなかった。むしろ、この芽を避けるように芝刈り機をかけて、道のほうを作り変えた。そしてこの一本のバイカルハナウドが、これ以上繁茂しないように実を結ぶ前に剪定し、一本の木が枯れないように、しかし繁殖しないように維持しつづけることを選んだ。ここでクレマンは、自然の生態系を「そのまま」活かしているのではない。バイカルハナウドの侵略的な繁殖力を、庭の生態系を豊かに変化させる乱数として利用しつつも、その強すぎる力が他の植物を圧倒しないように介入しつづけることを選択したのだ。このとき「動いている庭」の基礎が生まれた。

同じようにクレマンは、倒れたリンゴの木を活かして、その幹から出た新しい芽のうち一本だけを選び、育て、実を結ぶまでに伸ばした。庭師の仇敵として長く憎まれてきたモグラのあける穴は、柔らかい土にしか芽吹かない植物のコロニーとして利用した。

このクレマンの自邸の庭（「動いている庭」）は、彼の作庭の最大のコンセプトを生み出し、そのコンセプトに基づいていくつもの代表作が生まれていった。パリのアンドレ・シトロエン公園では、一年目にクレマンら庭師たちはまずさまざまな植物の種を播き、その芽の出かた「から」庭のかたちを構想していった。[★4] あるいはリヨン高等師範学校の庭では、その庭のなかの道のほとんどがその年に生える草花の移動にあわせて、事後的に庭師たちによって決められる（つまり、毎年変化する）。これらの庭には絵葉書のような自然の美しさはない。しかし、訪れた人びとはそこで、その動的な自然物の生態系の運動に触れることになるのだ。

§2　地球という庭

このとき留意したいのは、このクレマンの「動いている庭」の思想が素朴な自然に対する崇拝とは、かなり距離があるものであることだ。クレマンはその場所の生物、とくに植物の移動を可能なかぎり活かす。しかしそれはけっして、自然そのものではない。こうした自然物の、人間の意識からは生まれることのないアルゴリズムに従った移動と変化（それは人間の目にはほとんど偶然に見える）を活かすことで、人間がそれらの多様な展開を効果的に受けとれる場所を、庭師の仕事として設計しているのだ。

「できるだけ合わせて、なるべく逆らわない」――クレマンのこのコンセプトは、けっしてありのままの自然を想定し、それを理想とするものではない。「できるだけ」合わせるとは、合わせられないものがあることを意味し、「なるべく」逆らわないとは、逆らわなければならない領域があることを意味する。そして何より、人間の手が加えられないその場所は「庭」ではない。人間が関与できないかぎり、そこは自己と世界、私と公を結ぶ場所にはなりえないのだ。

クレマンは「庭」を意味する英語「garden」、フランス語「jardin」の語源がともに「囲われたもの」を意味することに注目する。かつて、人びとは家屋の前に設けた今日の基準で考えると庭とも農場ともつかない「囲われたもの」のなかで作物を育てていた。そう、この「囲われたもの」で人びとが作物を育てていた時代には庭園と農場が未分化だったのだ。ここで重要なのは農業とは保存の利く、そしてその土地に合った穀物など基本的に本来その土地には根づいていなかった植物を播いて、育てることによって拡大した産業だったことだ。「庭」の原型である「囲われたもの」は、いわゆる外来種を育成するための場所であったのだ。そして今日においてはたとえば日本に暮らす人があたりまえのように庭の花壇にチューリップを植え、サボテンを愛でている。もしクレマンが人間の手を排除することで、ありのままの自然を保持しようと考えるのならば、フランスの山間にコーカサス地方から人間の手によってもたらされたバイカルハナウドなどけっして存在してはならないことになる。しかしクレマンは、この繁殖力の強い植物の侵略的な移動を、「庭」に変化をもたらすものとして取り入れることを選択した。バイカルハナウドを抜かず、その侵略的な繁殖を逆手に取ることは、クレマンにとっては自然のもつ多様な変化を活かす方法であり、さらにそこがありのままの自然ではなく、「庭」でありつづける条件であり、そして「庭」の本来あるべき姿への接近なのだ。

クレマンはそもそも「外来種」という概念に懐疑的な立場を取る。人間の移動にともなう、動植物の拡散と繁殖——それが意図したものであったとしても、そうではないとしても——は、地球の自然がみずから変化する長大な時間をかけた運動を加速するが、けっしてその摂理に逆らったものではない、とクレマンは考えるのだ。

モーリシャス島でドードー鳥が人間による乱獲などを原因に絶滅したあと、ドードー鳥と共進化し、共生してきたと思われるカリヴァリア（くるみの一種）も衰退した。カリヴァリアはその実をドードー鳥に食べられ、糞とともにその種が拡散されることで繁殖のサイクルを構築させていたために、ドードー鳥の絶滅によって生命のサイクルの片方の車輪を外されてしまったのだ。そしてこのカリヴァリアの危機を救ったのは、皮肉にも人間がもちこんだ外来種——七面鳥——がその実を食べはじめたことだった。このように眺めると、人間の営みは必ずしも自然と対立するものではない。人間の手によってひとつの共進化の成果が破壊されたことも事実だが、人間の手によって新しい共生がそこで生まれ、共進化の可能性が芽生えたこともまた、事実だ。人間の営みは、自然の運動を加速することがあっても、けっしてそれを根底から破壊し、止め、そして逆行させることはない。拡散し、混じりあい、そして進化する。「生はノスタルジーを寄せつけない。そこには到来すべき過去などない」[*5]——クレマンは自然の本質をノスタルジー的なものではなく、エントロピー的なものだと述べる。そして人間の営みはエントロピーを増大させることがあっても逆はない。それがクレマンの立場だ。

そしてこの議論の延長にクレマンは疑問を投げかける。そもそも手つかずの、ありのままの自然とは存在するのだろうか、と。すでにこの地球に人間の手が入っていない場所は存在しない、と。そこがアマゾンの密林の奥地であれ、極点近くの氷山の麓であれ、いや、そういった場所だからこそ、たとえば人類の排出した二酸化炭素の増加の影響を強く受ける。原理的に考えたとき人間の影響を受けない自然など、人類の発生以来そもそもこの地球に一度も出現したことはないことになる。

このように考えたとき、クレマンの「動いている庭」は地球そのもののミニチュアと見なすことができる。いや、クレマンの言葉を借りれば、むしろこの地球こそが「庭」なのだ。「動いている庭」として、この地球全体に「できるだけ合わせて、なるべく逆らわない」かたちで介入することで、自然の力を最大限に引き出すことがもっともよい人間と自然とのコミュニケーションなのだ。この世界とは、いわば「地球という庭」であり、より正確には地球とは巨大な「動いている庭」なのだ。したがって人類はすべて広義の「庭師」である、とクレマンは述べる。自然のもつ、複雑化に向かう力を人間のために用いること。クレマンという「庭師」の思想が重要なのは、この発想を私たちに与えてくれるからだ。

§3　第三風景

もちろん、本書の目的は造園の方法を論じることではない。本書がその未来のあるべき姿のビジョンを提示しようとしているのは庭園ではなく、庭園に比喩されるこの社会そのものだ。そして、それを実現するためのサイバースペースと実空間の設計（作庭）のコンセプトだ。

しかしもう少しだけ、クレマンの話を続けたい。クレマンの「動いている庭」の作庭の方法を、より広い世界に応用すること——サイバースペースと実空間、双方をプラットフォームから解放するための知恵として応用すること——を考えたとき、大きな手がかりになるのが、クレマンの提唱する「第三風景」という概念だ。

「第三風景」とは、森林でもなければ農地でもない場所、たとえば人間に放置されている「荒れ地」のことをさす。クレマンは述べる。ときにこの深い森よりも、畑や放牧地などの農地よりも、第三風景（荒れ地）のほうが生物の「多様性」は上回るのだ、と。一見、森林は生物の多様性が高い土地に見える。しかし、必ずしもそうとは限らないとクレマンは述べる。森林とは多くの場合、とくにその生態系が安定している場合は支配的な樹木によって他の多くの植物が圧倒されている状態のことがままあり、そこには多くの植物が日光を得られず、種子のまま芽吹かずに土のなかで眠っている。そしてそれらを食べる虫などの生物も、そこでは生きられない。そして、雑草や虫が農薬で排除される農地の生物多様性についてクレマンが疑問を示すことは、言うまでもない。対して意外なことに、湿地や岩場などの「荒れ地」の生物多様性は高いと主張する。そこは極相＝特定の植物の支配による安定した森に至るかなり前の段階、つまりまだ「新しい植物が次から次へと現れ」る状態にある。そしてこの状態こそが目に見える生物の多様性が実は高い。そこは移動力の高い植物——その多くは今日においては人間の移動を利用する「外来種」だ——が最初に根を下ろす場所であり、そのために新しい環境が構築されて、それまでは存在しなかった他の植物や虫たちが集まるようになり、やがて小さな生態系が構築されていく。これらの「第三風景」の土地たちは、この地球上の生物がもつ複雑化の運動の影響を、もっとも直接的に受け止めている場所なのだ。

この第三風景は、あらゆる場所に存在する。耕作放棄された農地、都市のビルの隙間、高速道路の雑草の茂る道端——これらはすべて、極相に至った場所でもなければ、人間の手によって管理されているわけでもない「第三風景」だ。ここまで述べれば明らかだろう。クレマンの作庭は、この第三風景のもつ多様性をいかに人間が関与し作り上げた場所に、つまり「庭」に実現するかを目的にしている。第一（森林）と第二（農地）の風景が第三風景よりも生物多様性が低いとクレマンが考えるのは、前二者が相対的に「動いていない」場所だからだ。人間（庭師）が介入することによって第三風景のような多様性を、特定の囲われた場所に、それも「荒れ地」である「第三風景」とは異なり量的にも生物の豊かなかたちに構築すること、それがクレマンの作庭なのだ。

自然のままにしておくことは、必ずしも人間が触れられる生物多様性を保つことを意味しない。極相に至ったその場所は特定の動植物の王国であり、それ以上のものではない。もちろん、自然の運動はやがてその極相に至った森を解体し、そこはふたたび第三風景に近づき、生物の多様性が回復する可能性は十分にある。しかし、その変化は人間の一生から考えると、圧倒的に長い時間をかけたゆっくりしたものだ。だからクレマンは庭師の介入を主張する。庭師の介入によって、第三風景の生物多様性を維持しながらも、緑豊かな空間を人為的に構築し、それを維持すること。「できるだけ合わせて、なるべく逆らわない」——クレマンの述べる庭師の知恵は、そのために導き出されたものなのだ。クレマンの主張する「動いている庭」、それは「地球という庭」のなかでもっとも「動いて」いる第三風景の多様性を庭師が介入して維持しながら人間の目に、手に触れやすいものに改変したものなのだ。

クレマンが「できるだけ合わせて、なるべく逆らわない」のは、あくまでその庭で人間が接することのできる生態系を多様に保つためにすぎない。だからこそ、クレマンはバイカルハナウドや笹のような、繁殖力の強い外来種をけっして排除しないが、その一方でこれらの植物がその庭を支配することを許さない。自然にまったく手を加えず、そのままにしておいたとき、少なくともその「庭」という囲われた場所は必ずしも多様にはならないからだ。Web2.0の作り変えるサイバースペースが、無条件で多様な発信の場になると信じていた今世紀初頭のシリコンバレーの楽観的な技術主義者たちよりも、クレマンという庭師はありのままであることの限界を知っているのだ。

§4 多自然ガーデニング

クレマンの一連の発想は、近年注目される現代的な環境保護の思想「多自然ガーデニング」に通じる。今日の環境保護運動は、従来の人間の手の入らない、手つかずの自然を理想とし、それに近づける(戻す)ことを目的とするものに対する批判が高まり、大きな論争とそれにともなう地殻変動を起こしつつある。その端緒のひとつとなったのが、エマ・マリスが二〇一一年に発表した『「自然」という幻想』（原題："Rambunctious Garden: Saving Nature in a Post-Wild World"）だ。[*6]

クレマンと同じようにマリスもまたこの「手つかずの自然」という発想そのものを批判する。前述したように、生態学的に「手つかずの自然」は定義ができない。そこがたとえアマゾンの密林の奥地であったとしても、人間社会から発生する炭酸ガスなどの影響からは逃れられない。仮に、人類発生以前の地球環境までさかのぼることでそれを定義しようとしたとしても、その場合は地球誕生から人類の発生までの「どの」年代の自然を理想とするべきかを決定することができない。仮に、人類の発生の直前まで時間をさかのぼるとすると、その時点で前の氷河期の末期まで地球の状態を戻すことになる。これがどれほど非現実的で、そしてそれ以上に現状の自然環境を破壊する改変になるかは容易に想像がつくだろう。人類発生以前の環境を理想とし、それに「戻す」ことを考えたとき、それは今日の生態系とはまるで変わったものになり、現状の生物を保護することを意味しなくなる。そもそも人類以外の要因で今日のものとはまったく異なっている当時の環境への回帰は、どう考えても望むべきものでもないだろう（そもそも自然とは、当然のことだが人間と無関係に「も」移り変わりつづけるものだ）。

そして、マリスは二十世紀の環境保護思想に特徴的だった「手つかずの自然」への崇拝を、〈ウィルダネス（野生）崇拝〉と名づけて激しく批判する。それは十九世紀から二十世紀にかけてアメリカの都市の文化のなかに生まれた「カルト」の一種である、と。

ヨーロッパでは伝統的に自然を人類の敵と考え、この敵を攻略し、資源と化すことで文明を構築すると考えられてきた。しかし、十八世紀から十九世紀のイギリスのロマン派（ウィリアム・ワーズワースやパーシー・シェリーなど）は、これに異を唱え自然に崇高さを見出し、自己の卑小さを正しく教示してくれる場所として賛美した。このロマン派の自然観が隔世遺伝のようにアメリカに引き継がれる。それはラルフ・ウォルドー・エマソンに端を発し、ヘンリー・デイヴィッド・ソロー、ジョン・ミューアといった十九世紀後半に活躍したアメリカの自然愛好家たちに引き継がれ、やがて同世紀末の「フロンティアの消滅」に並行してアメリカの社会に定着していく。〈ウィルダネス（野生）崇拝〉の本質はそれがアメリカの開拓時代の終わりと生活空間の都市化にともなって、都市の生活を相対化し、失われたフロンティア・スピリットへのノスタルジーを満たすロマンチックな外部として消費されたことだとマリスは指摘するのだ。

つまり、少し厳密に考えればとうてい科学的とは言えない「手つかずの自然」への崇拝が力をもったのは、それが「ここではない、どこか」への欲望がまず先に存在して、そこに「手つかずの自然」というビジョンが後から当てはまったからだというのがマリスの主張なのだ。マリスにとって、「手つかずの自然」への崇拝はこの社会の外部への憧れの空回りの産物でしかなく、むしろ自然そのものへのアプローチから人間を遠ざけるものなのだ。

では、どうするのか。マリスの解答はここでもクレマンのそれに近い。マリスは、あくまで人類にとって有益な自然の多様性を人為的に、可能な範囲で保護することを推奨する。そしてこの人類にとって有益な自然の多様性は、それぞれの土地の、それぞれの社会によって個別に決定される。たとえば人類の手による生態系の破壊についても、これを厳密に解除しようとすると、たとえば日本列島から梅（中国中部原産で、奈良時代以前に中国から輸入された「外来種」）を排除することになる。果たしてこれが、望ましいことなのか。当然、そうは考えない。マリスはいう。すでにこの地球は余すところなく人間の関与しうる領域であり、そこはすでに「庭」である、と。そして残された問いはこの「庭」を私たちがどのように作り上げていくべきなのかということだ、と。これはクレマンの「地球という庭」という発想に酷似し、そしてクレマンにとっての「動いている庭」をマリスは「多自然ガーデン」と呼ぶ（原文は「rambunctious garden」つまり、直訳すると「無軌道な庭」という意味で、より「動いている庭」に近い意味になる）。今日の自然環境の保護とは、「多自然ガーデニング」でしかありえない。それがマリスの結論だ。そこには、すでに存在している自然をあえて「そのまま」保全する土地もあってよいし、絶滅の危機に瀕する動植物の保護をおこなってもよい。外来種を排除せずに育成する場があってもよい。すべては、人間にとっての多様な自然を維持するための介入であり、その多様さとはそれぞれの土地ごとの、それぞれの社会の状況によって決定されればよい、と考えるのだ。

ところでこの「無軌道な庭」に「多自然ガーデン」という訳語が与えられたのには相応の理由がある。翻訳者の一人である生態学者の岸由二《きしゆうじ》は、その意図について以下のように述べる（ちなみに岸は第一章で紹介したドーキンスの『利己的な遺伝子』の翻訳者の一人でもある）。

「多自然」という表現は、日本国の河川整備の領域において、それぞれの土地の自然と調和した多様な河川計画のあり方を意味する「多自然（型）川づくり」という言葉で使用されてきた歴史があり、いまも広く使用されている。関連の行政の仕事も含めこの言葉に長く親しみ有用性を自覚してきた私も、日々愛用する表現であり、たぶんマリスの意図にもよく沿うはずの日本語と判断して、ここに採用するものである。★7

（日本）列島という土地は、相対的に大陸よりも山と海との距離が近い。この条件はひとつの川が、相対的に短く、人びとの暮らしがそれぞれの土地の流域を中心に形成されやすいことを意味する。上流と下流、そして河口までの流域と、人びとの暮らす土地の範囲が重なりやすいことに、そしてそのために流域を単位に近代以前のこの国の土地が管理されてきたことに岸は注目する。だからこそ、岸はこの訳語を「rambunctious garden」という言葉に当てたのだ。ここには、多自然ガーデニングの発想を用い、とくにこの日本において「流域」に注目した自然環境の保護を主張する岸の意図が強く反映されている。

そして岸は、約四十年前からこの理論を、しかも東京近郊で実践しつづけている。神奈川県三浦市の「小網代《こあじろ》の森」。それは岸を中心とした団体によって、およそ数十年をかけ、この「多自然ガーデニング」の発想に基づいて保護し、管理し、そして「作庭」された森だ。「森」という呼びかたは便宜的なもので、ここには短い川の源流から河口までが（半島の先っぽにはそういう地形が出現する）含まれている。そう、そこは「流域」がまるごと含まれた「庭」なのだ。

§5　小網代の森へ

私が最初に「小網代の森」を訪れたのは二〇一五年の夏、長く立入禁止だったこの森が、一般公開された一年後のことだった。私は三浦半島が好きで、それ以前から友人たちと年に数回ほどのペースで遊びに来ていたのだが、そのことを知った別の仕事仲間がこの森の一般公開のことを教えてくれた。そしてその人物（柳瀬《やなせ》博一《ひろいち》＊8）は岸の学生時代からの教え子であり、岸の主宰する団体の中心メンバーの一人だった。そこは岸や柳瀬とその仲間たちが、神奈川県や当時土地を保有していた京急電鉄に働きかけ、数十年をかけて保護し、そして作り上げた「庭」だった。

岸によれば、現在の小網代の森に当たる土地のうち低地は（おそらくは中世から）一九六〇年代までは水田で、斜面は主に薪炭林として使われていた。河口の干潟では、貝などの採集がおこなわれていた痕跡があるという。転機は戦後の高度成長期で、農家の稲作離れと電気とガスの普及による薪の需要の消滅によって、この土地は放棄された。つまり、クレマンの言う「第三風景」と化したのだ。七〇年代に市街地としての開発が行政によって認められたが、この小さな山の斜面には誰も手をつけなかった。その後訪れたバブル景気のおりには、小網代湾のヨットハーバーと山側のゴルフ場を中心としたリゾート開発の計画が浮上したが、それもまた直後の平成不況への突入で頓挫した。この紆余曲折に並行して保全運動を開始していたのが、岸たちだった。

大学の教員仲間がこの近くに暮らしていたのをきっかけに、岸はこの森（放棄された水田がすでに森になっていた）の存在を知った。そこは原生林ではないが、だからこそ岸は可能性を感じたという。この森を保全すると、小さな川の流域をまるごと「作庭」できる——そう、岸は考えたのだ。岸らの働きかけによってバブル崩壊後の一九九五年に神奈川県がこの地区の保全を決定、その後十年以上をかけて県が私有地の買収を進め、二〇〇九年から岸たちによる整備——多自然ガーデニング——がおこなわれた。そして六年目の二〇一四年、小網代の森は一般公開された。

この保全運動の最大の特徴は対決型ではなく提案型であったことだ。多自然ガーデニング的な保全運動を選択した岸らは、手つかずの自然というものを想定しない。そもそも小網代の森は前述のとおり原生林ではない。一度人間の手が入り農地になっているからこそ、そこに広い湿地が生まれ、多様な生態系が構築されうる環境が成立している場所なのだ。そのため、岸たちはあくまでリゾート開発を進めようとする神奈川県、三浦市、京急電鉄らに対して、ゴルフ場やヨットハーバーといった当時列島を埋め尽くしていた開発ではなく、より自然の豊かな土地の力を活かしたよりよい開発案の一部としてこの小網代の森の保全を主張した。そしてこの提案が長い時間をかけて行政と地主を動かし、小網代の森は今日のかたちで保全されることになった。

そして、この「保全」とは「ありのまま」の自然を放置することではなかった。後に「多自然ガーデニング」の思想の紹介者となる岸と仲間たちは、マリスの問題提起よりも数十年早くそれを計画し、そして実行に移していったのだ。

源流から河口まで、約一・五キロの行程で標高約八〇メートルから海抜ゼロまで下るこの急な川にもし人間の介入がなければ、いわゆる深い渓谷になり、暗い谷がそこに出現することになる。しかし小網代は中世から稲作が営まれていた時期があったために、中流から下流にかけてなだらかな湿地が形成されていた。そこに岸らは目をつけた。ここを日当たりのよい湿地にすることで、多くの植物と水生動物が繁殖するはずだ、と。特定の土地に生物の多様性を確保するためには、人間が介入しないといけないのだ。

岸らがここで最初におこなった作業は笹藪を刈り、湿地に戻すことだった。岸らが最初にこの場所を訪れたときは、水田が耕作放棄されてから約二十年が経ち、そこはその土地にとってもっとも多様な生態系が存在している状態にあった。しかし、行政がその場所の保全を正式に決定し、岸たちが「多自然ガーデニング」的な介入をはじめたのはその二十年以上あとのことで、その間にこの場所の生物の多様性は大きく下がっていた。一部の斜面は常緑樹が支配的な暗い森になり下草も生えず、低地は乾燥して笹藪になり、水面が暗くなり珪藻が減った結果、連動してホタルやアユなどの水生動物が激減していた。それを回復し、一九八〇年代当時の日当たりのよい湿地に人為的に戻すことから、小網代の森の「保全」は始まったのだ。

「小網代の森」は、京急電鉄の終点の三崎口の駅からバスで数駅分足を延ばしたところにその山側の入り口がある。山側から進入すると、三浦半島の寂れたロードサイドから人気《ひとけ》のない森のなかに入っていくことになるので、人の少ない平日などに訪れると確実に気分が盛り下がることになる。私がはじめて訪れたときは休日だったが、一般公開されて間もないためまだほとんど人影もなく、ひどく不安になったのを覚えている。そして、訪れた人はボードウォークの上を、小さな川の源流近くから河口まで約一・五キロにわたって歩くことになるのだが、このあいだに約八〇メートルを下る。そして、この源流から河口までの高低差が、わずか一・五キロの行程のなかに実に多様な動植物を詰めこむことを可能にするのだ。

初回の訪問時に私はほんとうにこのあとどうなるのだろう、と不安に思いながら森のなかを、足元に気をつけながら進んでいった。その暗い森は、どこか不吉な予感にすら満ちていた。しかし少し進むと、そこに存在する生態系の豊かさに徐々に気づかされていった。ほんの少し歩いただけでつぎつぎ生えているものが変わる木々。湿地に生える草花。そしてボードウォークの手すりに出現するカエル、トンボ、毛虫、テントウムシといった生物たち……。そして、頭上に交差する複数種の鳥の声。森は少しずつ明るくなり、そして河口が近づいたところで一気に明るい干潟に出る。このときの風景は、今でも私の目に焼きついている。干潟を進むと、遠くに海がぼんやりと見え、そして腰を下ろすと小さなカニたちが、規則的に現れて求愛のダンスを踊る。それはゆっくり歩いても二時間ほどの行程だが、無数の動植物に触れられた圧倒的に濃厚な体験だった。そしてそれは東北や九州の片田舎を転々としてきた私が、幼い日にそれらの山や海で体験した自然よりも、圧倒的に多様で、豊かなものだった。その理由は明白だ。そこは、岸や柳瀬らが数十年の歳月をかけて作り上げた「庭」だったからだ。その圧倒的な多様性と接触の密度は「作庭」された結果のものなのだ。

あの日から、私は年に一度か二度は仲間たちとこの小網代の森を訪れている。岸の指導で、湿地のメンテナンス（笹刈り）に参加したこともある。コロナ禍の前は、毎年六月にホタルの観察にも参加していた。多自然ガーデニングによって「保全」された自然は、私たちの生活圏のすぐ側に存在しているのだ。

§6　社会の第三風景、社会の多自然ガーデニング

さて、ここまで作庭と森林保護についての議論を紹介してきたが、あくまで本書における「庭」は比喩である。私たちが考えるべきは作庭と環境保護の優れた現在形ではなく、あくまで生活空間――それもサイバースペースと実空間にまたがるもの――の設計思想だ。重要なのは「動いている庭」から「多自然ガーデニング」への思考の拡大を学ぶことではなく、その発想の応用を考えることだ。岸らが小網代の森を多自然ガーデニングの思想に基づいてデザインしたように、私たちの暮らすこの社会を、それもサイバースペース、実空間双方にまたがる「場所」をデザインすることを、「作庭」することを考えるのだ。

では、どうすれば私たちはこのプラットフォームの支配する社会を多自然ガーデニング的なアプローチを用いて、「動いている庭」にアップデートできるのだろうか。

「動いている庭」から「多自然ガーデニング」へと続くこれらの作庭の知恵が共有しているのはまず、自然物の多様さに触れることが人間にとって豊かなものをもたらすという確信だ。そして次にそれがどれほど多様な生態系を維持していたとしても、その多様さを人間が享受するためには人間の介入が必要になるという考えだ。人間の生は短く、その人がかかわりうるその場所に多様な生態系を維持するためには、その場所を特定の生物だけが支配する状態——放置された土地は、一定の期間はその状態に必ず陥る——から人為的に解放する必要がある、ということだ。クレマンもマリスも、そして岸も前提として多様で豊かな自然を愛し、敬意を表している。しかしその多様さと豊かさを人類が享受するためには、人間が積極的に自然に介入する必要を認めているのだ。

したがって、私たちの考えるプラットフォームの「次」のものとしての「庭」もこの知恵に学ぶべきだ。Web2.0の世界を支配するプラットフォーマーとその支持者たちは、その普及期に口を揃えて、発信能力を与えられた人間たちのコミュニケーションは、まるで自然の動植物のように多様な生態系を構築するだろう、と語った。しかしそれは大きな間違いだった。今日のプラットフォーム（と、その影響下にある実空間）は、まるで手入れを怠って長年放置したことによって、笹藪の単層林となり下草もそこに暮らす昆虫も激減した森のようなものだ。私たちはまず、人間間のコミュニケーションは、放置すれば画一化するという事実を受け入れ、人為的な介入が必要であることを認めるべきなのだ。今日のインターネットは、人間間の承認の交換という笹藪に覆われ、それ以外の生物（コミュニケーション）が衰微した、暗く、貧しい森なのだ。

クレマンは第三風景の多様な生態系を、庭師の介入で第二風景（農地）の亜種である「庭」で再現することで「動いている庭」を作り上げている。第三風景の荒れた土地はすでに支配的な生物がいないからこそ、さまざまな生物が集まり、多様な生態系が生じることになる。そこはまだ支配者のいない、まるでプラットフォームの台頭する以前のインターネットのような場所なのだ。そしてクレマンら庭師たちは、人間の介入によってその多様な生態系を維持したまま――特定の生物が覇権を握ることのないように――質的に多様なだけではなく、量的にも緑豊かな場所を構築していく。これは、マリスの唱える多自然ガーデニングの手法とほぼ一致し、岸たちが「小網代の森」で実践した（今日も継続している）管理そのものだ。

したがって私たちは同じようにまず、社会の第三風景を考える必要がある。そこは打ち捨てられた場所であり、それゆえに（プラットフォームとは異なり）多様な社会的身体が存在している。そしてその貧しさゆえの、荒れた土地ゆえの多様性を庭師（人間）の介入で、豊かで瑞々《みずみず》しい場所に、それも多様性を保ったままアップデートするのだ。もしくは、すでに瑞々しく生物たちがひしめく場所に、庭師の介入で第三風景に匹敵する動きと多様性を導入するのだ。

社会の多自然ガーデニングにおいて、庭師たちはそこに存在するあらゆる事物とその生態系に手を加えていく。それは地形であり、そこに生きる動植物であり、そこに配置されるインフラストラクチャーや商品などの「もの」であり、そしてそれらが人間にもたらす「出来事」だ。そしてそのためにまずは、放置しておけばその場を支配し、多様性を排除し単層の暗い森を構築する支配的な事物の抑制からはじめる必要があるのだ。

その場所において、特定の生物が支配的に繁殖することで、他の生物を圧倒する状態を排除すること。今日のプラットフォームの支配下にある社会において、他の繁殖を阻害しているのは、情報技術に支援され、金融資本主義と結びついた人間間の相互評価のゲームにほかならない。このゲームの支配が他のコミュニケーションを圧倒し、私たちはその結果として発生する承認の交換の快楽の中毒に陥っている。社会の庭師たちの介入は、まずこの過剰さの相対化から始めるべきなのだ。人間と人間とのコミュニケーションを相対化し、人間と人間外の事物とのコミュニケーションを豊かなものにすることが求められるのだ。

では、これら「作庭」の知恵を社会に応用したとき、比喩としての「庭」はどのようなものになるのだろうか。次の章では、これまでの議論を参照しながら、その「庭」の条件を考えてみたい。

#3 「庭」の条件

§1 人間「外」の事物

毎年夏になると、朝は早く起きて近所の森に出かけていく。目当ては「虫」で、カブトムシやクワガタといった樹液に集まる虫を中心に探す。場所によってはオニヤンマなどの水辺の虫も探す。捕まえて飼うのではなくて、ただ探して、見つけて、眺めて、そして触れる。それも暮らしている新宿区高田馬場から、それほど離れていない都心を中心に探しまわることにしている。

意外に思うかもしれないが、カブトムシやクワガタが繁殖するのにそう広い場所は必要ない。そのために、都心でもちょっとした森がある公園や大学のキャンパスなどに出かけるとこれらの虫たちを見つけることは、実のところそう難しくない。

カブトムシもクワガタも夜行性なので、夜のほうが見つけやすいのだけれど、私は朝の日差しのなかから、少しだけ暗く、ひんやりとした森のなかに入っていくのが好きでこの時間に探しに行く。コツはひとつ。虫の眼をもつこと、いや、虫の鼻と耳……はカブトムシやクワガタにはないので、虫の知覚を擬似的にもつことだ。

ある程度森の奥に進むと、朝でも目よりも鼻や耳のほうが頼りになる。まず、樹液の酸っぱい匂いを探し、それをたどって歩く。時おり、耳を澄ませると虫たちの羽音が聞こえてくる。カブトムシやクワガタやカナブンやカミキリムシなどの甲虫類は、それほど飛びまわらない。しかし、同じ樹液に集まる蜂や蛾は違う。とくに蜂の羽音は、その樹の在り処をかなり正確に教えてくれる。音のする方向に近づいて、にぎやかな樹木を探すと、そこに虫たちの溜まり場がある。樹液の染み出た木に、虫たちがまとわりついている。蜂を刺激しないように、そっと近づいて目を凝らす。そのなかに、目当ての虫が混じっていないかを探すのだ。

虫とは、犬や猫とは異なって意思の疎通が「できない」。虫たちは人間の意思を、ほんの少しも理解することはない。ただ、彼ら／彼女らの人間のそれとはまったく異なる感覚器で世界をとらえている。ヤーコプ・フォン・ユクスキュルは生物ごとに知覚する世界が異なることに注目した。そして生物はそれぞれの「環世界」を生きている、と表現した。つまり森のなかで、私たちは虫ごとの環世界をシミュレーションすることでその虫たちに近づくことができる。そしてこのとき人間は擬似的に虫の視覚を、触覚を、さまざまな知覚を手に入れることになる。そして探し出した虫たちの圧倒的に異質なその身体に触れるとき、人間は自己の身体の一部を擬似的に変化させる。

人間と虫たちのあいだにある大きな距離が、違和感が、そして不気味さが、人間の身体に強いショックを与える。人間の身体は人間外の事物に触れること——ショッカー的な存在に出会うこと——で擬似的に変質し、その機能をより多様に発揮する。虫を探し、触れることが人間の身体を擬似的に「変身」させる。その意味において、夏休みの小学生たちは森のなかで擬似的に変身しているのだ。そして身体が変化すること、変身することではじめて宿る欲望が存在するのだ。

人間は他の人間と承認を交換することで、自己と他の誰かが「同じ」であることを確認して安心する。しかし、この安心の快楽とは異なる快楽を、人間外の事物に触れることで覚える。異種に触れることでの知覚の擬似的な拡大は、その一種にすぎない。それは、人間間の承認の交換から切り離された欲望だ。それは、そう難しい話ではない。自転車を漕ぐときに生身の足で歩くときとは異なる土地の見えかたがするように、木片を削り色を塗って小さなスプーンをつくるときに、すでに出来上がったものを用いるときには気がつかないその木の手触りや香りに敏感になるように、人間は常に人間外の事物に触れ、その結果として少しずつその身体を擬似的に変化させているのだ。情報技術に支援され、肥大した承認の交換への欲望が、この「変身」を忘却させているにすぎないのだ。

そしてこの「変身」の快楽を、人間外の異種とのコミュニケーションは強く回復させる。虫と花の高度な共進化に、蜜を得るのでもなければ、生殖の機会を得るのでもないその外側にいるはずの人間が魅了される。その個体になんの益ももたらさないものを欲望してしまう。真木悠介＝見田宗介がここに文化の、宗教の源泉を認めたことはすでに述べたがここで重要なのはむしろ、そこに他の人間から承認されることからも逸脱した欲望が成立していることだ。虫に、花に触れるとき人間は、自己とはまったく異なる知覚で世界を認知している存在があることを感じ、そしてそのもうひとつの世界を想像する。そこに、知覚が擬似的に拡大する快楽を強く覚える。こうして、「変身」した人間たちの吐き出す欲望によって、相互評価のゲームに支配されたこの世界もまた、多様化していく。

対して、今日の情報社会を支配するプラットフォームには人間しか存在できない。それも、同じ規格に加工された、同じ機能をもつアカウント＝社会的身体しか存在できない。そこで人びとは、プラットフォームに与えられた画一的な社会的身体を用いて、同じ身体をもつ他のプレイヤーと承認を交換する以外の欲望を忘れている。問題の解決や、問いの立てなおしではなく、この問題にどう解答すると他のプレイヤーから承認されるかを基準に思考し、行動するようになる。そして、人間は事物そのものについて考えられなくなる。

そのためにまずこのサイバースペースと実空間の双方に、人間間のコミュニケーション「ではない」ものを、承認の交換「ではない」ものを、つまり人間外の事物とのコミュニケーションを回復しなければいけない。事物とのコミュニケーションに集中したときに、人間は擬似的に「変身」する。そして、その結果として人間間の相互評価のゲームの外側にこぼれ落ちる。夏の朝の森のなかでカブトムシを探すとき、虫の眼と脚で世界に触れるとき、私たちの意識は事物そのものに限りなく集中する。そこにはプラットフォーム上の相互評価のゲームが介入する余地はほぼなくなる。言うまでもなく、それを利用した経済的、政治的な動員も機能しなくなる。このカブトムシという単語をCOVID-19に置きかえたとき、あの二年半の間人類社会がプラットフォーム上の相互評価のゲームに夢中になることで、引き換えに何を見失っていたかが理解できるはずだ。人間たちは、ウイルスという未知の存在と対峙することよりも、既知の人間間の相互評価のゲームに夢中になり、これはただの風邪にすぎないと述べることで怯える人びとを惹きつけて集客と集票を試み、市民の不安を利用してそれ以前から実現を目論んでいた規制を実行に移すといったことに集中してきたのだから。

この「変身」の可能性を手にするため、人間の暮らす場所は、情報技術によって画一化された人間の社会的身体のみが存在するプラットフォームから、人間外の多様な事物が存在し、それらとのコミュニケーションによって「変身」する可能性にあふれた「庭」へと移行する必要があるのだ。

これが本書の提示する「庭」の第一の条件――人間外の事物とコミュニケーションを取る場所であること――だ。

すでに確認したとおり、「庭」とは、古来、人間が人間外の事物に触れるための場所として存在していた。古代から中世にかけての家屋においては、家の入り口、台所、店先などの現代でいうところの「土間」のことを「ニハ」と呼んでいた。とくに農家ではこの土間＝ニハを穀物の調製をしたり、藁工品《わらこうひん》の製作をしたりする作業場として用いていたという。[*1] 人びとは、文明が発達するなかでその事物とコミュニケーションを取る「場」を「庭」として、その家屋や敷地内に、より私的な領域に取り入れていったのだ。

しかし、二十一世紀の現在の人類はこの「庭」のことを忘却しつつある。今日においてはかつての土間のような場所は家屋から姿を消し、「庭」もまたおおむね観賞を目的とした場所であり、何かをするための場所ではなくなっている。そもそも、都市の集合住宅に暮らす人びとはその生活の場に「庭」をもたない。私たちは社会的な分業とそれにともなう生活の都市化を進めていくなかで、具体的に「庭」を失い、そして象徴的なレベルにおいても暮らしのなかで人間間のコミュニケーションを肥大させ、相互評価のゲームによる承認の交換の中毒になることで、「庭」を通した事物とのコミュニケーションを疎外しつつあるのだ。

これを取り戻すことは、そう容易なことではない。人間は、事物そのものに触れることよりも、事物を用いた相互評価のゲームに引き寄せられる。そのほうが速く、簡単に承認を手に入れることができるからだ。

二十一世紀の今日を生きる私たちはアルマーニのシャツの袖口からロレックスの時計をチラつかせる人間に対し前時代に取り残された愚かさを感じるが、その一方でSDGsについてのワークショップに参加して、登壇者と一緒に撮影したセルフィーをFacebookに投稿して彼/彼女にタグづけすることには夢中になっている。あるいは、そのような手のこんだ自己表現のできない人びとはその投稿のスクリーンショットをX（Twitter）にシェアして、その意識の高いセルフブランディングを僻《ひが》みっぽく嘲笑して溜飲を下げている。まとめて深い溝に流したくなるが、これが今日の情報社会の現実だ。

つまりここでは、工業社会から情報社会への移行に応じて、モノからコトへと欲望の対象が切り替わっているにすぎない。その対象がモノであれ、コトであれ、相互評価のゲームによる承認の交換の快楽は、事物そのものに触れることで与えられる変身の快楽を容易に淘汰してしまう。そして、前述したようにこのゲームの快楽は、いま、情報技術に支援され、かつてない速度で肥大しつづけているのだ。

したがって人間が人間間の相互評価のゲームとは無関係に事物にアプローチするためには、まずその場が、このゲームとは無関係に人間がそれらと遭遇できる環境が、つまりプラットフォームではなく「庭」が必要だ。そしてその「庭」には豊かな事物が存在し、そしてそれが絶えず変化し、そこに触れた人びとをより強く、相互評価のゲームのもたらす承認の交換の快楽よりも強く人間を誘惑する必要がある。私にとっての虫「のようなもの」が、豊かに存在している必要がある。私にとっての虫は、他の人間にもおなじように作用するとは限らない。したがってそこには、真木悠介＝見田宗介が述べたように、虫を誘惑する花のような、異種を誘惑する力を得た高度な回路が、「多様に」そこに渦巻いている必要があるのだ。そしてここに、第二の条件が出現する。「庭」の事物が人間を（人間間の相互評価のゲームよりも）強く惹きつけるために必要なこと。それが、人間外の事物同士がコミュニケーションを取り、豊かな生態系を構築していることだ。

§2　事物の生態系

京都市の南西部、桂川の下流に久世橋《くぜばし》という橋がある。この橋は京都と大阪、そして神戸を結ぶ幹線道路である国道171号（通称「イナイチ」）の一部で、一日中大きなトラックが行き交っている。この関西の物流の大動脈の一部を担っているこの橋の西側に、大きなBOOKOFFがある。京都に暮らしていた若いころ、とくに実質的に無職でブラブラしていたころに私はよくこの店に自転車で訪れていた。

京都という街では、市の中心部を流れる鴨川がその精神的な支柱として確固たる地位を築いているが、私はこの桂川が好きだった。桂川は上流に嵐山こそ擁しているものの、渡月橋《とげつきょう》より南はこれと言った観光地もなく、基本的にただの川だ。平成初期のまま時間の止まったような住宅地や、実は京都市の基幹産業である製造業を支える小さな町工場の集まる地区の側を流れる、ほんとうにどこの街にもあるような川だ。

そして、私はこの桂川の土手を自転車で走るのが好きだった。近年は野犬の繁殖が社会問題化した時期があり、夜間は地域住民も近寄らなくなっていた桂川の土手だが、[*2]当時はそのような問題もなく、晴れた日に嵐山を背にしゆっくりとした川の流れに沿って自転車を漕いでいると、色々なことがどうでもよくなるくらいとても気持ちがよかった。

そうやって、双ヶ丘《ならびがおか》のアパートから寄り道をしながら一時間ほど自転車を漕ぐと、たどり着くのがこの久世橋のBOOKOFFだった。取り寄せたい本は市内の他の大きな施設から近所の右京図書館に送ってもらうか、当時古書の取り寄せサービスで人気のあった「スーパー源氏」などのインターネット通信販売を使えばたいてい手に入ったのだけど、私はこの久世橋のBOOKOFFが妙に好きで、よく足を運んでいた。この久世橋のBOOKOFFが私に与えてくれたものは少なくないと思う。私はここで「たまたま」目にした片岡義男《かたおかよしお》の『スローなブギにしてくれ』の文庫本や、大島弓子《おおしまゆみこ》の『秋日子かく語りき』の単行本を手に取って、パラパラめくったあとに結局買って戻った記憶がある。別にとくにこれらの本を探していたわけでもなければ、以前からずっと読みたかったわけでもない。しかし、せっかくここまで来たのだから何かないかな、というセコい考えと、あとほんとうに「たまたま」その日の気分とか、体調とか、その前の数日に友人と交わした会話とか、土手から見かけた景色とか、そういったものに左右されておそらく私はこれらのものを買い求めていた。そして、このように人間が「たまたま」「偶然に」多様な事物に出会うために「庭」の第二の条件——そこに外部に開かれた、豊かな事物の生態系が存在すること——が必要なのだ。

比喩としてではなく現実の「庭」を考える上で重要なのは、そこに自然のもたらす小さな生態系がいやおうなく発生することだ。そしてその生態系は、そこがどれほど厳密に管理されていてもその外部の環境に対して完全に閉じることはできない。「庭」に存在する事物たちは、人間が関与しなくても自律的にコミュニケーションを取り、生態系を構築している。そのためそこに存在する事物は常に変化しつづけ、そこを訪れた人間は予測不可能な事物に触れつづけることができる。

対してプラットフォームはどうか。そこには、人間間の、それも情報技術によって画一化された貧しい身体を用いた相互評価のゲームが実質的に単一で渦巻いているだけだ。このように考えたとき、「プラットフォーム」と「庭」の差は、その生態系が閉じているか、開いているかの差であると考えることもできる。

ここで留意したいのは、たとえその世界がどれほど多様な事物にあふれていたとしても、それらが人間が関与したときのみ「動く」のであれば、けっして「人間外の」事物として機能しないということだ。この問題は「動員の革命」におけるハッシュタグの果たした役割を考えると理解しやすい。

街頭には、豊かな事物が存在している。そして、情報技術はそれらを人間たちが「タグづけ」することで検索可能にした。そして、ハッシュタグを通して触れる事物はけっして多様なものにはならない。このとき、私たちは確実にすでに多くの人びとが話題にしているものを話題にすることにインセンティブの働く相互評価のゲームの支配下にある。Web2.0のつくる未来を楽観的にとらえすぎていた私たちの最大のあやまちのひとつは、人間の意識的な選択は（「他者の欲望を欲望する」ために）そもそも多様なものにはならないことを見落としていたことだ。

この罠を回避する方法はひとつしかない。それは、そこでコミュニケーション可能な人間外の事物が、人間の介入（タグづけ）なく、独自のアルゴリズムを用いて生態系を形成し、常に動的であることだ。この条件をプラットフォームは満たさない、しかし「庭」は満たすのだ。

この問題は今日の本屋をめぐる問題に即して考えるとわかりやすい。大手の書店チェーンの入り口前の平台《ひらだい》で、Amazonのランキングを引き写したように売れ筋の本が並んでいるときに、読書家の多くが失望する。これらの人びとが本屋に足を運ぶときには、自分がまだ知らない本を偶然目にして、そして手に取る出会いを求めているからだ。その一方で個人経営の書店などで店主が独自の基準をもって選書したとき、そこには高いレコメンドの機能がある。ある本に関心を抱き、読破した次に手に取るべき本がそこには並び、読書の大きな手助けになる。私自身もこのような書店の棚に、どれだけ助けられたかわからない。

しかし、その一方でこの棚も、事故的に人間の内面に侵入する偶然の出会いはもたらさない。それが良心的に選書されていればいるほど、そこにあるのは必然的な類書の提示になる。やはりこの店の店主はこの分野に明るい、だから安心して参考になるのだという信頼は、実はプラットフォームへの対抗戦略としての「庭」という発想からは、大きく隔たったものなのだ。たしかに気の利いた個人書店の Instagram のアカウントをフォローすることは、私たちの読書の大きな助けになる。しかし、そのアカウントから私たちが事故的に出会った事物に襲われ、「変身させられる体験」を得ることは難しい。

これを補完するのは——一出版人としてこれを認めるのは大きく抵抗のあることだが——BOOKOFF に代表される新古書店の百円ワゴンのような「選書されていない」ことのもたらす偶然性だ。そこにははっきり言えば書物に対する敬意を根本的に欠いたアルゴリズムが働いている。一定期間売れなければ、百円に値下げをしてあのワゴンのなかに放りこまれるといった、本をつくる側としてはとうてい受け入れがたい論理が働いている。しかし、かつての、たとえば学生のころの自分がこの偶然性のもたらす豊かさを享受していたことも間違いない。ああいった場所で「たまたま」出会うことがなければ、片岡義男の古い小説や、大島弓子の古いマンガを手に取ることはなかったはずだからだ。

そして、この生態系が豊かであるためには、それが外部に対して開かれている必要がある。この古書店の例でも、本が供給される対象が貧しければそこにどれほど、人間の選書とは別の基準のアルゴリズムが働いていても、私たちに提示される本のラインナップは多様にならない。仮にそこに本を売りに来る人が月に一人で、その人がもってくるのが常に「ラジオ英会話」のテキストの先月号であれば、そこに通う客はただ、一ヵ月遅れでラジオ英会話を用いた学習が捗るだけで、ある決められた範囲でしか何かに出会うことはなく、その世界は広がることはない。

誤解しないでほしいが、別に私はBOOKOFFがよいという話をしているのではない。この例はプラットフォームから「庭」へ移行するために必要なものを明確に示している。重要なのは、「庭」に存在する生態系はたとえどれだけ囲われた場所に設けられていたとしても、完全には外部の環境と無縁でいることができないということだ。

「庭」はその人間外の事物同士がコミュニケーションを取り、外部に開かれた生態系を構築している場所でなくてはいけない——これが「庭」の第二の条件だ。生態系とは本来、究極的には開かれてしまうもの（完全に「閉じる」ことができないもの）なので、「外部に開かれた」と強調するのは厳密に言えば不要な表現だ。そしてこの本来は不要な強調は、本章で提示する最後の、第三の条件にもかかわってくる。

§3　関与できるが、支配できない

最後の第三の条件についてはまず、かつては現代語でいうところの「場」という意味で用いられていた「庭」という言葉が今日の意味に変化していく過程に注目したい。

かつての「庭」は、前述したとおり仏事、神事をおこなう祭祀の場でもあった。これらの仏神事は共同体の儀式として執りおこなわれるだけではなく、私的に執りおこなわれる場合が存在する。このとき、その私的な行為は所属する共同体の倫理や、それを超えた歴史的な教養に接続される。おそらくここに「庭」が、哲学的、美学的な世界観を表現する観賞用の場所としての側面を肥大させていくことになった理由がある。ときに「庭」とは聖俗の混在する場所として機能した。そこは私的なものを、より広い世界に開いていく回路でもありつづけた。このときに、「庭」は私的（プライベート）なものと、公的（パブリック）なものとの中間的なもの（セミパブリック）の性質を帯びる。正確には、私的な空間が事物とのコミュニケーションによって、なかば公的なものに開かれることになる。

英語で「庭」を指す言葉のうち、「yard」や「garden」は外庭を指す（yard は芝生の整えられた開けた空間を、garden は草花が植えられた場所を指す）。これらの、外庭たちが象徴的にその家屋の持主や建築家の考える世界観を表現していたのに対して、内庭を指す「court」は、家事や生業、あるいは宗教的な行為に用いられていた。ヨーロッパでは、内と外に分けられていたものが、日本においては「庭」というセミパブリックな場所に統一されている。だからこそ、日本語の「庭」はプラットフォームの「次」のものをイメージするときの比喩になり得る。

なぜならば、プラットフォームとはおそらく人類史上もっとも強く、そして歪んだかたちで私的（プライベート）なものと公的（パブリック）なものを結んでいる存在だからだ。

私的（プライベート）なものと、公的（パブリック）なものを結ぶもの――たとえば今日の国民国家であれば多くの場合、民主主義がそれを象徴的なレベルにおいては担っている。この一票で社会が変えられると信じられることが、その結節点として機能することの条件だ。そして、具体的なレベルでは市民の暮らす公共の場がそれを担っている。街の広場から、豊かな自然に触れられる公園、そして誰もが利用できる図書館――こういった場所の存在が、自己と世界、私的なものと公的なもののつながりを実感させる役割を負っている。

しかしこのうちの前者（民主主義）はすでにプラットフォームの支配下にあり、きわめて歪《いび》つなかたちで、人びとと世界を結びつけていることは前述したとおりだ。そして後者（公共空間）は、このプラットフォームの与えるゲームが人を惹きつける力にまったく対抗することができずに、ほぼ機能していない。

今日の世界をもっとも強い力で動かすグローバルな資本主義のゲームに、個人として参加し、世界に素手で触れることの許されない大半の人びとは、その手触りを求めて代わりに民主主義のゲームに没入する。対して、今日の実空間の公共の場に対して、その多くに市民たちはなんの愛着もなければ、自分「たち」の場所であるという感覚も抱いていない。その公的（パブリック）な場所を人びとが「用いる」ことはできても「かかわる」ことができないからだ。いや、より正確には「かかわる」ことができると、信じられていないからだ。私たちは近所の公園を散歩し、走り、子どもたちを遊ばせることはできるが、そこに好きな植物を植えることも、屋台のコーヒースタンドを出すことも、許可なくおこなうことはできない。

このように考えたとき、Web2.0の、より正確にはＳＮＳのプラットフォームの普及によって、サイバースペースは他のあらゆる実空間よりも圧倒的に、私的（プライベート）なものと、公的（パブリック）なものとの結節点として機能している。プラットフォームにアカウントを取得するだけで、私たちはその場所に「かかわる」ことができる。アップロードされた文章を読み、動画を見るだけではなく、みずから投稿することができる。そして、アカウントが投稿したものは公的（パブリック）に公開される。そこでおこなわれている議論に一石を投じて参加することができる。数回クリックするだけで、物品を購入するだけではなく、販売することもできる。そうすることでその場所の性質を、ほんのわずかだけれども決定することができる。ここには小さいかもしれないが、確実に世界に素手で触れているときの「手触り」がある。

この一見、些細な差が決定的な意識の差につながっている。人間は自分の手を加えられないもの、その存在そのものに関与できないもの、自分の関与で変えられないもの、ただ用いるだけのものについては自分の問題としてとらえることができないのだ。

その結果として、世界人類のかなりの割合の人間が、すでに近所の公園や図書館よりも

FacebookやX（Twitter）をもっとも身近な公共の場としてとらえている。それどころか自分の暮らす地域の問題よりも、これらの一企業の提供するサービスの仕様や運営の問題を、はるかに自分ごととしてとらえているはずだ。

たしかに私たちは近所の公園の壊れたベンチについて、市民として議会に訴え、修繕させることはできる。しかし、その半径五メートルの目に見える手触りは、FacebookやX（Twitter）で大統領選挙についての陰謀論を発信して、五十名からのリプライを受けたときに得られる承認に、大きく劣るだろう。プラットフォームの与えるそれは、恐るべき低コストで、驚くほど多くの、それも大きな問題に対する反響を、何かを介さずに直接その人にもたらすからだ。おそらく、Web2.0の思想がSNSのプラットフォームを用いて実現した最大の成果がここにある。この偉大な（そして、それゆえに副作用の大きい）変化によって、私たちは広大な、そして限りなく時間的、経済的に低コストで「かかわる」ことのできる事実上の公共の場を手に入れたのだ。

しかし、問題はプラットフォームで私たちが「かかわる」ことができるのは、あくまで人間間の閉じた相互評価のゲームであり、人間外の事物たちの開かれた生態系ではないことだ。人間はプラットフォームを通じて、公的なものに接続すればするほど、人間間の相互評価のゲームに閉じこめられて、その結果として社会から自由と多様性が奪われていく。それは、SNSのプラットフォームが人間間を直接つなぐものである以上は避けられないことなのだ。

だからこそ、私たちは事物を通して私的なものと公的なものが接続される回路が、私たちが「かかわる」ことで変えられると実感できる場所が、それも、サイバースペースと実空間の双方にまたがって必要なのだ。

世界に素手で触れていること、その手触りを人間間の相互評価のゲームではなく、開かれた事物の生態系に関与できることで得られる場所であること、それが「庭」の条件として必要になる。これは、これまで確認してきた「庭」のふたつの条件を総合したものでもある。そして、このとき重要なのが、私たちがそこにある事物とその生態系に「かかわる」ことができても、「支配」することはできないということだ。

私たちが庭の花に手を入れたとき、たしかにその場所に関与し、変化を与えることができる。しかし私たちはその場所を、完全に支配することはできない。庭の生態系は庭の外部に常に開かれている。花の種は虫に運ばれて、次の春には私たちが予想もしなかった庭の隅に芽を出すかもしれないし、外側から飛来した見知らぬ草の種が芽吹いて丁寧に刈りこんだ芝生を台なしにしてしまうかもしれない。あるいは、どこからともなく飛来したバッタの群れが、すべてを食い荒らすかもしれない。人間には「庭」を完全に支配し、コントロールすることができないのだ。しかし、この不完全性こそがその場所を、プラットフォームの貧しさから解放するのだ。

たとえばFacebookのウォールには、基本的にそのアカウントの所有者が好きなように投稿することができる。投稿の内容と公開範囲をユーザーはほぼ完全にコントロールできる。その一方で、そこには絶対的な制約がある。外観も投稿可能な内容も、頻繁に切り替わる機能やＵＩ（ユーザー・インターフェイス）の制限を大きく受けるし、それに対してユーザーは何の抵抗もできない。ほぼ完全な自由の与えられたプラットフォーム上のコミュニケーション（投稿）と、関与することすらほぼ不可能なプラットフォームそのものの設計（アーキテクチャ）の二層構造がここにある。そして、この二層構造は今日の人類社会を覆うふたつのゲームに相当する。下位のゲーム（プレイヤー同士の相互評価のゲーム）のプレイについては、ほぼ完全な自由と支配権が与えられているその一方で、この下位のゲームを経済的、政治的に活用する上位のゲームの領域は、不可視の領域として一般のユーザーからはほぼ隠蔽されている。

つまり今日において社会における公私の結節点、セミパブリックな領域を大きく担っているプラットフォームだが、その実態はそこには一人ひとりのユーザーが速く、簡単にかかわり、ほぼ完全に支配できる領域と、逆にほぼかかわることができず、まったく支配の及ばない領域に二分されているのだ。そして、この二層構造はある領域についての全能感とある領域についての無力感を人びとにもたらしている。二〇一六年に世界を揺るがしたふたつの出来事――ブレグジットの確定とトランプのアメリカ大統領当選――は、この全能感と無力感の産物だと言えるはずだ。それは世界に素手で触れることを許されたAnywhereな人びとに対する、許されないSomewhereな人びとの反乱だった。そして、それは言い換えると下位のゲームを最大限に活用することで、上位のゲームに抵抗する行為だった。このとき、Somewhereな人びとを動機づけていたものを抽象化すると、世界をより深いレベルで決定している上位のゲームに自分たちは「かかわる」ことができないことへの無力感が存在する。そしてだからこそSomewhereな人びとは、自分たちが全能感をもってかかわることのできる下位のゲームに深く埋没したのだ。

したがって、私たちが求める「庭」はプラットフォームのように二層に分かれていてはいけない。そして、そもそもゲームのように「攻略」できるものであってもいけない。それは「かかわる」ことができるものであるべきだが、攻略し、支配できるものであってはいけないのだ。攻略し、支配できると感じられることが、それができないことへの無力感と絶望を呼ぶのだから。そこは「庭」のように「かかわる」ことはできても、「支配する」ことはできない場所でなくてはいけない。確かに自分が世界の一部であると、実感できる場所である一方で、その結果をコントロールすることはできないことが必要なのだ。敗者も、勝者もない場所であるべきなのだ。「関与できるが、支配できない」。それがいま、必要とされている「プラットフォームの次のもの」としての「庭」に加えられるべき条件だ。そこはあなたの「庭」ではない、と公共の場で身勝手な行為をする人びとは批難される。しかし、いま必要なのは、まるで「庭」のように関与できる場所なのだ。

「庭」とは人間が知恵を身に着け、狩猟採集から農耕牧畜へとその糧を得る術を発展させるその過程で、その住処を変化させるなかで獲得してきたものだ。そして、今日においてはまず都市の集合住宅に暮らす近代人が「庭」の存在を手放し、そしてグローバルな情報、金融産業などに生息する「Anywhere」な人びとは定住することそのものを手放す選択をすることも少なくない。だが、「Somewhere」な人びとはいま、切実に私的なものと公的なものを豊かに結ぶ回路としての「庭」の再構築を必要としている。そして、それは実のところより深くゲームの自己目的化にとらわれた「Anywhere」な人びとにも当てはまるはずなのだ。

§4 「庭」の条件とその実装

本書が「庭」の比喩で考えていくプラットフォームを内破するために必要な環境とは何か。これまでの議論から浮上するのは、以下の三つの「庭」の条件だ。

第一にまず、「庭」とは人間が人間外の事物とのコミュニケーションを取るための場であり、第二に「庭」はその人間外の事物同士がコミュニケーションを取り、外部に開かれた生態系を構築している場所でなくてはいけない。そして第三に、人間がその生態系に関与できること／しかし、完全に支配することはできない場所である必要がある。

では、これらの条件をどう、実際の場所——サイバースペース／実空間——に実装していくべきか。

ここで、私たちは前章で取り上げたジル・クレマンの「作庭」に立ち返るべきだろう。

クレマンの「動いている庭」は本章で挙げた三つの「庭の条件」を完全に満たしている。「人間が（人間外の）事物とコミュニケーションを取る場所であること」「それら多様な事物同士のコミュニケーションが豊かな生態系を構築し、その生態系が外部に対して開かれていること」「人間がその生態系に関与できること／しかし、完全に支配することはできないこと」、この三条件を、私たちはクレマンのように世界を「地球という庭」として解釈し、そこに対して庭師として「動いている庭」的なアプローチを取ることで、すべての実空間／サイバースペースに対して満たすことができるのだ。

クレマンの「動いている庭」は人間のためにつくられた場所だが、そこで人間が対話すべきはまず人間ではなく、そこにうごめく事物（草木と虫）たちだ。これらの事物は外部に開かれ常に変化しつづける。さらに庭師の介入によりその変化は自然のサイクルよりもときには早く、ときには遅くなる。そうなることで、人間がその短い生で触れることのできる事物の多様性とその変化を最大化し、かつ効果的に接触させる。庭師たちも、そこを訪れた人たちも、そこにある事物に関与できるが、しかし完全に支配することはできない。なぜならばそこはどれだけ庭師が囲いこみをおこなったとしても「地球という庭」の一部だからだ。しかし、その不完全性こそが、その「庭」を機能させているのだ。

プラットフォームから、「庭」へ。その第一歩は、まずクレマンのように世界を「地球という庭」としてとらえ、その「動いている庭」の庭師としてそこに介入することなのだ。

具体的にはまず第一の段階として、人間外の事物たちの生態系をデザインする。そこに存在するクローバーとミツバチの関係を、この二者を取りまくあらゆる事物の関係性をデザインする。クレマンが倒れたリンゴの木を、他の植物が繁殖するコロニーとして位置づけたように、岸が小網代の湿地を多様な水生動物が集うコロニーとして位置づけたように、そこに構築されるべき多様な生態系そのものを想定する。もちろん、それは庭師のシナリオどおりには「ならない」からこそ多様性が担保される「動いている庭」的なものでなければいけない。

そして第二の段階として、その事物たちと人間との関係をデザインする。ミツバチの集めた蜜を集める、養蜂家たちの振る舞いをデザインする。とくに、人間間の相互評価のゲームが他の事物を圧倒「しない」ための介入をおこなう。クレマンがバイカルハナウドを愛しつつも、その過剰な繁殖を抑制したように、岸が湿地の明るい水面を回復するために笹を刈ったように。それは、自然の生態系の多様性を最大限に引き出すための、引き算の介入が中心になるだろう。

第三の段階では、その結果として発生する人間間のコミュニケーションをデザインする。庭を訪れた人びとへの養蜂家たちの経済活動や、政治的な位置づけを考える。第一の段階が多様で豊かなものであることが、第二の段階の前提になる。そこにはまず、クローバーとミツバチの高度な共進化と、それを可能にする環境が必要だ。そして同じように第三の段階の前提に第二の段階の多様さと、豊かさがある。養蜂の高い技術があって、はじめてそれを通じた経済、政治などの活動が豊かになるからだ。人間外の事物とのコミュニケーションを通じて、人間間のコミュニケーションをおこなう。そしてそのための「庭」を作り上げる。

次章では、議論のとりかかりにこのような「作庭」にもっとも近い実空間における実験的な試みを紹介しつつ、その課題について考えたい。

舞台となるのは、東京都の小金井《こがねい》にある就労継続支援B型事業所「ムジナの庭」だ。なぜ「庭」なのか。詳細は後述するがその理由は単純だ。主宰する鞍田《くらた》愛希子《あきこ》が、かつて庭師（正確には植木屋）だったからだ。

#4 「ムジナの庭」と事物のコレクティフ

§1 武蔵野の森と、その続き

二〇二一年のある秋の日の朝、私はＪＲ中央線の武蔵小金井駅に降り立った。その日は、朝から雨が降っていて、足元に気をつけながらGoogle Mapsの案内のままに歩いていくと、すぐに中央線沿線らしい「古きよき」戦後中流の匂いが色濃く残る住宅街に入った。そして細い路地に入って少し歩いたところに、その「ムジナの庭」が見えてきた。「庭」と書くと少し誤解を招くかもしれない。「ムジナの庭」というのは施設の名前で、その場所は箱型のやや大きな家とその敷地内の、それほど広くはない庭から形成されている。玄関に立って呼び鈴を鳴らしてドアが開くのを待つ間に、雨音に混じって鳥の声が複数聞こえていた。後で聞き知ったことだが、このすぐ近くに広い緑地があるのだ。

その日、私がこの「ムジナの庭」を訪ねたのは、自分の主宰する雑誌の記事の取材のためだった。私は以前からこの施設を主宰する鞍田愛希子の夫である哲学者の鞍田《くらた》崇《たかし》から、この施設の取り組みのことを聞き、一度現地を見ておきたいと考えていたので雑誌で取材することにしたのだ。それは外観も、そして内部の間取りを考えても、「もともとは」一般の、おそらくは子供のいる家族が暮らす民家として設計されたものであることは明らかだった。出迎えてくれた鞍田愛希子に案内された私たち（この日は、雑誌の編集スタッフが同行していた）は、大きな階段を上がり作業場のような、リビングのような大きな部屋に通された。明るい黄色を、それも菜の花や銀杏《いちょう》のそれを思わせる植物系の黄色を基調とした室内は、大きな窓のせいもあって曇り空にもかかわらずとても明るい空間だ、という印象を与えた。そこでは、十名弱の男女がいくつかのテーブルに分かれて、何かの手仕事をしていた。裁縫のようなことをしているテーブルもあれば、小さな木の枝を加工しているテーブルもあった。幾人かで会話しながら作業をしている人たちもいれば、一人で黙々と作業している人もいた。数名が集うテーブルのうちひとつかふたつからは、時おり笑い声が聞こえてきていたが、それほど大きなものではなかった。その人たちの楽しさは伝わってくるのだけど、興奮や高揚といったものはあまり感じなかった。それはけっして、にぎやかな、高い熱量が渦巻いている場所ではなく静かな波うち際に近い場所だった。

具体的になぜそのような流れになったのかはよく覚えていないのだけれど、私たちはその後、彼らに混じっていくつかの作業に参加した。私はアロマテラピーに使用する小枝の加工を、利用者に混じってしばらくおこなった。そこで私は利用者のうち何人かにこの施設のことを尋ねた。ここで書いていることの何割かは、鞍田ではなくこのとき利用者から聞き知ったことだ。

作業時間の後半に私は自分のいたテーブルから離れ、入り口付近で一人で作業をしている男性に話しかけた。彼は私より少し年上に見える男性で、小さな動物の模型を面相筆《めんそうふで》で彩色していた。話しかけた理由は、彼が私と同じ趣味をもっているのではないかと考えたからだ。面相筆を操る手つきから、私はこの人物をかなり年季の入ったモデラー（プラモデルやガレージキットなどの模型作りを趣味にしている人）ではないかと予測をしていた。それも、俗にスケールモデルと言われる飛行機や自動車などの、大人向けの精緻な模型のモデラーではないかというのが私の立てた仮説だった。今日のプラモデルの主流であるアニメに登場するロボットなどのプラモデルをつくるときに筆塗りで細かい塗装をするモデラーはそれほど多くなく、外見から予測される男性の年齢などからもこの手つきはスケールモデルのモデラーのそれだと判断したのだ。そして、話してみると実際にそうだった。中学生、高校生のころから戦車などのプラモデルで腕を磨いたという彼と、私はしばらく話をした。少年時代に得た技術を生かしてここで動物模型の彩色の仕事をしているのだという。

作業場になっているリビングには一人で作業をするための机がいくつかあって、その日の「ムジナの庭」にいた人の三分の一くらいの利用者は、彼のように単独で作業していた。しかし、別に彼らが孤立しているようには見えなかった。テーブルで作業しているグループの口数がそれほど多くないことやあくまで民家のリビングにしてはかなり広い、程度の作業場の中途半端な広さも影響して、そう思えたのかもしれない。

そしてこれは取材者としてはけっして好ましくないことだったような気もするのだが、そもそも私はその日ずっと誰が利用者で、誰が職員なのかよくわからなかった。実は、いまでも、よくわかっていないし、取材後に写真やインタビューの録音を聞き返してもはっきりとは判別できていない。

やはりいま思い出しても、不思議な場所だった。そこには格式張ったものとか、制度じみたものは（少なくとも表面上は）まったくなく、ただ人びとが同じ場所にいて、それぞれの作業をしているだけだった。にもかかわらず、確実にそこにいる人たちはこの場所を共有していた。あるレベルでは、ばらばらで、あるレベルではつながっていた。そして鞍田の話を聞くかぎり、この切断と接続の並存は、かなり意図的に設計され、いまもその最適なかたちを目指して試行錯誤されているものなのだ。

§2　リスタートの条件

「ムジナの庭」は「就労継続支援B型」事業に分類され、主に心身の障害によって「通常の事業所に雇用されることが困難であって、雇用契約に基づく就労が困難である者に対しておこなう就労の機会の提供及び生産活動の機会の提供その他の就労に必要な知識及び能力の向上のために必要な訓練その他の必要な支援」をおこなう施設だ。つまりさまざまな障害をもった人たちが作業をして収入を得る技術を身につけることを目的にしている施設なのだが、この「ムジナの庭」では同時に利用者のケアにも力を入れている。より正確には、その就労支援とケアとの境界線が曖昧になっている、と表現したほうがよいだろう。仕組みとしては利用者がそこでおこなった作業の成果物――菓子や雑貨、衣料品など――を販売し、その売り上げを工賃として受け取るというもので、利用者は施設と雇用契約は結ばない。そのため、その障害がどのようなものであったとしても（身体、知的、精神のいずれの障害であったとしても）十八歳以上であれば利用することができる。そして、その利用も心身のコンディションにあわせて、週に一度や一日一時間など短時間の利用も可能だ。

食べ物や小物を製作する手仕事、庭の植物の世話、アロマテラピー、散歩、当事者研究、オープンダイアローグなどの「作業」が、午前と午後の二時間に配置されているが、とくにどの作業を、どのタイミングでおこなうかは決められていない。かたちの上では、これらの作業は「生活と仕事」「からだプログラム」「こころプログラム」の三つのカテゴリーに分類されてはいる。しかし実際にそこで、それがおこなわれるときは単に「作業」なのだ。

鞍田は述べる。誰かと一緒に食事を取りながら会話をすること、昼間にしっかり身体を動かして夜にぐっすり眠ること、こうした「あたりまえのこと」を毎日反復することで、心身の回復をうながす。その「あたりまえのこと」のなかに、結果的に就労につながる作業が組みこまれている、という表現が正確だろう。むしろ、鞍田の意図はこの「あたりまえのこと」の反復が「眠っている身体感覚を取り戻す」ことにあるという。「ふと嗅いだ香り、ふいに投げかけられた言葉、何気なく食べているもの、作業に没頭する時間。いつの間にか心や体へ作用している要因をキャッチし、自分なりの暮らし方を見つけていきます」[★1]――それがこの「ムジナの庭」の最終的な目標なのだと鞍田は述べる。その人にあった暮らしかた――世界との距離感と進入角度――を見つけ出すこと、それがこの「ムジナの庭」に鞍田が設定したミッションであり、彼女の考えるリスタートの条件なのだ。

§3　植木屋の福祉

では、そのリスタートの条件を満たすために、鞍田はこの「ムジナの庭」をどのように設計し、そしてどのような試行錯誤を経て手を加えていったのか。

鞍田はそのキャリアを、植木屋として出発している。鞍田は学生時代に環境をテーマにしたアートを専攻し、卒業後は別の学校に入りなおし、ランドスケープデザインを学びなおすことを計画していた。しかし、どうせなら「仕事としてお金をもらいながら」植物のことを学ぶのがよいと考えなおし、そして就職したのが植木屋だった。[*2] この植木屋での体験が後の「ムジナの庭」の構想に与えた影響は大きかったと鞍田は述べる。植木屋の職人として身体を動かし、植物に触れることは「不眠症」で「抑うつ気味」なものだったという彼女の心身のコンディションを決定的に改善した。この植木屋の経験から、鞍田はアンフルラージュ（油脂を利用して花から香料を取り出す技法）と医療アロマテラピーに関心を抱くようになる。

そして花屋での勤務を経て、両者を融合させた事業を展開するために二〇〇九年に京都で設立されたのが、「ムジナの庭」の運営団体である「Atelier《アトリエ》 Michaux《ミショー》」だ。同団体の活動は、医療アロマテラピーからアロマカウンセリングへと拡大していった。さらに鞍田はその後東京に拠点を移し、アロマカウンセリングで得た経験から、ケアの領域により深くかかわるようになる。ケアについては、フリースクールの寮母を務めるかたわら、精神保健福祉士資格を取得し、さらに都立松沢病院をはじめ、当事者研究で知られる「浦河べてるの家」やアートやクラフトを通じた障害者支援をおこなう「しょうぶ学園」などで実習を重ねた。そこで鞍田は、精神医療と福祉の領域が言語的なアプローチに偏りすぎている、と考えるようになる。頭の問題に対し、頭へのアプローチで解決を試みるのではなく、身体を通じたアプローチを併用していくべきではないか——それが、植木屋から医療アロマテラピーを経て福祉にたどり着いた鞍田の問題意識だった。こうして、構想されたのが「ムジナの庭」だ。

そこでは、当事者研究やオープンダイアローグなど言語的なアプローチによるケアの実践に並行して、身体、とくに手を動かす「手仕事」が重視されている。「手仕事」の中心になるのは、鞍田の専門知識を生かした「庭」の手入れと、そこに生息する植物を生かした菓子や香料、雑貨などの製作といった植物に関連した作業だ。そして、そのために鞍田がまず重視したのが、「場所」と「建物」だった。

§4 「小金井の家」から「ムジナの庭」へ

「ムジナの庭」は、もともと伊東豊雄《いとうとよお》が設計した住宅建築の世界では少しだけ名前の知られた建物だ。この「小金井の家」のコンセプトを、伊東は「小さなローコスト住宅を、いかに社会へ開いていくことができるか」と述べる。[*3] 既製品の組みあわせと簡潔な工法によるローコスト化、そして鉄骨立体格子のフレームの躯体と、自由にレイアウトできる間仕切り壁により、どのような暮らしにも対応できるフレキシビリティの獲得が、そのコンセプトの実現法として選ばれた。

　しかしみずからがつくる施設の物件を探していた鞍田がコロナ・ショック下の散歩中にこの家を偶然に見つけたとき注目したのはそのコンセプトに加えてその環境と、半透明性ともいうべき設計だったという。大人数が集える広いリビング、開放感のある吹き抜け、そしてちゃんと「庭」があること。こうした条件をすべて満たしたのが「小金井の家」だった。

　たとえば作業場になっているリビングには、部屋の奥行きの半分ほどを覆う中途半端な大きさの壁によって、半分だけ隠れたスペースがある。そこにはいくつかある一人で作業するための小さな机のひとつが置かれている。その壁には小さな窓が開いていて、視界を完全に遮ることはない。半分だけ隠れていて、でもちゃんと開かれていて、外につながっている場所がある。そこは言ってみれば「開かれた隠れ家」のような場所だ。実際に訪れて一緒に作業をしてみるとよくわかるのだが、こうした空間設計は人間をとても安心させてくれる。誰かと顔を突きあわせて、目と目を合わせてしっかり対話することがなくてもいいと思わせてくれる。誰かと言葉を交わさなくてもその場に存在していることが、排除されていないことが保証されているように思えるのだ。鞍田と入居にあたってのリフォームを担当した大西麻貴《おおにしまき》と百田有希《ひゃくだゆき》による建築ユニット「o＋h」は伊東に相談し、この半透明性を重視して、この壁を残し窓を開けることに決めたという。

　この半分だけ閉じていて、半分だけ開かれている場所はその庭にも同じことが言える。この庭は、けっして広くはない。しかし、そこにはさまざまな植物が栽培されている（果実やハーブなど、施設で調理して食べることができるものが多いのが特徴だ）。

そしてこの「小金井の家」＝「ムジナの庭」の庭と、隣家の敷地の間には塀がない。小金井のこの付近は「坂下《さかした》」と呼ばれ、付近には「はけ」と呼ばれる崖状の林地帯や武蔵野公園など緑地が多い。この緑地帯と「小金井の家」の庭はまるでそのままつながっているような印象を受ける。私が鳥の声がにぎやかだと感じたのは、この緑地と、すぐ目の前の大きな寺の境内の木々に暮らす鳥たちが、この庭によく訪れているからだという。

鞍田はこの庭の存在が決定打になり、「小金井の家」を開設予定の施設の入居先に決めた。そして大西と百田は森と庭の連続性を、さらに家の内部にまで延長した。たとえば一階には個室をなくして、窓に面し庭を一望できるキッチンが設けられた。この窓際にはカウンターがある。これは庭で摘んだ作物（果実やハーブ）を直接手渡しするためのものだという。このように、ゆるやかに外の世界とつながっている、でも、半分だけ仕切られていて、隠れられる。そのような場所としてこの「小金井の家」は「ムジナの庭」に生まれ変わっていったのだ。

この再生の背景には鞍田の掲げるひとつのコンセプトがある。「みんなといてもいいし、一人で過ごしてもいい」[*4]――それが、鞍田がこの「ムジナの庭」で育まれるコミュニケーションに与えたコンセプトだ。「ムジナの庭」では、日によってそこを訪れる利用者の顔ぶれは入れ替わる。そして、そこでおこなわれる「作業」も、あえて決められていない。あらかじめ枠組みを可能なかぎり設定しないことが何よりも重視されている。そこには結果として、ある種の「わかりづらさ」が発生する。しかし、この「わかりづらさ」を引き受けることこそが重要だと鞍田は述べる。そのわかりづらさによって確保される、ばらばらのまま人びとがつながっている状態――それを、鞍田は夫である鞍田崇の議論を援用しつつ、ある言葉で説明する。それが、精神科医ジャン・ウリの提唱する「コレクティフ（collectif）」という概念だ。

§5 「コレクティフ」をめぐって

ウリの提唱する「コレクティフ」とは、「構成員である個々人が、自分の独自性を保ちながらしかも全体に関わっていて、全体の動きに無理に従わされているということがないという状態」のことをさす。[*5] これはもともとは、サルトルが『弁証法的理性批判 I』で用いた概念だ。たとえば、停留所でバスを待っている人びとがいる。これはひとつの集合として考えることができるが、けっして革命の主体となることはない。単に群れているだけの集団ではなく、共通の目的をもち、組織化された集団が社会を牽引するとサルトルは考えた。そして、前者の不十分な集団を「コレクティフ（collectif）」、後者の望ましい集団を「グループ（groupe）」として区別した。しかし、ウリはこのサルトルが否定的に使った言葉を肯定的に読み替えた。要するにウリはサルトルがその必要性を訴えた目的の共有と組織化こそが人間を疎外していると考え、むしろ集団は「コレクティフ」であるべきだと考えたのだ。そしてウリは経営する精神病院（ラ・ボルド病院）

で、それを実行した。ウリはフェリックス・ガタリと親交が深く、ガタリは長く同病院に勤務していた。そのため、ラ・ボルド病院のアプローチは精神医学のみならず、現代思想的な関心からも広く知られている。開放病棟のなかを、街なかと変わらないふだん着に身を包んだ患者たちが自由に歩きまわる。医者や看護師もまったく同じ服装をしているので、外見でその役割を判別することは難しい。そして患者たちは、自分たちのつくる、自分たちのその日の食事のメニューを討議し、自由参加の「クラブ」に参加し、演劇などの表現活動をおこなったり、おこなわなかったりする。このラ・ボルド病院のおこなっている一種の作業療法が、「ムジナの庭」のプログラムの原型のひとつであると鞍田は述べる。

ウリのラ・ボルド病院における実践の特長は、何より病院という制度にメスを入れたことにある（制度論的精神療法）。ウリは患者に対するアプローチよりも、病院という制度そのものの見なおしを優先するこの態度を、手術と滅菌法の関係にたとえる。滅菌法が確立される以前の時代においては、病気そのものではなくそれを治療するための手術によって命を落とす人が後を絶たなかった。そのためにウリはまず患者よりも病院という制度が、それも無意識に陥っている病を治療することを選択する。ウリの著書『コレクティフ』の翻訳を手がけた多賀茂は以下のように述べる。

ウリにおいて collectif とは、何らかの集団において、その構成員である個々人が、自分の独自性を保ちながらしかも全体に関わっていて、全体の動きに無理に従わされているということがないという状態のことを意味しています。しかしそんなことは本当に可能なのでしょうか。例えば、病院や学校の食事はどうでしょう。月曜日のお昼は何、火曜日のお昼は何、というようにはじめからメニューが決まっているはずです。それに従うしかありません――カロリーや衛生など、それなりの理由もありますが。ただもし、来月のメニューを病院や学校にいる人全員、つまり患者・医師・看護師・事務の人など、あるいは先生や生徒や用務員さんなどが集まって決めたとしたらどうでしょう。なかなかできそうなことではありませんが、はじめに書きましたようにラ・ボルド病院ではそれが実行されています。というよりも、治療行為の重要な一環として、そして日常的なこととして――こうしたことを、ウリは les moindres des choses（ほんのちょっとしたこと）と呼んでいました――、食事メニュー決定のためのディスカッションが行われているのです。[*6]

さらに鞍田崇はウリのラ・ボルド病院と「ムジナの庭」の類似性を、その日常へのまなざしにあると指摘する。

「オープン・ダイアローグ」や「当事者研究」がそうであるように、「個々人が、自分の独自性を保ちながらしかも全体に関わっていて、全体の動きに無理に従わされているということがないという状態」を重視する姿勢は、近年福祉の世界で共通して顕著になりつつある。それらの中であえてウリのコレクティフに共感する理由は、どこまでも「日常的なこととして」取り組まれた点にある。(中略)サルトルはその偶発性や皮相性を揶揄するように「もっとも表面的でもっとも日常的」と言っているが(『弁証法的理性批判 I』、一九六二)、それでいいと思うのだ。キーワードは「ほんのちょっとしたこと」。取るに足りない、気にもかけない。日常とはそんな事柄の集積だ。何かを顧みようとすると、つい目に留まりやすい側面や性格、何か特別な存在を求めがちな僕らのまなざしは、おうおうにして、この「ほんのちょっとしたこと」を見逃してしまう。コレクティフをめぐるウリの議論は、まさにこの見逃しをセーブする作法を論じるものと見ることができるだろう。[*7]

このとき重要なのは鞍田崇が、「コレクティフ」な集団の成立条件として、サルトルのたとえを引用し、むしろそこに人びとをただ集める「バス停」という「モノ」に注目している点だ。鞍田崇はこの「コレクティフ」を「たまたま」と訳し、その「たまたま」さを担保するために「もの」の必要性を説く。

と同時に、そこにバス停があるという点にも注目したい。「たまたま」の実現の要には、物の存在がある。たまたまそこにあるもの。たまたまなんだけど、それがそこにあるからこそ、人が集い、何かが始まる――それはもしかすると、枯渇した生の実感を、ささやかながらもいまよりも与えてくれる――きっかけとなるもの。[*8]

鞍田崇は民藝運動の研究者として知られており、引用した批評文は彼の民藝的なアプローチの再評価を訴えたものの一部だ。その民藝論については後に再検討するとして、ここで注目すべきは鞍田愛希子、崇の夫妻はそれぞれ、植木屋／医療アロマテラピーの専門家と民藝の研究者の立場から「もの」「場所」の力を引き出すことで、「コレクティフ」を実現しようとしている点だ。実際に、ラ・ボルド病院と「ムジナの庭」の最大の違いもここにある。ウリのアプローチは、病院における人間間のコミュニケーションを「コレクティフ」な状態に保つための制度設計を重視する。対して鞍田のアプローチはこのウリのアプローチをベースにその力点を、建物（小金井の家）や庭（の植物たち）など、人間外の事物とのコミュニケーションに移行しているところに特徴がある。

構成員である「個々人が、自分の独自性を保ちながらしかも全体に関わっていて、全体の動きに無理に従わされているということがないという状態」という理想を、どう具体化するか。「ムジナの庭」ではそのために「もの」の、より正確には人間外の事物を用いたアプローチが導入されることになる。「ムジナの庭」のかかげる「あたりまえのこと」のなかでは、庭の事物（植物）とコミュニケーションを取り、それを用いた手仕事をすることが大きな役割を果たすのはそのためだ。

これまでの議論の文脈に照らしあわせれば、「ムジナの庭」のアプローチは（情報技術に支援されることでとくに）偶然性を失いつつある人間間のコミュニケーションに、人間外の事物（庭の植物を用いた手仕事と、「小金井の家」という場所）とのコミュニケーションを混ぜこむことで、それを回復する試みだと言い換えることができる。それは人間間のコミュニケーションの外部の力を借りて、「コレクティフ」と言える状態をより具体的に獲得するための試行錯誤でもあるのだ。

§6 社会のコンパニオンプランツ

鞍田は「ムジナの庭」のコミュニティ運営の指針を「コンパニオンプランツ」という園芸学の用語で説明する。[*9] コンパニオンプランツとは、近くに二種類以上の植物を栽培することで、結果的によい影響を与えあうことを指す。畑のかたわらにマリーゴールドがなぜか植えてあるのを目にしたことがある人も多いだろうが、これはコンパニオンプランツの代表例で、マリーゴールドの成分が青虫やアブラムシなどの害虫を遠ざける効果があるため頻繁におこなわれている。家庭菜園において、トマトの側にネギ類を植えることが勧められているのも害虫を遠ざけるためであり、風に弱いキュウリの側には防風壁としてトウモロコシを植えることが勧められている。鞍田は、「ムジナの庭」の多岐にわたる手仕事が、この作物たちに当たると説明する。もし仮に「ムジナの庭」が全員で同じ作業をしている施設であれば、利用者の関係性は固着しがちだ。そのことが内部と外部を、敵と味方を生み出す。しかし、「ムジナの庭」では自然物の力によって、花の手入れから、作物の収穫と料理、そして木材を用いた雑貨づくりまで、実に多様な手仕事が発生する。そして、これらの手仕事の発生により、固着したネットワークを緩和できるという。ある作業が不得手な人が、他の作業で活躍する。集団で作業するのではなく、一人で作業したほうがよいものがあることで、誰かと机を並べなくてはいけないことから解放される。この多様さが、ときに利用者にコンパニオンプランツ的な効果を与えるのだ。

鞍田は「ムジナの庭」をひとつの生態系としてとらえているという。ある利用者がいなくなったり、逆に新しく誰かが加わったりすると、全体の雰囲気や、それを生み出す利用者たちの関係性が一気に変わる。だからこそ、鞍田は手仕事という、むしろ人間外の事物とのコミュニケーションを重視するのだ。

鞍田は述べる。地域によっては、ムジナとはタヌキをさすこともあれば、アナグマやキツネ、イタチなどを含めた動物をみんなひっくるめた総称のようなものでもあった、と。そしてある動物が掘った巣穴に、他の動物が住み着くことも珍しくないのだ、と。同じ穴から出てくるのが、タヌキなのかキツネなのかわからない状態があたりまえにあること。穴を掘るのが得意な人は巣をつくる、採集が得意な人は草を集める。こういった共生のビジョンから、この施設は「ムジナの庭」と名づけられたのだという。

§7　事物のコレクティフ

重要なのは人間が一度人間外の事物を経由することで、他の人間に触れることだ。人間間のコミュニケーションだけで完結するのではなく、あくまで利用者の主な対話の対象は事物であり、その結果「たまたま」人間間のコミュニケーションが発生している。そのことによってはじめてグループではなくコレクティフがそこに保たれるのだ。

豊かな事物間のコミュニケーションがおこなわれていること=生態系があり、そこに触れることは、人間の心身を変化させうる。そして、こうして変身した身体だからこそ成立する人間間のつながりがある。「ムジナの庭」の手仕事をとおした試みは、当事者研究やオープンダイアローグといった人間間のコミュニケーションを用いたケアの効果を最大化するために導入されているとも言えるだろう。

武蔵野の森の延長にその「庭」があり、そこからもたらされる多様な事物へのアプローチ(手仕事)が、固着した人間間のネットワークを解きほぐす(そしてその手仕事がおこなわれる場所は「みんなといてもいいし、一人で過ごしてもいい」場所として物理的にも、社会的にも設計されている)。こうして人間が、人間外の事物とかかわることを経由することで、固着し、閉じた相互評価のネットワークから解放される。そして、「庭師」たちはこれらのコミュニケーションに介入し、コンパニオンプランツ的な効果を狙う。これが「ムジナの庭」における鞍田らの試験的な実践であるとひとまずまとめることができるだろう。この始まったばかりの試みがこの先どのような展開を見せていくのかはまだ、わからない。しかし、私たちはここに「社会の多自然ガーデニング」のひとつの実践例を確認することができるはずだ。

現代の情報技術は、一見、人間を「コレクティフ」な状態に置いているかのように見える。しかし、そこにいるのはただバス停に並んでいる人たちではなく、相互評価を反復している集団だ。この集団を仮にコレクティフと呼ぶのであれば、ウリ／鞍田が注目した「たまたま」性ともいうべきものは、すでに情報技術の介入で失われていると考えるほかない。鞍田崇が、「バス停」という「事物」に注目する理由も、そして民藝という一度は終わった、あるいは現代的なコマーシャリズムと結託しすぎた運動に再注目する理由は、おそらくここにもある。そして、本書の目的はこの発想を拡大し、サイバースペース／実空間の双方にまたがる場所の設計思想を導くことにある。次章では鞍田崇らの民藝論を出発点に、この情報環境下における人間と事物との関係、とくに人間と人間外の事物とのコミュニケーションについて考えたい。

#5 ケアから民藝へ、民藝からパターン・ランゲージへ

§1 ケアから民藝へ

前章では「ムジナの庭」のアプローチから本書の提唱する社会の多自然ガーデニングの実践と、その課題について考えた。

ここで鍵となるのが人間外の事物の存在だ。「ムジナの庭」における心身のケアでは「小金井の家」という建築や、その庭の植物を用いた手仕事といった人間と事物の水準でおこなわれるコミュニケーションを、オープンダイアローグや当事者研究といった人間間のコミュニケーションと同等か、あるいはそれ以上に重視する。

ジャン・ウリのラ・ボルド病院をベンチマークに置く「ムジナの庭」は、ウリの掲げる「コレクティフ」という概念をそのコンセプトに採用する。組織化された集団である「グループ」と区別されて位置づけられ、バス停でバスを待つ人びとの列のような集団である「コレクティフ」を意図的に維持することが「ムジナの庭」でのケアの前提となる。「ムジナの庭」を主宰する鞍田愛希子の夫である哲学者・鞍田崇は「ムジナの庭」の実践を評して、このコレクティフを維持す

るために、人ではなく「モノ」や「場所」に力点を置くことにその特徴があると述べる。鞍田崇は民藝の研究者としても知られているが、「ムジナの庭」のユニークな取り組みには、おそらくそこで得られた知見が大きな影響を与えていると思われる。

　そもそも私が「ムジナの庭」の存在を知ったのは、鞍田崇に現代の民藝についてインタビューをおこなったときのことだ。[★1] かつて近代化に奔走する当時の国家がなかばでっち上げるように制度化した「美術」と、工業化が市場に吐き出す「製品」との間に、職人たちの手仕事を「民藝」として再発見する――この百年前の運動は、なかば近代国家の成立とともに整備された官製の「美術」という制度に対するカウンターカルチャーであり、運動それ自体の役割はすでに終わったものなのではないか。私のこの不躾な質問に対し鞍田はその認識をなかば認め、しかし民藝のもつ精神性は現代にこそ必要とされているのではないか、と答えた。それでは現代における民藝「的」な事物として機能するものは何か。そう私に尋ねられたとき、鞍田はそれはケアの現場に存在できると答えたのだ。当時、鞍田愛希子は「ムジナの庭」を準備中のはずで、これは単なる思いつきや流行への加担ではなく、鞍田が妻の実践のなかに発見したある種の思想的な賭けだったのではないかと、私は考えている。

　前章で述べたとおり鞍田は「モノ」や「場所」といった事物の作用が集団を「グループ」ではなく「コレクティフ」に留めると考える。

　鞍田は「コレクティフ」を「たまたま」と意訳する。前提としておそらく鞍田は人間が集合すると、そこには自動的にグループが発生していくと考えている。ここがサルトルと鞍田のもっとも大きな違いで、それは二十世紀の「政治と文学」の時代の人間観と、二十一世紀の「市場とゲーム」の時代の人間観の差でもあり、社会運動とケアの現場の差であり、そしてさらに言い換えれば丸山眞男《まるやままさお》的な人間観と、吉本隆明的な人間観の差とも言い換えられるだろう。そして後者の立場に立ったとき、そこに「たまたま」存在している事物が作用すると、結果的にその場に集う人びとを「グループ」ではなく「コレクティフ」に留めることがある、と考えることができる。そこに多様に存在する庭の植物を用いた手仕事の存在が、人間間の相互評価のゲームからの抜け穴として機能するのだ。

その事物――それは器かもしれないし、バス停かもしれないし、他の何かかもしれない――に人が触れるとき、その人の関心は事物に向けられる。たとえ、その事物の向こう側に、それを作り上げた職人やそれを贈ってくれた家族や友人が強い存在感を放っていたとしても、とりあえずは事物そのものへの注意と感情が発生する。結果として、そこには事物のもたらす場が成立する。そこに集まる人びとが、共通の目的や思想をもたなくても、そして彼らが組織化されなくても人間をその場所に引きつけ、とどまらせる。

では、この事物が作用する条件とは何かを今回は考えてみたい。先のたとえを用いれば「コレクティフ」な状態を生み、維持するために有効なバス停として機能する事物の条件とは何か、それが本章での問いだ。

§2　事物のインティマシー

鞍田は百年前の柳宗悦《やなぎむねよし》らによる民藝運動を、「生の哲学」の潮流のひとつとして位置づける。「生の哲学」とは、十九世紀から二十世紀初頭に見られた近代批判の潮流で、合理化や工業化が人間の物質的な生活を豊かにする反面、その精神生活を貧しくしたと考え、その失われたものを取り戻す哲学の動向とされる。ドイツにおけるショーペンハウアー、ニーチェ、フランスのベルクソンやアメリカのウィリアム・ジェイムズなどが挙げられるが、鞍田はニーチェと同時代のウィリアム・モリスのアーツ&クラフツ運動を、そしてその影響下にある柳らの民藝運動を、この潮流の一端として位置づける。そのため鞍田は柳の提唱する「用の美」を、職人たちの手仕事のなかで育まれた独自の外見の美としてでもなければ、それが用いられることによってはじめて発揮されるある種の機能美としてでもなく、近代化によって失われた生の実感をもたらすものとして位置づけ、それを「インティマシー（いとおしさ）」という言葉で表現する。

鞍田は民藝のもつ「インティマシー（いとおしさ）」をたとえば、柳の盟友である河井寛次郎《かわいかんじろう》が、戦時中の京都の植田集落を訪れた際のことを記したエッセイ（「部落の總體」）に発見する。鞍田は、河井がそこで発見した家屋を「眞當の」「喜んで生命を託するに足る」「永遠な」住居だと評し、「どれもこれも土地の上に建つたといふよりは、土地の中から生え上つた」ようだと感じていることに注目する。そこに暮らす人間とその土地との関係が住居という事物の姿に現れ

ているのを、河井は発見したのだ。ここに、鞍田は柳や河井が展開した民藝運動の精神の本質を見る。★2

鞍田のこの議論を私なりの言葉で嚙み砕いてみよう。ここで問われているのは、事物を通じて人間と世界とのつながりが実感できること、だ。作り手の存在を不可視にする工業製品に対し職人の手仕事によってつくられた民藝には、ある一人の人間と世界とのかかわりが視覚的にも、触覚的にも痕跡として確かに残っている。しかしそれは鑑賞を目的とした表現ではなく、あくまで用いられるものとしてつくられている。そのため民藝を手にした人びとはそれを用いることによって、職人がそれを作り上げたときと同じように世界に触れることができる。やがてそうして使われたものが、自分の手に馴染むことがある。このときそれを作り上げた職人が名もなき存在であるからこそ、使用者はそれを自分の手足の延長だと感じることができる。こうしてそれを用いる人びとはその道具たちに「インティマシー」を感じることができる。

この人間外の事物がその人の手に馴染むことで発生するインティマシーは、自分が世界に確かにかかわりうるという実感を、その使用者にもたらす。河井が京都の集落の家屋に感じたのも、おそらくはそれだ。

それが工業製品ではない手仕事であること、にもかかわらず作家の名前が記されているものではなく無名の職人の手によるものであること。そしてそれを用いて暮らすこと。それが手に「馴染む」こと。その結果として、世界に素手で触れている感覚——鞍田の言葉を借りれば「生の実感」——が人間にもたらされるのだ。単に魅力的な事物が存在するだけでも、人はそこに集まる。しかし、その事物にインティマシーを感じたとき、人間はその事物を通じて世界に、その場所にたしかにかかわりうると感じるのだ。では、鞍田の述べるインティマシーとそれによってもたらされる生の実感は、人間と場所とをどのようなかたちで結びつけるのか。それが次の問いだ。

§3 「創造社会」への展望とその課題

前章で確認したように「ムジナの庭」を支える事物たちのなかで、大きな存在感を示しているのは庭の植物を用いた「手仕事」たちだ。そう、彼ら／彼女らは、ただ事物を「用いて」いたのではない。彼ら／彼女らは「手仕事」によって、事物を「つくる」ことをしていたのだ。なぜ「つくる」という行為がここで選ばれているのか。そしてこの「つくる」という行為が、人間と世界とをどう結びうるのかをここでは考えてみたい。

この作用について考える上で補助線となるのが、井庭崇《いばたかし》の論考である。井庭はパターン・ランゲージの研究者として知られるが、二〇二一年私の主宰する雑誌に鞍田の考察を援用しながら、民藝とパターン・ランゲージを架橋する論考を発表している。[*3]

パターン・ランゲージとはクリストファー・アレグザンダーによる、建築と都市計画の理論だ。単語を組みあわせて文章が出来るように、いくつかのパターン（「座れる階段」「手近な緑」「つながった遊び場」「泳げる水」）などを組みあわせて、建築物や都市を作り上げていく。

ではそのパターン・ランゲージが民藝とどう接続されるのか。井庭による議論の概略を、本書の文脈に落としこみつつ紹介しよう。

井庭は今日の社会を情報社会から創造社会への転換点にあると考える。この現在＝情報社会の前段階には、消費社会が存在する。消費社会とは生活に必要なものではない物品の所有が、もしくは必要な物品であったとしてもその必要性を満たす機能とは無関係な表層を求める所有が、人びとの自己実現として大きな存在感を発揮する社会のことだ。これは国内では一九八〇年代に前面化し、やがて九〇年代後半からインターネットの普及をきっかけに衰退し、徐々に情報社会へと移行することになる。

インターネットを中心とした情報技術の発展によって、人間間のコミュニケーションが大きく可視化され、また瞬時に世界中に公開することが可能になると、人間の自己実現の欲望はモノではなくコトにその重心を移す。つまり、所有するモノによっておこなわれていた自己の表現が、体験したコトに置き換わる。とりわけ、インターネットが大きく可視化した人間間のコミュニケーションが重視されることになる。その結果として、人間間の相互評価のゲームが時間的にも、経済的にもコストパフォーマンスのよい快楽への接続として社会において支配的になる。

しかし、井庭は、情報社会はすでに次のものへと進化しつつあると主張する。それが創造社会だ。これは、事物を制作する、つまり「つくる」ことによる自己実現が支配的になる社会のことをさす。この「つくる」対象にはもちろん、「モノ」＝物品だけではなくイベントやシステムなど「コト」の領域も含まれる。そして井庭は、この変化を望ましいものと考える。フューチャリストである井庭は、「モノ」「コト」つまり事物を「つくる」ことで人間と世界とが接続される未来を構想するのだ。

ここにひとつ問題が発生する。Web2.0の普及期に主にその推進者であるシリコンバレーのプラットフォーマーたちとその支持者たちは、ユーザーの誰もが発信能力を備えることによってまさにこの創造社会が実現し、世界は豊かな制作物にあふれかえるだろうと主張していた。たしかに、彼らの述べるように発信される制作物は爆発的に増加した。その一方で、これまで述べてきたように、プラットフォームのもたらす相互評価のゲームの作用によって、実際にシェアされる情報はそれに比して圧倒的に少なく、人びとは多かれ少なかれフィルターバブルのなかに閉じこめられている。しかし、井庭はこうした批判――その国内における代表的なもののひとつが、私の「遅いインターネット」の構想とその主張だ――はすでに織りこみ済みである。この井庭の創造社会論は、私の「遅いインターネット」によるWeb2.0に対する批判を前提として取りこみながら、創造社会を再構想する応答として私の主宰する雑誌に寄稿されたという側面があるからだ。

§4　民藝とパターン・ランゲージの共通点

井庭はここで民藝と自身の主な研究対象であるアレグザンダーのパターン・ランゲージを接続

する。井庭はアレグザンダーの柳についての言及から、その影響関係に注目する。鞍田は柳を日本における「生の哲学」を担った存在として位置づけるが、言うなれば井庭は柳の影響下にある可能性のある（一世代以上年少の）アレグザンダーをその継承者として位置づける。柳とアレグザンダーはともに、近代の工業社会の生み出した大量生産される物品に、（鞍田の言葉を借りれば）インティマシーの欠如のもたらす人間疎外を見る。そしてアレグザンダーは自身の主な専門領域に同じ問題を発見しているという。アレグザンダーにとって近代建築は工業社会と併走するものにほかならず、嫌悪の対象であった。柳とアレグザンダーはこの点においても呼応しているという。柳は中世の工藝に、アレグザンダーは近代以前の建築にその範を求めており、そして単なる懐古にとどまらず建設的な近代批判を展開した点においても両者は共通していることを井庭は指摘する。そして井庭の考える両者の共通項——柳から、間接的に井庭に受け継がれたもの——とは、「民衆がつくるものにこそ美しさが宿る」[*4]と彼らが考えていたことだ。

井庭は柳の「無心の美」という概念に注目する。これは、柳によって一九二七年に書かれた文章[*5]に登場する概念だ。この「無心」とは意図や作為のない状態をさす。柳は、近代の物品は作者の意図や作為が前面化しすぎていると考え、そこに人間疎外の原因をもとめた。人間の意図や作為は自然のもつ美を損なう。しかし、伝統のなかで無名の職人たちによってつくられた物品は、近代的な自我のもたらす意図や作為とは無縁であるために、自然のもつ美の延長に存在することができる、というのがその主張の骨子だ。

そして井庭はここにも柳と、アレグザンダーの共通点を発見する。井庭がここで注目するのはアレグザンダーの「無名の質（quality without a name）」という概念だ。無名の質とは作り手の意図ではなく、単にあるプロセスから生成される表現の質のことだ。アレグザンダーは「それは人びとの行為から、それもごく自然に湧き出てくるものであり、つくってつくれるものではない」[*6]と述べる。近代という制度のもたらした作家の自意識は、前近代では無意識のうちに人びとが手にしていたこの「無名の質」を疎外してしまう。アレグザンダーは、こうした作り手の意図が前面化した「創作物」を嫌悪する。それは伝統のなかに息づいている長い時間の流れ（歴史）を切断し、作家個人の肥大した自意識の生む拙速で浅薄な表現なのだと、アレグザンダーは批判するのだ。アレグザンダーのこの立論こそに、拙速さと浅薄さを指摘するのはたやすい。歴史から自由な個人の自由意志など、そもそも成立するはずもない。しかし、ここで重要なのはアレグザンダーの仕事を応用した井庭の構想のほうなので、先を急ごう。

アレグザンダーはそのため「無我」の状態こそが作家にとってもっとも理想的な状態であると主張する。こうすることで、自然の循環が花の美しさを生むように人間のつくるものもその小賢しい意図から解放され、無意識から「無名の質」が生成される、というのがその主張だ。

井庭は柳の「無心の美」とアレグザンダーの「無名の質」を同じものと見なす。[*7]井庭によれば、柳とアレグザンダーはその「無心の美」＝「無名の質」が発揮される場を、日常の暮らしの場に位置づけていたことにも共通点を見出している。

そして井庭は前述の鞍田の議論を援用しつつ、その「無心の美」＝「無名の質」は、具体的には鞍田が柳の「用の美」のなかに発見した前述のインティマシーによって支えられているという。それは暮らすこと＝人間のとくに意図されない、あたりまえの営みのなかに発生するインティマシー、本書の文脈に照らしあわせれば、世界に自分が確かに関与しうるという手触りを中核とした価値なのだ。

ここまで紹介した井庭の議論を本書の問題意識に接続しよう。井庭は鞍田の議論を参照し、人間と世界とのつながりを感じさせる事物――インティマシーを発揮する事物――に注目する。このインティマシーを発揮する事物は、「民藝」のように人間と世界との関係が視覚的、触覚的に表れているものでなくてはいけない。そして同時にそれはそれを制作した人間の自意識が感じられるものであってはいけない。他の誰かの自意識を感じさせる事物は、それを用いる人間の「手に馴染む」ことがなく、世界とのつながりを感じさせないからだ。前者をクリアしないために工業製品は、後者をクリアしないために美術品はそれぞれインティマシーを発揮することはない。

百年前に柳は民藝運動を展開し、名もなき職人たちのつくる物品の「用の美」の再評価を訴えた。それらは「無心の美」＝「無名の質」を継承してきた、前近代的なギルドによって支えられていた。工業化によってこれらのギルドが衰微したからこそ、柳は「民藝」という言葉を造り運動を展開したのだが、そこで必要とされたかつてのギルド的なもののアップデートが果たされることはなかった、と井庭は評する。

ここで井庭はアレグザンダーのパターン・ランゲージを、柳の遺したこの問いに答えるものとして位置づける。これによって、人間は意識の牢獄から解放され、それぞれの「パターン」に織りこまれた歴史的な知見を活かしながら、「無心の美」＝「無名の質」を損なうことなく創造性を発揮できる。

つまりパターン・ランゲージという知恵を「シェア」することで人間は特定の共同体に接続することなく、「無心の美」＝「無名の質」を発揮する事物を制作することができるのだ。

井庭はアレグザンダーのパターン・ランゲージを発展させて、その適応範囲を人間が制作しうるほぼすべての事物に拡大する。このとき武器になるのが情報技術だ。これによって、人間の創造性はこの情報社会下において、ようやく肯定的に発揮されることになる、というのが井庭の構想の骨子だ。パターン・ランゲージは一九九〇年代からコンピューターのプログラムの領域に応用されるようになり、建築以外の分野に波及していった。井庭は国内におけるパターン・ランゲージ応用の第一人者的な存在であり、二〇〇九年に発表した「創造的な学びの秘訣」をパターン（言語）化した「ラーニング・パターン」は、人間の行為についてのパターン・ランゲージ応用の先駆例でもある。[*8]

このようにパターン・ランゲージを発展させ普及させることで、人間は単に情報を発信するだけではなく、事物の制作を同じくらい簡易におこなうことが可能になる。このときあらかじめそこに歴史的な知見の織りこまれたパターン・ランゲージを用いることで、制作された事物はインティマシーを強く発揮することができる、と井庭は主張する。具体的には、Wikipedia の記事作成のコラボレーションや、Linux などのオープンソースのソフトウェア開発などを例示しながら、オープンなコミュニティ「共創ギルド」がインターネット上に公開されたパターン・ランゲージを管理することでそれは実現される、とする。
これが、井庭による「創造社会」のビジョンなのだ。

§5 「遅いインターネット」をアップデートする

前述したように、井庭による創造社会論は私の「遅いインターネット」に対する建設的な批判としての側面がある。そもそも本章で主に引用している鞍田と井庭の論考は、彼らが私の依頼で私の主宰する雑誌に寄稿したもので、そのレベルでも彼らの議論と私の議論は呼応している。そして私はこの井庭の構想を、強く支持する。その上で、ここでは彼の問いかけに応答したい。

第一章で確認したように、Web2.0の理想が破綻したのは人間の創造性が想定されたとおりには発揮されなかったためだ。私の提唱する「遅いインターネット」も、この反省から生まれたものだ。ほとんどの人間は情報技術によって発信できる環境と機会を与えられても、それを事物の創造には用いない。むしろ平等にその環境と機会が与えられたからこそ、自分に創造する能力のない現実に直面する。その結果として事物を創造することではなく、他のプレイヤーと承認を交換することでその代替とする。こうして、人間は閉じた相互評価のゲームのプレイヤーとなる。このゲームを内破するために、相互評価のゲームに参加しない速度のずれた（遅い）発信を展開する。そして同時に人びとにゲームに回収されない（遅い）発信のスキルを与え、その快楽を覚えさせる——これが私の提唱だ。一方で、井庭は創造技術が人間の創造性を、それもその人間を選ばずに発揮するという、かつてのインターネットの夢を（Web2.0のころの夢を）あきらめていない。そのための知恵を、民藝とパターン・ランゲージを接続することで得ようとしているのだ。

しかし井庭も述べていることだが創造社会の実現のためには、まだいくつかのピースが不足している。

それは、端的に述べれば欲望の問題だ。Web2.0が証明したのは、人間はそれほど事物を創り上げることに関心はなく、ほとんどの人間は承認を交換する器官にすぎないという身も蓋もない現実だった。仮に共創ギルドによってパターン・ランゲージが発展し、今日とは比べものにならないほど事物の制作が簡易になったとき、人びとは次々と事物の制作に参入していくのだろうか？　おそらく、それは難しい。もちろん、それぞれの分野において、参入してくるクリエイターの母数を増やすことは大いに期待できるし、それだけでも十分にすばらしい未来には違いない。しかし、井庭は大衆レベルで——今日の情報社会下の相互評価のゲームと同じレベルで——それが現代人の生活に介入することを意図しているはずだ。では、そのために必要なピースはなにか。

多くの人間は、実のところ創造社会を望まない。どれだけ食べることが好きな人間でも手間暇を惜しみ自分で料理はつくらず、レビューサイトの投稿すら億劫《おっくう》に感じる人間は少なくない。しかしこのような「怠惰なもの喰う人びと」を巻きこめないかぎり、創造社会は到来しない。したがって問題はむしろ創造への欲望を、どう駆り立てるのか、という点にある。

井庭の構想する共創ギルドの管理するパターン・ランゲージ群は、私の考える「庭」、つまり相互評価のゲームの外部に事物が点在し、そこに人びとが簡易に触れることのできる場所に実る果実のようなものだ。つまり、この果実を人びとに欲望させる環境の構築が必要となる。そしてその果実は、プラットフォーム上の相互評価のゲームで交換される承認よりもときに強く、少なくとも同程度には人間を惹きつけることが求められる。まずは、人間外の事物とのコミュニケーションへと人びとが「動機づけ」られなければならないのだ。

では、どうすべきか。ここで、一度立ち止まって今日の情報環境における人間と事物との関係を考えなおしてみたい。補助線として用いるのは、國分功一郎《こくぶんこういちろう》の『暇と退屈の倫理学』だ。

＃6 「浪費」から「制作」へ

§1 「環世界」の移動とその条件

國分功一郎『暇と退屈の倫理学』は、今世紀に国内でもっとも広く読まれた哲学書のひとつだろう。[*1] 同書で國分はボードリヤールの議論をベースに現代の消費社会における疎外の問題を取り上げる。この疎外は「退屈」と言い換えられる。「暇」とは客観的な条件であり、「することのない」状態のことだ。対して「退屈」は主観的な条件であり、何かを「したいのにできない」状態のことだ。では、なぜ消費社会が「退屈」をもたらすのか。消費社会下において、人間は資本主義によって（多くの場合は「広告」という文化を経由して）事物に対する欲望を植えつけられる。しかしこの欲望は観念的なもの、つまり記号にすぎないために事物そのものとは乖離《かいり》している。

この主張を國分は現代の製造業の商品の頻繁なモデルチェンジを例に説明する。自動車メーカーはモデルチェンジを定期的におこない、買い換えることを消費者にうながす。消費者はこのとき事物そのものの与える利便性や快楽——必要な輸送能力を得ること、快適に走ること、好みの外観を手に入れること——ではなく、ニューモデルという観念やブランドという記号に強く動機づけられる。この観念的なもの、記号を求める行為を國分は「消費」と位置づける。そしてこの観念的なもの、記号を対象とする「消費」には終わりがない。この例で述べれば次から次へと市場に投入される新しい「モデル」の購入を反復しつづけることでしか人間は「消費」の欲望を追求することはできず、けっして「満足」に至ることはない。これが「退屈」と呼ばれる状態にほかならない。

この「退屈」を解決するために、國分が推奨するのが「贅沢」だ。では、この「贅沢」とは何か。それは「消費」から離脱し、「浪費」することだと國分は述べる。國分は人間は「必要の限界を超えて物を受け取る」ときに、つまり「必要のないもの、使い切れないもの」を「受け取り、吸収する」ときに人間は「満足」に至ると考える。観念や記号という無限に追求できるものではなく、事物そのものを受け止める行為には物理的な、あるいは時間的な限界が存在する。しかしこの限界があるからこそはじめて、人間は「満足」するのだ。國分はこれを「浪費」と呼ぶ。「消費」から「浪費」に回帰すること——それが國分の提唱する戦略（贅沢）だ。

そして具体的に「消費」から「浪費」への回帰のために國分が提唱するのは、「動物になる」ことだ。國分はユクスキュルの「環世界」の概念を援用する。岩の上で陽を浴びるトカゲはそこを「岩場」として認識することができず、単に「陽の当たる場所」としか認識しない。ユクスキュルはそれぞれの生物は認知の形態が異なるため世界をそれぞれ別のかたちでとらえていることに注目し、この生物ごとに異なる姿に認知される世界のことを「環世界」と名づけた。対して國分は人間はその高い認知能力により、擬似的に環世界を移動することが可能であると考える。

正確には人間は膨大な情報を知覚した上で、それらを言語を用いて常にある程度まで整理している。そのため非常に不安定な環世界を生きることになる。人間はある環世界から別の環世界へと移動を常にくりかえし、ひとつにとどまることができない。これが「退屈」の原因になる。なぜならば、ひとつの環世界にとどまっていれば、そこで認知した事物に集中し、「できるはずのことが、できない」と、他の可能性のことを考えることができないからだ。人間は、環世界を簡単に移動してしまうからこそ「退屈」するのだ。

したがって國分の結論は「浪費」へ回帰するために環世界を移動し、そこにしっかりとどまって「動物になる」ことだ。そしてそのためにまず「暇」の拡充（労働条件の改善）をおこない、その時間的余裕を用いて「動物になる」能力を獲得するための訓練をすることだ。それは言い換えれば事物そのものを受け止める訓練だ。Instagram に投稿し注目を集めるための食べ歩きでは、味そのものを受け止めることがおろそかになる。しかし、重要なのは「味」そのものを受け止める能力にほかならない。この訓練とは違いがわかるためのリテラシーや技術の習得だと考えればよいだろう。

事物に「ついての」観念や記号ではなく、事物そのものにアプローチすること、そしてそのために事物に没入する身体に擬似的に「変身」すること――國分の議論は前章で紹介した鞍田‐井庭の主張と、そして本書の主張とも重なりあう。正確には、國分の議論の影響下に、本書では鞍田‐井庭の議論を接続している。國分の「動物になる」こと、つまり環世界を移動することとは本書の言葉に置き換えれば、文字どおり「変身」することにほかならない。

しかし相違点もまた存在する。それは國分が当時（二〇一一年）仮想敵に設定していた消費社会の構造が、今日（二〇二四年）では情報環境にともなって大きく変貌していることによる議論の前提の相違にほかならない。

§2 「不法侵入」と動機づけの問題

國分はジル・ドゥルーズを引用し環世界の移動は事物の「不法侵入」によって発生すると考える。「不法侵入」とは、平易に述べれば人間が不意に遭遇するショックであると考えればよい。國分はこの「不法侵入」を「待ち構える」ために、「訓練」を怠るべきではない、と説く。「訓練」なくしては、人間はすぐに別の環世界に移動してしまい、「動物になる」ことができないからだ。

しかし問題は國分がこの主張を展開した二〇一一年から、わずか十年あまりの時間で人類はみずからが用いた情報技術に報復され、そもそも環世界を移動する機会と動機とを共に失っていることだ。

今日のプラットフォームに支配された社会においては、フィルターバブル的に人間は事物の「不法侵入」を受ける機会を大きく失っている。そして同時にプラットフォームの提供する承認の交換を通して、人間は環世界を移動するよりもより強い快楽を、恐ろしいほど低コストで手に入れることが可能になっている。

鞍田‐井庭が、そしてその議論を援用する本書が國分のように退屈を攻略することではなく、事物を制作することの再評価を試みるのはとくに後者の問題が意識されているため、つまり今日の情報社会においてはこのプラットフォームによる承認の交換の快楽を相対化する必要を感じているためだ。

國分の主張する「動物になる（環世界を移動する）」ことは「つくる」こと、つまり制作する主体を想定していない。その理由は明白で、『暇と退屈の倫理学』の主題は――同書がハイデガーへの批判に重心を置いていることから明らかなように――消費社会のもたらす人間疎外のはけ口として、政治的なロマン主義への「回帰」が選ばれる現象――おそらくは、今日の西側諸国のポピュリズムを意識していると思われる――への「対抗」にあるからだ。

しかし今日の情報社会において、國分が当時仮想敵に置いた政治的ロマン主義への回帰はインターネット・ポピュリズムとして進化した。それは資本主義における「暇」の搾取という問題をこえて、人びとが自己の生をどのように肯定するか、自己と世界とのつながりをどう確認するか、というアイデンティティ不安の問題に結びついている。今日の世界においてプラットフォーム上に言葉を「発信」することはもっとも安価に、そして速くその人を世界に対して関与しうると確信させる。その手触りを求めて人びとは「発信」し、その快楽の虜になる。前述したようにこの現象が新しいポピュリズム運動を形成する。今日においてはこの強大な力に対抗することが求められるのだ。

だからこそ鞍田‐井庭の議論の延長で本書では「制作」の快楽（事物とのコミュニケーション）

により、発信（人間間の承認の交換）の快楽を相対化すること、少なくとも一瞬だけ、その快楽から引き剝がすことを目論む。つまりここで扱われているのはすでに「退屈」を克服することだけでは済まなくなった「後の」問題なのだ。

言い換えれば、國分の「仮想敵」がかつての消費社会だとするのならば、本書の仮想敵は情報社会にほかならない。今日においてはもはや、「不法侵入」を「待ち構える」ための訓練を呼びかけ、そのための「余暇」の確保を目指すことだけでは不足しているのだ。

だからこそ今日においては「退屈」を攻略するのではなく、より強く世界に関与する手触りを与える別の回路を用いて承認の交換の快楽を相対化する必要がある。

そのために提唱されるのが、「庭」だ。この「庭」的な場所はプラットフォームで失われた「不法侵入」の可能性を担保しつづける場所でなくてはいけない。人間が事物の豊かな生態系に「関与できるが、支配できない」コミュニケーションを取ることのできる場所であること――既存の「庭」の条件は、國分の議論に照らしあわせれば「不法侵入」の条件に対応する。

その上で、「庭」は人間が事物を「制作する」ことで、つまり人間間のコミュニケーション（承認の交換）ではなく事物とのコミュニケーションで自己と世界との関係を確認できる。世界に対する「手触り」を実感できる場所でなくてはいけない。

ここで問題となるのが、前章の末尾で指摘した「動機づけの問題」だ。残念ながら、人間は事物を制作することを、少なくとも人間間で承認を交換することより強く欲望しない――ここに、Web2.0という運動にフューチャリストたちが期待した、人類を発信者（制作者）として「覚醒」

させる未来像の挫折の原因がある。

制作の快楽は人間を強く没入させるが技術的に、そして動機的に参入障壁が高い。技術的な障壁は井庭のパターン・ランゲージの応用がひとつの解になるかもしれない。しかし、動機面はどうか——?

そこで、ここでは國分の議論を参考にこの「動機づけ」の問題を考えなおしてみたい。

§3 「浪費」から「制作」へ

では今日の情報社会に対応して、國分の議論を人間を制作へ「動機づける」方法の模索に応用したらどうなるか。承認の交換の快楽を事物の制作——「つくる」こと——で相対化しようと考えたときに、そしてその最大の障壁である制作への「動機」を確保しようと考えたときに何が必要なのだろうか。

これはあくまで「例」にすぎないのだが、仮にあるところに七〇年代に放映されていた特撮ヒーロー番組のグッズ収集をおこなっている四十代の男性がいたとする。学生時代からコレクションを続け、二〇二四年の段階ではおそらく同世代では屈指のコレクターになっている。しかし、同作をリアルタイムで視聴していた世代の高齢化により、近年はあまり新作のアイテムが発売されていない。二十年ほど前はいわゆる「大人買い」を当てこみ、頻繁に成人向けのアイテムが発売されていたのだが近年はぐっと減ってしまった。その結果、近年の彼は毎日、YAHOO!

オークションやメルカリを眺めながら、過去のアイテム（すでにほぼ収集しているのだが）の出品状況を眺めている。そして、好みのアイテムが適正な価格で販売されていると文化財を保護するような気持ちで落札（購入）している。そして、毎日バンダイやメディコム・トイが、放映五十周年記念などの節目のタイミングで新商品を発売しないか、祈っている。しかし、これはいま思えば比較的初期段階の症状だった。やがて彼はこう考えるようになる。どうにかして自分の事務所から理想のアイテムを発売できないか、と……。

実際に調べたところ版権の獲得はかなり難しいことが判明したのだが、果たしてこの人物は観念や記号を「消費」してしまっているのだろうか。間違いなく、違う。たしかに彼は終わりのない欲望に囚われ、「満足」していない。しかし、彼はきわめて切実に事物そのものを追求している。ここでは「消費」から「浪費」へ回帰したからこそ、観念や記号ではなく事物そのものを受け止めているからこそ、より強い欲望が生じているのではないか。

彼はまだ世界に存在しない事物が、生まれ出ることを切望している。過去には新商品の広告に欲望を喚起されることがあっただろうし、これからもあるかもしれない。しかし彼にとって重要なのは、それが思い描く理想へどれだけ接近しているか、にほかならないのだ。彼は自分の思い描くアイテムが世界に存在しないことに、常に絶望しているのだ。より正確にはそれが商品である必要もなく、ただ自分の考える圧倒的に美しい存在たち——石ノ森章太郎が半世紀前に創造した改造人間たち——に触れる機会を渇望しているだけなのだ。

もはや市場的な価値が成立しない、半世紀前の番組のアイテムの誕生を昼に夜に祈ること——

まだ存在していないものの生誕を欲望すること――このとき消費者は一定の確率で制作に動機づけられる。この段階に到達した人間はそこに、所有することや所有を顕示することの欲望が発生したとしても――Instagramにコレクションの一端の写真を公開したとしても――それは、きわめて副次的なもの――このすばらしさの一部を、みずからの解釈で世界に訴えたい、という欲望の変奏――でしかなく、所有や顕示が、事物への追求の動機にはなりえなくなる。

そこに存在するのは、事物そのものへのより強い欲望だ。それはその事物の存在そのものへの愛と、その愛を根拠にした祈りのようなものなのだ。

あるいは一九九〇年代に、『SLAM DUNK』の熱心な読者――と呼ぶにはいささかその熱量の高すぎる少女――が存在したとする。彼女は、それが実在しない、架空の人物たちであることを自覚しているにもかかわらず、その運命について毎日のように考えている。彼女はやがて、作中の登場人物のうち木暮《こぐれ》と三井《みつい》が友情ではなく、恋愛で結ばれることを妄想するようになる。しかし作者である井上雄彦《いのうえたけひこ》は、木暮と三井の関係に性愛を介在させることはなく、けっしてそのような物語を描かない。やがて、『SLAM DUNK』の連載は終了し、木暮と三井の物語は描かれなくなる。そして、彼女はみずからその物語を編むためにペンを執る。★2

人間の精神は、ある事物を強く追求することにより、その理想形が内部に生じる。その事物のなかの自分をより強く動かす要素を全面化したものや、自己のなかでより強い快楽を得られるようにそれをアレンジしたものを求めるようになる。その対象を強く欲望しすぎた結果として、その対象の理想形を想像しはじめる。大げさな表現を用いれば、このとき人間は対象の事物のイデアを追求するようになるのだ。そしてやがてその事物をどれほど受け止めようとも現存のものでは満たされることができなくなる。このとき人間は多かれ少なかれ損なわれ、ときに傷つく。そして満たされない思いが、渇望が湧く。これが「制作」の出発点になる。

ここで重要なのはむしろ、人間が移動した先の環世界のなかで「満足」していないこと、つまりその事物の「浪費」に失敗していることだ。人間が「制作」に動機づけられるためには、対象となる事物を「浪費」し、「満足」してはいけないのだ。この現象は一見、「消費」にとどまることのように見える。しかし、違う。それはけっして「消費」ではない。これはむしろ事物そのものを徹底して受け止めた結果として発生する現象なのだ。移動した環世界のなかで事物そのものに対し直接的に、そして深く触れることでむしろ「浪費」に失敗すること——その結果として、その事物の理想像が自己の内面に生じ、まだ世界に存在してもいないそれを渇望するようになること——これが、「制作」への動機づけの条件だ。

実のところこれはそう、珍しい現象ではない。どの分野においても、あるレベルを超えた趣味人は多かれ少なかれ、こうした満たされない思いを常に抱いているはずだ。絶対的な存在に対し、それを渇望し、ただ祈る。やがて湧き上がる渇望によって、ただ祈るだけの時間に耐えられなくなる——この段階に達したとき、人はみずからそれを生み出すために手を動かしはじめるのだ。その世界に存在してすらいない理想の事物にどうしても触れたいというほとんど追い詰められるような気持ちと、そのまだ見ぬものへの果てしない憧れを同時に胸に秘めながらこう決意するのだ。それが世界に存在していないのなら、自分で制作するしかないのだ、と。

§4 「浪費」の失敗とその条件

さてここで問題となるのは、人間はどうすれば移動した先の環世界で事物を「浪費」することに「失敗」するのだろうか、という問題だ。それが単なる「消費」から「浪費」への回帰ならば、國分の述べるように環世界の移動を「待ち構える」ための「訓練」で可能になるのかもしれない。しかし、ここで考えなくてはいけないのは「消費」に陥いることなくかつ、「浪費」に失敗することなのだ。

「浪費」の失敗とは、つまり事物をどれだけ受け止めても、満足しなくなることだ。「消費」ではなく「浪費」しているにもかかわらず満足しなくなるのは、その人の精神に対象となる事物の理想形が発生するためだ。

このとき人間は移動した環世界から与えられた刺激によって、その心身が不可逆に変化してしまっている。つまり喉の渇きを癒すために水を求める身体から、理想の水を求めて井戸をめぐる主体に「変身」している。

事物からのコミュニケーションを強く受けた（受けすぎた）ことによって「変身」した人間は、そのためすでに存在している事物だけでは物足りなくなり、その事物の理想形を求めるようになる。しかし、心のなかの理想形に完全に合致する事物は存在しない。そのためその事物の理想形と現実に存在するその事物との落差に傷つき、絶望し、みずからその事物を生み出すことを欲望しはじめる。この状態で人間は「制作」に動機づけられる。

「浪費」を失敗させるものとは、それを受け止める側の人間が変わること、つまり「変身」することだ。環世界を移動し、そこにとどまり、「動物」になる。これが第一段階だとすると第二段階の「変身」が必要なのだ。人間は「変身」することである事物を（事物についてのコミュニケーションではなく、事物そのものを）受け止めているにもかかわらず「満足」することができなくなるのだ。

ここで國分がドゥルーズの「不法侵入」の概念を引用していたことを思い出してもらいたい。國分は環世界を移動させるものが、この「不法侵入」、つまり予期せざる遭遇だと説いた。そしてこのとき、人間の心身はすでに変化しているはずだ（第一段階）。こうして「動物になる」ことで人間は擬似的に環世界を移動するのだ。そしてその変化が継続していれば、欲望そのものも変化するために、人間はけっして満足しない。こうして「浪費」は失敗する。これが「変身」（第二段階）だ。「変身」した人間がその事物の理想形を求めて終わりのない追求を続けてしまうのは、実は心身の変化が継続し、欲望そのものも変化しつづけてしまうからだ。

しかし、人間はこのときしばしば移動した環世界において「満足（浪費）」する。「満足（浪費）」してしまうのは、変身が中断して心身が固定されるからだ。そして「満足（浪費）」することによって人間はその欲望を失い、やがて元の身体を回復してしまう。したがってここで考えなくてはいけないのは、「変身」の継続条件なのだ。

§5　「変身」の継続条件

では、人間を変身「させつづける」ことの条件とは、変身の「継続」の条件とは何か。

ここで前述の『SLAM DUNK』の木暮と三井の二次創作を描き始めた同人作家のケースを思い出してほしい。ここで忘れてはならないのは、二次創作が物語内の架空の存在そのものを根底から書き換えることはけっしてないことだ。

彼／彼女に意外な側面が二次創作で与えられるほど、原作のなかでの彼／彼女に与えられた人物像は強化される。気さくで明るい綾波《あやなみ》レイが描かれるほど、そのオリジナルの感情表現に乏しく、孤独な人物像は強化されるのだ。多くの二次創作の語り手たちが直面するのは、この現実だ。彼女がどれだけそれを願っても、その願いをかなえる可能世界上の物語を作り上げたとしても、いや、作り上げれば作り上げるほど木暮と三井が性愛で結ばれることは「ない」ことが、あるレベルでは強調されることになる。そのため、より強くそれを求める二次創作者は結果的に新しい物語を、みずからの手でゼロから生み出すようになっていく。木暮と三井のありえたかもしれない物語ではなく、木暮と三井のこうあるべきだった物語を、新しく生み出された別の登場人物たちに演じさせる。このときはじめて、人間はある物語に別の物語を対置することになる。二次創作ではなく、まったく異なる物語がこの世界に併置されることを求めるようになる。このようにして人間は本質的な意味で、この現実とは異なる世界を求めるようになるのだ。

ここで重要なのは、コミュニケーションの非対称性だ。彼女はその出発点において、そして二次創作を反復することによってさらに木暮と三井が性愛では結ばれないことに、「損なわれた」「傷ついた」はずだ。彼女は最初の段階で井上雄彦が、木暮と三井が性愛で結ばれる物語を描き、それを与えられれば満足したのだろうか。間違いなく、違う。彼女は木暮と三井の友愛の物語を与えられたからこそ、「そうではない」可能性、つまり彼らが性愛で結ばれる可能性を夢想したのだ。

このとき人間は事物に襲われている。そしていやおうなくその心身を変えられている。ある意味においては損なわれ、傷ついている。そしてその回復のために手を動かしはじめる。重要なのはけっしてその回復は実現「しない」ことだ。なぜならばどれだけ二次創作しても、けっして木暮や三井といった固有名を書き換えることはなく、むしろ彼らに与えられた既存の物語をあるレベルでは強化してしまうからだ。そして、同時に彼女のなかに芽生えた観念とそれについての彼女の欲望は、二次創作を生むごとにみずからが描いたものからフィードバックを受け、変化してしまう。もしかしたら木暮は三井と赤木との間で揺れているのではないか、と考えはじめる……。

つまり、与えられた事物をどのように受け止めても、受け止めた人間はその事物を変えられないことが必要なのだ。ケンカした友人同士が「和解」するようなことが、「回復」があってはならない。非対称な一方向からのコミュニケーションが「浪費」の失敗には、そして「変身」には必要なのだ。

これまでの議論に照らしあわせるのなら、鞍田の述べるインティマシーを発揮する事物とは、その人にとってこの不可逆な「変身」をもたらす事物である、と再定義することもできる。人間はある事物についてインティマシーを感じるからこそ、そのために不可逆に変身する――。

このような「変身」の機会を生むために現代の情報環境に抗って、「不法侵入」の可能性を担保しつづける場所を設けること、つまり人間が森で虫に襲われるように、偶然その事物に襲われることの発生する確率を上げる環境を整えることがこれまで議論してきた「作庭」にほかならない。そして國分の議論を検討するとそれだけでは不足していることが明らかになる。「作庭」によって確保された事物の「不法侵入」に加えて、そこで人間に発生した「変身」が継続しつづけることが「浪費」の失敗のためには必要になる。つまり事物が不可逆にそれを受け止めた人間の心身を変化させ、回復することなく変化が進行しつづけることが必要なのだ。次はこの観点から、人間と事物との関係についてさらに考えてみたい。インティマシーを感じる事物からの非対称な、一方向からのコミュニケーションの成立条件とはなにか。手がかりとして参照するのは、國分功一郎のもうひとつの代表作『中動態の世界』だ。

#7 すでに回復されている「中動態の世界」

§1「中動態の世界」と情報社会

一般的に國分功一郎の議論は、とくに『暇と退屈の倫理学』や『中動態の世界』といった一般書の体裁を取るものは、大げさに言えば私たちが生きている現代の社会を支配する見えない構造を解き明かし、オルタナティブな社会を構想する哲学的な原理を提示するものとして受け止められている。具体的には前者は消費社会を正面から、かつ原理的に批判し、後者は人類が長い歴史のなかで培ってきた法という概念に代表される「審判の言葉」のもつ限界を指摘するものとして評価されている。國分の意図としても、おそらくこうした建設的な野心があったのではないかと個人的に想像している。

しかし出版から十年前後を経た現在の地点から振り返ると、これらの試みが露呈させている問題は出版当時の受け止められかたよりもずっと厄介なものだ。それは國分の仕事の射程の長さを、強く証明しているように思う。

たとえば『中動態の世界』は一般的にこう解釈されている。私たちの生きるこの近代社会は能動／受動のパースペクティブをもつ言語に縛られている。インド・ヨーロッパ語族の文法研究史を参照すると多くの言語の古語が、能動態／中動態のパースペクティブから能動態／受動態のそれに変化した経緯をもつと推測される。それは同時に、社会が法の概念と並行して責任の概念を発達させてきた経緯として考えることができる。責任の所在を確定させるためには「自由意志」という、少し厳密に考えればとうてい論理的には成立することができない（「因果」というものを存在しないと考えないかぎり成立することはない）虚構の存在を、「その社会の内部においては」あたかも成立するものとして共有することが必要だからだ。[*1]

この視点は同時に私たちが生きるこの世界をとらえなおすことにつながる。私たちは、往々にして法という「審判の言葉」に違和感を覚える。それは言い換えれば自由意志と責任という、社会を運営するために導入された虚構に対する違和感だ。國分はこの違和感を同書の最終章で取り上げたメルヴィル『ビリー・バッド』が読者にもたらす後味の悪さに象徴させている。法という「審判の言葉」で、行為の方向と責任を結びつける今日の世界では、登場人物たちがそう行為せざるをえなかった背景を吟味することができないことが、この小説の読解から浮かび上がるのだ。

たとえば「審判の言葉」を用いる限り私たちは不本意ながらも主人公ビリーを処刑しそのことを終生後悔していたヴィア艦長が、歴史に呪われた不自由な存在であったことを考慮に入れて彼の行為を評価することができない。[*2] しかし、人類がこの近代社会へと至る長い道のなかで、それもきわめて早い段階で切り捨てた「中動態の世界」を取り戻すことで、取り戻さないまでもその「抑圧されたものの回帰」に耳を傾けることで、私たちは『ビリー・バッド』の後味の悪さが象徴する不自由さから解放されることができる、と國分は提案する。

同書の冒頭にはアルコール依存症患者との架空の対話が掲げられているが、このような依存症に対するケアにおいては、「審判の言葉」はほぼ機能しない。そこに必要とされているのは、私たちが古代に置き忘れた「中動態の世界」を回復することだと國分はいう。具体的に國分が示すのは、実質的に「中動態の世界」で思考していたと國分が位置づけるスピノザに依拠した現代の一般的な用法とは異なる「自由」に接近することだ。

この「自由」という概念が厄介だ。スピノザ＝國分が提示する「中動態の世界」における「自由」は「自由意志」という虚構を当然のことだが前提としない。ここで提示される自由とは、「自己の本性の必然性に基づいて行為する」ことだ。具体的には人間は外部から与えられた刺激に対し、その人ならではの条件や状態によって、それぞれの変状を見せる。スピノザはこのそれぞれの変状に必然性があると考える。この必然性にどれだけ沿えるかが「自由」の条件になる。

ここで述べられている「本性」の概念がまた抽象的でわかりづらいのだが、ここではそれぞれの個体ごとに（一人ひとり異なって）存在する外部からの刺激に反応する「力」（コナトゥス）のことだと述べられている。そして、このコナトゥスは（個体ごとに異なる）自己を維持するために働き、そのために外部からの刺激に応じて常に変化しつづけている。このコナトゥスが行為のなかでより大きく発揮されることが、「自由」への接近と同義だというのだ。

この「自由」への接近のために重要なのが、人間が置かれた状況を明晰に把握することだ。たとえば、人間が他者から罵詈雑言を浴びる。このとき、怒りに震える人間は不自由だ。しかし思考する力を高め、相手がなぜ自分を罵倒したのか、この状況を避けるために何が必要なのかなどを考えることができれば、人間はコナトゥスをより大きく発揮させることができる。つまり、怒りの感情から相対的に「自由」に近づく。

前述のアルコール依存症患者の例で述べるのなら、患者の回復に必要なのは自由意志という虚構を信じ、強い意志で禁酒することを勧めることではない。必要なのは自身が飲酒に依存することになったその背景を知り、因果関係に自覚的になることだ。

前述の『ビリー・バッド』の例で述べるのなら、歴史に与えられた文脈に縛られたヴィア艦長が「自由」に接近するためには、自身がまずその歴史的な文脈に対して自覚的でなくてはならないことになる。

國分の一連の議論は、私たちが日常的に感じている違和感――「法」のような「審判の言葉」でしか社会を運営することができないことに対する違和感――から出発し、ケアの現場などを通じて、具体的にいま私たちが直面している問題の解決法まで提案する幅広い射程を備えている。

そして、ここからが本題だ。私もまた、この國分の問題提起を重く受け止めた。なぜならば、私の考えでは「中動態の世界」はすでに回復されてしまっているからだ。それも、その「抑圧されたものの回帰」は、具体的には情報技術による人間性に対する侵略として実現されてしまっているからだ。

つまり私たちはすでになかば、「中動態の世界」を生きてしまっている。それは少なくとも、國分の意図したかたちではないだろう。しかし彼の議論を追うかぎり、これは中動態の世界のひとつの現れかたであるとしか考えられないのだ。そして、この「抑圧されたものの回帰」はすでに経済的、政治的に（情報技術を用いて）「活用（悪用）」されているのだ。そのために、國分の一連の議論はもしかしたら出版当時に本人が想定した以上にアクチュアルな重要性を帯びてしまっているのかもしれないのだ。

§2　TERRACE HOUSE 問題

この問題を考えるために、さらにここである事件のことを取り上げたい。それは二〇二〇年までNetflix、フジテレビほかで放送・配信されていたリアリティー・ショー『TERRACE HOUSE』に起きた事件だ。[*3] これは見知らぬ若い男女六人が共同生活を送り、そこでくりひろげられる人間模様がドキュメント的に放送・配信されるというテレビ番組だ。私はこの番組のファンで、毎週その放送を楽しみにしていた。そして主宰する雑誌の YouTube のチャンネルで放送のたびにその感想を述べていた。しかしある時期から番組の内容がエスカレートし、破綻しかかっているのではと考えるようになり、その YouTube の配信でなんどか疑問を述べることがあった。私が苦言を呈したのは、番組の視聴者が出演者を主にＳＮＳ上で激しく中傷することが常態化してしまい、番組の演出もその出演者への批難をも視聴者に提供する娯楽の一要素として、はっきり言ってしまえば「煽って」いるように思えたからだ。

そもそも私がこの番組を見始めた二〇一八年の時点で、『TERRACE HOUSE』の主戦場はInstagramとTwitter（現X）、ふたつのSNSに移行していたといっても過言ではなかった。この番組の出演者の多くは若いモデルや俳優の卵などで、彼ら／彼女らの目的が「有名になること」、具体的にはこれらのSNSのフォロワー数を増やし、インフルエンサーになることであることは自明だった。つまり『TERRACE HOUSE』の番組内での言動で視聴者の好感度を上げ、相互評価のゲームに勝利することが、彼ら／彼女らの実質的な目的だった。その結果として、出演者の言動はエスカレーションを起こしていった。

二〇一八年の終わりごろには出演者が番組内で、他の出演者の「やらせ」を暴露しはじめた。もともとこの番組はたびたび制作側による「やらせ」が過去の出演者やスタッフから暴露され物議を醸すことが多かったが、出演者がカメラの回っている前で他の出演者の「やらせ」を暴露するのは前例がないことだった。そして制作側はこの暴露を、番組を盛り上げるハプニングとして歓迎して放送した。当然のことだが、リアリティー・ショーで実際に放送されるのは膨大な収録分のうちごくごく一部だ。制作側はこのハプニングを放送すべき内容と判断して積極的に公開したのだ。以降、このような出演者間の「やらせ」暴露による相互批判は常態化し、番組の盛り上がりに大きく貢献した。この展開はすでに番組の主戦場がSNS上の好感度獲得競争に、相互評価のゲームに移行していたことを明確化するものだった。

それでもこの段階では「やらせ」的な演出こみで番組を楽しむスレた視聴者たちの文化に制作

サイドが悪乗りしはじめた、くらいの認識だった。それがこれはさすがにまずいのではないか、と私が感じるようになったのは、二〇一九年末ごろのことだ。このあたりから、共同生活を送る出演者の若者たちの言動にコメントを加えるスタジオのタレントたちの発言が、明らかに特定の出演者への批判を煽るものに変質していたからだ。正確には、以前より多かれ少なかれ存在したこのような発言が、相対的に過激化した。このスタジオのタレントたちは、いわばワイドショーのコメンテーターのようなものだと考えればいい。タレントたちが、これはいかがなものかと「感想」を述べる。発言力の大きいタレントの意見に他のタレントたちの意見が同調して「空気」が生まれる。このスタジオ内の「空気」はそのままタイムラインの「潮目」になり、放送後はその週にやり玉にあげられた出演者のInstagramやTwitter（現X）のコメント欄に一般視聴者の批判が殺到することになる。少なくともこの時期には発言力の大きいYOUや山里亮太《やまさとりょうた》などによってターゲットに指定された出演者は、かなりの量の誹謗中傷を受けることが常態化していた。私がもっとも耳を疑ったのが、このタレントたちがある出演者を「売名目的で出演している」と批判したことだ。売名目的の出演を批判するのなら、まずあなたたちがタレントを廃業すればいい、と心底呆れた記憶がある。

　そして二〇二〇年五月二十三日に、出演者の一人である木《き》村《むら》花《はな》が死亡した。これは『TERRACE HOUSE』の視聴者による誹謗中傷が原因の自殺だと考えられている。私は、その後いくつかのインターネット上の文章の寄稿や動画配信の番組出演で、上記の分析を述べた。その流れで木村花の遺族が番組制作者を相手取って起こした裁判にも、ほんの少しだが関与するようになっている。[*4]

このあまりに痛ましい事件の特徴は、この木村の自死の責任をプラットフォーム（Instagram、Twitter［現X］）とメディア（フジテレビ）、そして視聴者が互いに押しつけあっているという醜悪な状況が出現したことだ。

もちろん、真っ先に責任を問われているのは何よりまず実際に出演者への誹謗中傷をおこなったユーザー一人ひとりだ。しかし制作側（フジテレビなど）が、視聴者による出演者への批判、誹謗中傷をある程度意図的に演出していたことは疑いようがない。そして、この種の誹謗中傷を含むSNS上の相互評価のゲームそのものが、プラットフォームの収益を生み出しているという構造も自明だ。そのためこの種の事件が発生するたびに事実上の公共空間としてのプラットフォームの運営倫理もまた問われることになるのだが、この事件では視聴者、メディア、プラットフォームのそれぞれが、他の二者についてその責任を問うことで、これは自分たちが主に責任を問われるべきではない、と間接的に主張することになった。これが『TERRACE HOUSE』をめぐるきわめて醜悪な状況だ。

そしてこの醜悪な状況は今日の情報社会そのものが抱える「責任」の不在感——責任の所在が不明のまま状況が加速し、とり返しのつかない結果を引き起こす——を恐ろしいほど体現してしまっているのだ。

§3　プラットフォーム上の「自由」と「強制」

では、この「TERRACE HOUSE 問題」を國分の議論に照らしあわせて考えてみよう。同番組の出演者を中傷したユーザーは、國分＝スピノザの定義に照らしあわせたとき、どの程度「自由」で、そしてどの程度「強制」された状態にあるのだろうか。心情的には、強い「強制」下に置かれていたと考えたくなる。フジテレビの演出と、プラットフォームの誘導によってユーザーは後先のことを考えず、ときに人を死に追いやるような中傷行為を反復してしまうのだ、と。

もちろん、これは一面の真実である。しかし、ここで起きていることはより複雑ではないだろうか。なぜならば、このときユーザーたちは、むしろふだんの自分たちを縛りつけている制約から、相対的にはかなり自由になっているからだ。

ここで第一章で取り上げたハンナ・アーレントの〈グレート・ゲーム〉についての考察を思い出してもらいたい。匿名のプレイヤーとなり、人種や出自を超えてただスコアを競うこと、純粋にゲームの快楽とその成果に対する承認を受け止めることで、プレイヤーたちはみずからの行為が、そのゲームの背景をなすシステム（この場合は帝国主義）の拡大に加担していることに無自覚になる。この構造が、現代のプラットフォームとそのユーザーに当てはまることは、第一章で指摘したとおりだ。[*5]

では、このとき二十一世紀のグレート・ゲームのプレイヤー――匿名で中傷を反復するプラットフォーム上のユーザー——たちは、『ビリー・バッド』の登場人物たちと比べたとき、「自由」な状態に近いのだろうか、それとも「強制」された状態に近いのだろうか。

残念ながら、そして恐るべきことに圧倒的に「自由」に近づいている——それが私の結論だ。

國分は『ビリー・バッド』を読解して述べている。吃音という障害を抱えるビリーは身体の、過去のいきさつから嫉妬を制御できないクラッガートは感情の、そして社会的責任を過剰に問われる立場にあるヴィアは歴史の、それぞれ奴隷である、と。そのため、彼らがある事物に接したときにその反応として現れる変状は、自己の本性から離れたものになってしまう——相対的に彼らは、大きく「強制」されている——のだと。

では、プラットフォームのユーザーたちはどうだろうか。私と乙武洋匡《おとたけひろただ》のX（Twitter）のアカウントの機能に差はない。プラットフォームのユーザーたちは「身体」からかなり強く解放されている。そしてプラットフォーム上で私が匿名のアカウントをひとつ作れば、過去のいきさつを忘れたふりをして、相対的に軽い気持ちでかつて仲違いした人びとの仕事に言及できる（クラッガートも、匿名アカウントならビリーへの好意を素直に表明できたかもしれない）。つまりここでは相対的にだが「感情」からも解放されることができる。そして同じように、匿名のアカウントでなら戦後に生きる日本人であることを忘れ、無責任な歴史認識を（その後ろめたさを、かなり軽くしながら）投稿することができる。

そう、ここでユーザーたちはむしろ「自由」だからこそ、人間の「悪」という本性を謳歌しているのだ。嘘だと思うのなら、『TERRACE HOUSE』の事件にかぎらず、この種の裁判記録の類を閲覧してみればいい。法廷闘争上の戦略としてそう答えている側面はあるのかもしれない。しかし、判で押したように彼ら／彼女らはこう述べる。「軽い気持ち」で「なにげなくやった」と。彼ら／彼女らが激しい衝動や、抑えきれない感情を吐き出すようにこれらの中傷文を投稿したケースは稀だ。なぜならば、そのターゲットは彼ら／彼女らの親の仇でもなければ、恋のライバルでもなく、多くの場合は偶然に眼にしただけの対象にすぎないからだ。そしてメディア上の断片的な情報で、小さな感情が湧き上がり、まるで、手慰みに手近な雑草を摘むような「軽い気持ち」で中傷文を投稿するのだ。そして、その話題が注目を集めているものであればあるほど、その投稿は即時的だが、費用対効果的に大きな承認をもたらす。その結果として、中傷は反復される。まるで、仕事の合間や食後の一服のように。バス停でバスを待つ時間を潰す手遊びのように。

そして、私はこう問うことになる。食後の一服に深い満足感をともなった息を大きく吐いたそのとき、あなたは自由と強制、どちらにより接近していると言えるのか、と。木村を中傷したInstagramやTwitter（現X）のユーザーたちはどの程度自由で、どの程度強制されていたのだろうか、と。残念ながら、「自由」を享受していたと考えざるをえないというのが私の結論だ。

そしてこれが重要なのだが、事件後の彼らの責任の「押しつけあい」は彼らが自分たちの置かれた環境を理解し、自覚していることを示している。ユーザーの一部は自分たちに木村を中傷させたのはメディアの過剰演出と滞在時間の延長を目論むプラットフォームの設計であると述べ、メディアはユーザーのリテラシーの低さとプラットフォームの管理の不十分さを批判し、そしてプラットフォームはユーザーとメディアの責任を追及する。こうした責任の「転嫁」が可能なのは、これらの構造が情報技術によって「可視化」されているからだ。残念ながら、この人びとはみずからが置かれた環境（のもたらす因果関係）を理解し、みずからのコナトゥス（恒常性を維持する力）がより強く発揮されるべく「自己の本性の必然性に基づいて行為」している――つまり「自由に振る舞っている」のだ。

§4　すでに回復された「中動態の世界」

國分は回復されるべき「中動態の世界」の像を安易に明示しない。しかし「抑圧されたものの回帰」と彼が表現していることはそれがなかば必然的なものであるという認識のもとに同書が書かれていることを強く読者に想像させる。そして一度失われた「中動態の世界」の回帰が必然的なものであることの根拠は、「ビリーたちの物語」に私たちが感じる違和感がその代表として示される。「審判の言葉」で抑圧されているものは複雑で、今日の能動／受動のパースペクティブによって成立している言語を用いて直接的に記述してしまおうとすると正確さを決定的に欠いてしまう（そのため、それは今日の言語に支配された世界においては創作を用いてしか表現できない）ものだ。だが「それ」は確実に存在し、私たちに決定的な違和感を、生きづらさを与えつづけているのだ。

しかし、私は同時にこう思う。この本は二〇一七年というタイミングで出版される必然性を強くもった本だったのだ。時代的な、大げさに言えば歴史的なコンテクストを加味したときこの本にはもうひとつの側面が、もうひとつの読みかたが浮上する。

前述したように「中動態の世界」はすでに回復してしまっている。それも、私たちの言語が記述する世界にではなく、情報技術の構成するインターネットのプラットフォーム上にそれは部分的、かつ歪つに回復してしまっている。たとえばそれは政治的にはナッジとして、経済的にはゲーミフィケーションとして。なぜならばそもそも、現代の情報技術はこの世界を「中動態の世界」としてとらえているのだから。

この問題はメディアとプラットフォームの比較で考えればわかりやすい。送受信者が明確に区別される、つまり能動／受動のパースペクティブ上にあるメディアに対し、それが同一視されるプラットフォームはそもそも人間を中動的な存在としてとらえているシステムだ。言い換えれば現代の情報技術は、能動／中動の対比で人間の態をとらえている側面がある。そこに存在するのはただ情報を受信する存在ではなく、情報を受け取ることにより発信を動機づけられる存在だ。だからこそ、ゲーミフィケーション的なアプローチが台頭することになる。

プラットフォーム上に自由意志は存在しない。そしてプラットフォームのユーザーたちは中動態の世界を生きている。正確には中動態の世界だからこそ発生する自由を生きている。少なくとも人間に自由意志が厳密に存在できないことを前提に、そこは設計されているのだ。そのためここでは法的な責任は常に曖昧となる。ここにおいて「契約」は長々と書かれた読む気もしなくなる文章に添えられた、同意のチェックボックスへのクリックひとつに簡略化される。これが煩雑で、不愉快な手続きを可能なかぎり避けたいと考える人間の習性を利用したけっして倫理的に褒められたものではないアプローチであることは明白だ。しかし、このプラットフォーム上の「契約」の取り扱いが、情報技術が人間の自然な姿に即して形成した「中動態の世界」と人類が社会を運営するための知恵として育んできた「法」や、その基礎となる責任や契約の概念との相容れなさを体現してしまっている。私たちは先行する技術と、それが可能にした社会に対応する自由観、責任観をまだ育んでいないという問題がここには端的に露呈しているのだ。

§5　ケアと「責任」

國分は『中動態の世界』の出版後の二〇二〇年に、その続編的な内容として熊谷晋一郎《くまがやしんいちろう》との対談『〈責任〉の生成——中動態と当事者研究』を出版している。[*6] そこでは情報技術への言及こそ少ないが、國分による「すでに回復されている中動態の世界」への実質的な態度表明がおこなわれ、さらに「ケア」の問題を通じた社会制度のアップデートが議論されている。ここで語られているのは、「中動態の世界」の回復で、近代という病から人間が解放される……といった類の楽観的な物語ではなく、むしろ「中動態」を抑圧することで近代人が目を背けてきたものたちを可視化し、対応していくためのシビアな議論だ。そのために同書の議論は本書の問題意識とより直接的に接続する。

たとえばここで紹介されている依存症治療のプログラム「AA12のステップ」[*7]では加害者が同時に被害者でもあることを前提にし、何パーセントの加害者か、何パーセントの被害者かを問題にする。この「被害者でもある」ことを確認するプロセスが加害者にその責任を自覚させやすくするのだ。

國分と熊谷はケアの現場などで誰かに加害してしまった人間に対し、「審判の言葉」を用いて直接的にその責任を問うことは、有効ではないと述べる。その人間が事故の加害を認めるためには、まず彼／彼女の置かれた環境を分析し、どのような因果のもとにその出来事（加害）が発生したかを客観的に分析する。するとその人の被害者であり、加害者でもある自己が浮かび上がる。そこではじめて、人間は自己が加害したという事実を受け入れられる、という。

そして前節で取り上げたのはこのプログラムでおこなわれるような因果の構造の可視化が、プラットフォーム下においては「悪用」、つまり同じ力が責任転嫁に用いられてしまっているという問題だ。ここではプラットフォームのもたらす中動態的な「自由」が責任回避の論理に利用されているのだが、では國分と熊谷の議論を用いてこの問題を再考してみよう。

アーレントの述べる〈グレート・ゲーム〉のプレイヤーと、木村を中傷したプラットフォームのユーザーの姿は、ほぼ重なる。匿名化しサイバースペースにアクセスした彼ら／彼女らは身体的な制約からも、歴史的な文脈からも相対的には解放されている。器用に複数のアカウントを使い分ければ、少なくともこれまでよりは圧倒的に自己の感情の支配からも逃れやすいかもしれない。ビリーたちを支配していたものは、ここでは少なくともこれまでのような力を発揮しない。

しかし、そのために彼らはとくに深く考えることもなく、木村を中傷しスコア（インプレッション）を獲得し、小さな満足を得て、そして翌日にはそのこと自体を忘れていたのだ。そしてこの無自覚な悪の責任は、いまメディアとプラットフォームとユーザーの間で宙吊りになっているのだ。

少し意地悪な例を挙げてしまったが、これはこのような意地悪な――単純に割り切ることのできない――例が簡単に成立することを示すためだ。今日の情報技術は「中動態の世界」を回復させてしまっている。にもかかわらず、私たちの社会とそれを記述し、かたちづくる言葉はこの新しい「（技術的な）中動態の世界」に対応していない。「AA12のステップ」のようなアプローチは、むしろ自然状態では責任の回避に人間を導くことになる「中動態の世界」を「逆手に取り」、加害者の自覚をうながすプラットフォーム外の「ケア」として位置づけられるべきだろう。プラットフォーム上の因果の可視化はむしろ、人間を責任の自覚から遠ざける。つまり、ある不可避の構造が可視化されたとき、人間は自然状態では「これは自己ではコントロールできないことだった」と考え、自己の責任を認めない。そこで周囲の人間のサポートにより、誰もが同じ構造に置かれているのだから、誰もが被害者であり加害者でもあることを示す。その上で、誰もが責任を自覚しないといけないという論理に導く。このようなステップを踏むことでようやくその人の内面に「責任」を生成させることができるのだ。

『中動態の世界』は一見、私たちへの福音として書かれている。國分の議論は、私たちが無自覚に陥っている不自由の原因である言語の歴史を解き明かし、そしてその不自由を解消するために必要な視座を提示している。抑圧されたもの＝中動態の回帰に耳を傾けることで、私たちはこれまでとは異なった「自由」観、「責任」観を模索しながら（模索することで）より柔軟で、人間に優しい社会的なアクションを構想することができる。

しかし、それ以上にこの議論は、情報技術によってすでに回復してしまった中動態の世界のもたらすもうひとつの不自由の問題を露呈させているのだ。

今日の情報技術は人間の本質としての中動性ともいうべきものを、前提としている。この人間観は技術的な動員の手法（ゲーミフィケーションはその一種である）を生み出し、ほぼ倫理的な、社会的な検討がされないまま市場に、場合によっては行政に応用されている。すでに存在する（情報技術による）中動態の世界に、従来の能動／受動のパースペクティブで記述された「自由」や「責任」といった概念がその審判する言葉とともに用いられた結果として、多くの混乱と醜悪な争いが生まれているのだ。

『中動態の世界』で國分が示した世界像は、結果的に——おそらくはまだプラットフォームの支配が盤石ではなかった執筆時の國分の想像以上に——今日の情報社会に「実装」されている。しかし、その拙速な回復はむしろ「責任」概念からの逃避をうながす効果をもたらしている。國分と熊谷が提示する「ケア」的なアプローチは、おそらくは彼らが意図している以上にこうした弊害への対応として必要とされていくだろう。それは、すでに回復されてしまった「中動態の世界」に置き去りにされた人間を、この新しい世界に対応させるための「ケア」なのだ。

§6 「中動態の世界」を一時停止する

さて、ここで「庭」の話に議論を回帰しよう。

情報技術の実現した「中動態の世界」の回復は、最終的には私たちの用いている「審判の言葉」（法）の体系そのものの再構築を要求することになるだろう。それは確実に途方もない営みになる。しかし、おそらくもはや私たちはここから後戻りすることはできないだろう。

しかし本書の問題意識に照らしあわせたとき、ひとつだけ確かなことがある。それがここで「中動態の世界」の技術的な、そして拙速な回復の問題を取り上げた意図でもある。それは本書で論じてきた「庭」とは、このプラットフォーム上に拙速に回復されてしまった「中動態の世界」が機能しなくなる時間を手に入れられる場所でなくてはいけないということだ。つまり「庭」とは「中動態の世界」が一時停止される場所でなくてはいけないのだ。

ここで、前述の「浪費」の失敗の問題を思い出してもらいたい。人間が事物と遭遇し、インティマシーを感じる。そのため、その人の内面にはその事物の理想形が生じる。そして人間は現実に存在するその事物と、理想形の落差に傷つくことになる。この「傷」が人間を制作に動機づける——。このとき重要なのは、この「傷」が回復できないことだ。國分が『暇と退屈の倫理学』で述べる浪費＝満足することとは、この傷が回復された状態のことにほかならない。そして『中動態の世界』の議論に照らしあわせればこの状態とは個体ごとに異なるコナトゥス（外部からの刺激に対し、自己を維持する力）を発揮している状態、つまり自由な状態だということになる。しかし、ここで考えなくてはいけないのは、一時的にでもこのコナトゥスが発揮「されない」状態を発生させることなのだ。

國分はスピノザに依拠して述べる。コナトゥスが発揮されるためには、その人間の行為の背景にある因果関係について自覚的であるべきである、と。だとすると、「庭」では逆のことが起きなければならない。人間は背景の因果関係が隠蔽されたまま、事物に襲撃されなくてはいけない。この襲撃はドゥルーズの「不法侵入」とほぼ同義であると思われる。しかし、それだけではない。コナトゥスが発揮されないとは、「回復」の可能性があらかじめ奪われているということだ。

そこでは事物が一方的に人間へコミュニケーションを取り、かつ人間がその影響を不可逆に受けることが求められる。つまり、人間はそこで一時的に、完全に受動的な存在にならないといけないのだ。その受動性は人間に回復不可能な「傷」を与え、そしてその「傷」によって人間は制作に動機づけられる――これが制作者への「変身」のメカニズムだ。そしてこの段階では、人間の受動性は能動性に反転している。「中動態の世界」を一時停止して、能動態／受動態で記述される不自由な世界を、審判する言葉を機能させること――これが「庭」的な場所には必要なのではないか。

たとえば人間が制作者になるときに、そこには言葉の本来の意味での自己責任が発生する。それは、自己の「強さ」をアピールすることで不安から目をそらしたい卑しい人びとの述べる「自己責任」とはまったく異なる意味での「責任」だ。どの道具で素材を切るのか、表面処理に適切なヤスリはどの目か、ニスを塗るタイミングは——人間は事物を制作するとき、その事物について責任を感じる。誤解しないでほしい、ここには自由意志が成立すると述べているのではない。あらゆる制作者もまた、環境の奴隷であり因果の糸に縛られている。それでも制作者は、自分が生む事物に対して責任を「感じる」。自分がここで選択を誤れば、その事物は理想形から遠のいてしまうと感じるのだ。

同じことが、事物から人間に対してのコミュニケーションにも言える。その日、その場所で彼/彼女がその事物から襲撃を受ける。それは広告に誘導された結果かもしれないし、行政の執りおこなった施策の成果かもしれない。しかしその事物に遭遇した後に、その人がその事物から受けた「傷」から回復せず、不可逆な変化を与えられたことを彼/彼女は受動的に、運命として「感じる」はずだ。

では、このように人間と事物の間に発生する擬似的な能動性/受動性を確保するために何が必要なのか——。すでに回復されてしまっている「中動態の世界」を一時停止させるための条件とは何か。

ここで「回復する」とはどういうことかを考えてみたい。

「回復する」とは、國分がスピノザに依拠して述べるコナトゥスが発揮されることを意味する。では逆に「庭」ではコナトゥスの発揮を阻止することを考えるべきだろう。そして國分と熊谷の議論を逆方向から読めば、その方法も明確になる。つまり、彼らがすでに回復された「中動態の世界」が可視化する因果を用いておこなう「ケア」の逆をおこなうのだ。

前述の『〈責任〉の生成』において國分と熊谷は、「多飲症」の治療の例を取り上げる。これは精神疾患により、水を飲むことがやめられず水の「中毒」になる現象だが、このとき患者に飲水を「禁止」しても効果は薄い。しかし、病棟において水を飲むことを事前申告制にして、その場にいる人たちと一緒に水を「味わいながら」飲む、という行為を反復することで治療することができる。

「多飲症」の人は自分には「水を飲む」ということが不足しているという考えが止まらなくなってしまっている。つまり水という事物そのものではなく「水を飲む」という観念を「消費」してしまっている。そこで周囲の人たちと一緒に水を飲むことで、飲水という事物そのものをしっかり認識させる。すると、「浪費」＝「満足」することで症状がなくなるのだ。

ここで重要なのはこの治療が、医師や看護師、同じ病棟の入院患者など他の人間と一緒に水を飲むことで、つまり周囲の人間からの承認によって水自体を「味わっている」ことをその人に確信させていることだろう。

この例は「治療」としての有効性はともかく水そのものをその人が「味わう」ことに導いていると言えるのだろうか。むしろ、いや、「治療」として優れているからこそ逆に遠ざけているのではないだろうか。周囲の人たちと一緒に「水を飲んでいる」という事実を共有することは言ってみれば今、自分たちは水を飲んでいるという物語を立ち上げ、共有しているだけで、水を「味わって」はいないのではないだろうか（くりかえすが、だからこそこれは優れた治療なのだ）。そしてここで考えたいのは、その人に「浪費」＝「満足」してもらうことではなく、正しく水の味に取り憑かれた身体になることで、むしろ飲みつづけてもらうことなのだ。

こう考えることはできないだろうか。人間は事物からのコミュニケーションを受けたその時点で、実は多かれ少なかれ、「変身」してしまっている。しかし、その自己の変化を自覚することは難しく、負担が大きい。そのために人間はときにそれが回復可能であるかのように、考えようとする。自己の同一性が保全されているかのように考える。そのためにもっとも有効に機能するのが共同体の内部での承認の交換なのだ。人間は共同体のなかで承認を交換することで「傷」から回復する（かのように感じる）。事物から受けた「傷」を「なかったことにする」。そうすることで、「変身」を中断し、元の身体に擬似的に回復するのだ。この回復により「浪費」が成立する。そして「浪費」＝「満足」することでやがてほんとうに元の身体を取り戻していくのだ。

だとすると、答えは明白である。「庭」には共同体があってはいけない、のだ。

#8「家」から「庭」へ

§1 共同体を選ばない

プラットフォームから「庭」へ。ここまでは、いま私たちに必要な「場所」の条件について考えてきた。プラットフォームは人間を、他の人間と承認を交換することのみを反復しつづける器官に変貌させる（承認の交換に特化した存在に変貌させる）。今日のグローバルな資本主義と深く結びついたこのゲーム（「二十一世紀の〈グレート・ゲーム〉」）を解除することは、少なくとも短期的には難しい。このゲームを内破するために、私たちはゲリラ的にプラットフォームの支配力の相対的に及ばない「場所」をサイバースペースに、あるいは実空間に構築することが必要なのではないか。それが、私の問題提起だ。そして私はその場所を「庭」の比喩で表現してきた。

では、この「庭」の条件とは何か。そこは、人間が人間外の事物とコミュニケーションを取る場所でなければならない。このとき「庭」の事物同士は相互にかかわり、独自の生態系を構築していなければいけない。そして私たち人間は、その「庭」を訪れることで自己の存在が世界に影響を与えうることを実感することができるが、けっしてその場所を支配する（任意に作り変える）

ことはできない。

——以上が、これまで確認してきた「庭」の条件だ。この「庭」の条件を、これまで私たちはジル・クレマン、エマ・マリス、岸由二、鞍田愛希子、鞍田崇、井庭崇、國分功一郎らの議論を参照しつつ、検証してきた。その結果として、そこは事物の側から人間にアプローチがおこなわれることで人間がいったん完全に「受動的な」存在になる時間が生まれる場所でなくてはいけないという新しい条件を追加した。

そして加えてさらにそこは「共同体であってはいけない」という条件を提示した。

この提案にはおそらく、大きな反発があるだろう。なぜならば今日においてグローバル資本主義の展開に対して、批判的な態度を取るということは多かれ少なかれ共同体への回帰を志向することを意味しているからだ。

具体的に述べれば今日の左派は現代の気候変動リスクを前に、経済成長の抑制を受け入れ、社会を共同体の共助をベースにしたものに「巻き戻す」ことを主張する。対して右派はグローバリゼーションのアレルギー反応として浮上する素朴なパトリオティズムに基づいて、あるいはドナルド・トランプ的に相対的に没落する前世紀の先進国の労働者たちをその被害者意識につけ込んで糾合するためにそれぞれの土地とそこに紐づいた共同体の価値を主張する。

このように左右を問わず今日の思想的な「流行」は、共同体回帰によるグローバル資本主義批判にほかならない。そしてグローバル資本主義の最先端にあり、象徴的な存在であるＳＮＳプラットフォームをこれらの共同体回帰の言説は左右ともに強く、批判する。

プラットフォームは個人に発信能力を与え、強く人間に「個人」であることを意識させる。だからこそユーザーの自己幻想は、かつてなく肥大する。このときユーザーは他のユーザーにリプライを送り、自己の投稿にタグづけすることで、つまり対幻想を用いて自己幻想を強化する。あるいは、タイムラインの潮目を読み投稿することで、つまり共同幻想の一部になることで、自己アピールをおこなう（自己幻想を強化する）。この現象は今日においてはもはや対幻想も、共同幻想も自己幻想の一部にすぎないことを意味している。

このかつてないレベルで実現された個人主義の時代に、左右の「良心的な」（と自称する）人びとは警鐘を鳴らす。そして、個人がプラットフォームによってグローバルな資本主義という限りなく世界と同義の（当然、正確には異なるのだが……）ゲームボードにいつの間にか乗せられ、プレイヤーと化している状況から離脱するために、個人と世界（正確にはグローバルな「市場」）との間に、中間的な「共同体」を再構築しようとするのだ。

家族、職場、組合、宗教の集まり、趣味のサークル、そして地域の共同体……こういったものを再興することで、肥大した自己幻想を抑制する――それが彼らの指針だ。

資本主義が解体した共同体をなんらかのかたちで再編すること――この左右の思想がともに選択する「解」を、しかしここでは選ばない。むしろ、共同体への回帰に対して警鐘を鳴らすために、本書は書かれていると言っても過言ではない。なぜならば、一般的な理解とは異なり、実のところプラットフォームと共同体はむしろ共犯関係にあると考えるからだ。そして、そのために共同体への回帰は、人間をより強く縛りつけると考えるからだ。

§2　資本主義の外部

今日の左派はグローバル資本主義を気候変動リスクと格差の拡大、この二点から批判する。たとえば国内においては斎藤幸平《さいとうこうへい》が『人新世の「資本論」』などの著作においてマルクスの再解釈を背景に展開した、人新世における気候変動リスクを成長を自己目的化した資本主義に対する批判の根拠とする言説が注目を浴びている。[★1] これは前述した左派のグローバルな展開と同調した立場で、そこには斎藤のような資本主義そのものの否定から、成長の抑制（ジェイソン・ヒッケル）的なものまでグラデーションはあるものの、方向性としてはけっして珍しいものではない。個人的にも気候変動リスクは成長の抑制を選択する理由として、十分検討されるべきだと考えている。

しかしここで問題にしたいのはこれらの言説がことごとく、資本主義下の物質的な豊かさとそれが保証する精神的自由を手放した埋めあわせとして、共同体への回帰を推奨していることだ。

たとえば二〇二三年に出版されたある自治をテーマにした論集では以下のような共同体回帰のモデルが提示されている。

> Uさんの古着屋に来るのは、服を買うためだけではありません。むしろ店主や常連たちが

待っていてくれる場所に若者たちが集まって来るのです。店主は客の七割の名前と顔が一致するといいますし、お客さん同士のつながりもあります。こうした顔の見える関係では、店をまわしていくために、自分のできることを自分たちでやっていく、ささやかな「自治」の実践が自然となされているのです。

学生たちの報告は、この古着屋の事例だけにとどまりません。単なる商品交換を超えた店で育まれる人間関係の報告は数多くあります。地元に根づいた商店街の楽器店が、吹奏楽部の生徒たちにとって楽器選びや演奏の上達のことだけでなく、進路や就職といった人生相談の場にもなっている。古本屋で定期的に飲み会や交流会が開かれていて、年齢や性別を超えたあらたなつながりが生まれている。そんな「店」の可能性が垣間見える数々の調査から、私も学んできました。[*2]

前提として私は個人商店を基盤にした街づくりというビジョンそのものは、強く支持したい。後述するが、この種の個人事業を通じた地域へのコミットはデイヴィッド・グッドハートのいうSomewhereな人びとの集団のネジや歯車として「仕事」に携わり、世界に関与する手触りを共同体への依存や性急な政治参加によって埋めあわせる生きかたとも、Anywhereな人びとのグローバルな資本主義のゲームのプレイヤーとして世界に直接的に関与する手触りを獲得する生きかたとも「異なる」アプローチとして期待できる。言い換えればそれは、Somewhereにしか生きられない人びとが「個」を失わないままに、世界に素手で触れる方法のひとつになりうると考えられるからだ。

しかしここで示されているような商店主と客、あるいは客同士の育む共同体に肯定的な可能性を見出すのは難しい。

その理由はふたつある。まず、この構想には再現性がない。端的に言ってしまえば、ここでは「面倒見のいい店主が、気に入った客の少年の面倒を見る」といった類のハートフルではあるがほとんど一般化の期待できない例が紹介されている。ごく単純に、そこに偶然に面倒見のいい店主と気のいい常連客が集ったといったケースを一般化して個人経営の商店が連なる商店街の共同体に既存の資本主義の「外部」や「抵抗の拠点」を見出すのは明らかに論理が飛躍している。

ここで共同体の性質を決定しているのは店主のパーソナリティであり、個人商店の集合としての商店街という形式ではない。ではそこにいたのが意地悪な店主であったとき、いや、人並みに善良であったとしても、自分が村八分になることを畏れて共同体の周辺にいる人間には手を差し伸べる勇気をもてず、逆に石を投げる側に立つようなときにこのモデルは成立するだろうか。これについてはむしろハートフルなエピソードが「消費」されてしまう議論の「場」の問題が指摘されるべきだろう。

そして第二の理由は(こちらがより重要なのだが)、社会的な包摂を考える上で行きつけの商店の店主と親しくなるような社交的な性格の人間のモデルを考えることにほとんど意味はないと思われることだ。実際に少年期の私も近い感性を抱いていたと思うのだが、いま孤独に苦しむ人びとの多くがこの例を聞いて強く、他人事だと感じるだろう。常連になった商店やカフェで店主や他の客と仲よくなれるようなコミュニケーションのスキルがないからこそ、彼ら／彼女らは「孤独」なのだ。

都市化の進行と同時に人類が直面してきた「孤独」の問題の中核にいるのは、間違っても行きつけの商店やカフェ、あるいは意識の高い市民のサークルに溶けこめるタイプの人間「ではない」のだ。

同じような批判がこの種の議論で散見される意識の高い——社会問題に関心が高く、文化資本のある——人びとのさまざまな「自治」の試みの事例にも当てはまるだろう。この種の意識の高い人たちを中心に集まれば、そこに開かれた、ゆるやかな自治の共同体は（少なくとも表面的には、マッチポンプ的に）形成可能だ。とりあえずはその情報をブランディング目的で発信することはたやすい。

しかし、その共同体が実際にほんとうに社会の周辺にいる人びとを包摂しうるのか、私には強く疑問だ。いわゆる「よそ者」や障害者、コミュニケーションスキルの低い人びとなどのマイノリティがこの種の共同体の、それも周辺ではなく中心に居場所を見つけられるだろうか。もちろん、意識の高いソーシャルグッドな人びとに「手を差し伸べられる」役を負った「かわいそうな人」の役なら簡単に与えられるだろうが。

前提として誤解されているがそもそも共同体とは圧倒的に強者が得をするシステムだ。比喩的に述べれば「この子が狐憑きだと信じる」こと、つまり同じ物語を共有している集団が共同体だ。そこには主役がいて、重要な脇役とそうでない脇役がいて、端役がいて、そして悪役（敵）がいる。その存在理由を説明できない、つまり物語をもたない共同体は持続できず、物語はメンバーの役割と立場を決定する。「敵」を設定することがこの役割の分担を明確にして共同体の結束をより強固にする。そして、ここで主役など有利な位置を占めるのは常に強者——政治的、経済的な成功者やマジョリティを束ねて、マイノリティを抑圧する煽動者——になる。[*3]「贈与」や「互酬」というマジックワードのもたらす思考停止が前近代を美化することでコストパフォーマンスよく現状批判をする人びとの偽善的なブランディングと結びつき、このような生贄を必要とする古い共同体のメカニズムを延命させることはけっして忘れられてはならないだろう。

§3　怪獣使いと少年

ここで注目すべきは共同体回帰は左派が敵視するシリコンバレー的な技術主義との親和性が高いことだ。

たとえば、ジェレミー・リフキンの『限界費用ゼロ社会』が示すシリコンバレー的な技術主義に基づいたユートピア的な未来像は奇しくも左派のロマンチックに語る共同体回帰のイメージにかなり接近している。[*4]

リフキンは再生エネルギーと情報技術の進化、とりわけＩｏＴ（モノのインターネット）の浸透が限界費用、つまり商品やサービスをひとつ追加で生み出すコストが、限りなくゼロに近づく状態をもたらすと主張する。限界費用がゼロになるとは、インターネット上の文章や画像をコピーするコストがゼロであることを考えれば理解しやすいだろう。リフキンはこの「限界費用ゼロ社会」の到来は、資本主義の構造を根底から変貌させるという。生産手段を手に入れるコストが圧倒的に下がるために、現在の規模では資本主義を支える産業が成立しなくなるというのがその主張の骨子だ。

リフキンはこう主張する。これは物質的な豊かさが飽和することをほぼ意味する。そのために近い将来、人間の欲望はこれまで以上に社会的、精神的なものへと向かう。具体的に人びとが求めるのは「共感」だ。このとき株式会社の多くは、「協働型コモンズ」に取って代わられる。これは企業とは異なり、同じ価値観を「共有」した人びとによる「組合」だ。その目的は利潤ではなく、メンバーが共有する価値観をその生産活動のなかで実現するため、力を合わせるというものだ。

一見、これは情報技術を「資本主義の反省」に用いて、社会をより人間主体のものに進化させたユートピアに見えなくもない。しかし、落ち着いて考えてみればよい。『限界費用ゼロ社会』は二〇一四年に出版されたものだが、二〇二〇年代の今日において私たちは「共感」を媒介につくられる集団がどれほど息苦しく、残酷で、人間を愚かにするかを、そしてその愚かさを「情報技術」が最大限に支援することをすでに思い知っているはずだ。ちなみに、リフキンは日本について、こう述べている。

農業協同組合や自治会といった日本の協同組合はすべて協働型のコモンズです。欧米ではあまり知られていませんが、日本が経済大国になったのは日本人が古来から実践してきた協働という文化がコミュニティをつくってきたからなのです。[*5]

リフキンにはぜひとも、町内会の行事に参加しない移住者にはゴミ捨て場を使わせないといった類の「村八分」をこの二十一世紀に正当な権利と信じて疑わないこの国の片田舎で数年間生活した上で、同じことが言えるかを試してもらいたい。もちろん自身がリフキンであることを捨て、資産も捨て、名もなき一市民として移住してもらいたい。リフキンのこの発言は遠い国の後進性をロクに調べもせずに引用して持ち上げ、現代社会批判の道具とすると恥をさらすという典型例として記憶されるべきだろう。

リフキンの議論はシリコンバレー的な技術主義と、文化左翼的な共同体回帰の悪魔的な「合体」の産物だ。この種の情報技術をアリバイ的に導入した上で共同体への回帰を主張し、資本主義の外部として共同体内の贈与のネットワークをロマンチックに提示する言説は、持続可能性などの観点から今日においてある種の「流行」を見せている。しかしその内実はきわめて空虚なものだ。

問題の本質はおそらく資本主義に対する評価そのものにある。つまり市場における交換と共同体内の贈与のどちらをベースに社会を考えるかという選択にある。

たとえばある産学協同のプロジェクトにおいては、この種の共同体回帰の言説が、共同体が個人の自由を抑圧する問題を過小評価していることを批判し、その解決のためにブロックチェーン技術を応用した贈与のネットワークの導入を試みている。★6

そこではモースの『贈与論』における「ハウ」、つまり贈与の与える精神的負債——受け取ったものは返さなくてはいけないという精神的負債——をブロックチェーン上に記録することが提案されている。この記録が、贈与した人間／された人間の間に閉じることなく「公開」されることで、贈与の連鎖が人間関係に閉じなくなる。つまり、この人が過去にどれだけ贈与した、ということが社会一般に「評価」されることで、贈与の連鎖が共同体の関係を固着しないよう工夫されている。

このモデルはFacebookの「Like」の蓄積が過去のものまで追跡可能になったモデルと言ってよい。さらに言えば中国の微信《ウェイシン》における「信用スコア」ときわめて近接してしまっている。これは広く知られているように、情報技術を用いた相互監視を社会に導入させるものとして、強く批判されている。今日のAmazonのマーケットプレイスやGoogle Mapsの商店の評価でさえ、一度低いスコアが与えられたとき、その業者が社会的信用を回復することは難しく、これらのプラットフォームで競争相手のスコアを不当に貶める嫌がらせが社会問題化している。中国の「信用スコア」はこの相互監視が個人を対象に働き、そしてより回復可能性が低いものを想像すればよい。そしてここで語られている構想は、この「信用スコア」にきわめて近い。企画側もこの欠点は自覚しており、中国の信用スコアよりも柔軟に運用され、スコアのリセットの可能性を担保することを提案しているが、とくに後者についてはリセット自体の社会的な損失が大きい（これまで積み上げてきた肯定的な評価も消失する）ため、あまり意味がないものになってしまっていることは否めない。

要するに、ここでは共同体の与える不自由とブロックチェーン上のスコアの与える不自由がトレードオフになってしまっている。つまり共同体の内部での人間関係における「承認」をベースにした経済は人間を不自由にする。しかしそれを緩和するためにブロックチェーン技術を用いた社会的な「評価」を導入するとゲームの敗者が再挑戦できないディストピアが訪れるのだ。

これが意味することはなにか。

要するに、この種のロマンチックに既存の資本主義の「外部」として提示される「贈与」の経済の情報技術によるアップデートがもたらすのは結局「人間関係」をその共同体内で築いていないと必要なものが手に入らない不自由な社会なのだ。「贈与」とか「共同体」をその表面的なハートフルなイメージに依存して主張する人は、「醤油が切れたら近所の人に貸してもらえる社会がいい」というが、それは共同体のなかで相対的によい位置にいられる人のことしか考えていない発想で、弱者のことをまるで考えていない。共同体の周辺に配置され、ときに迫害され、人間関係が構築しづらい人のことをまるで考えていない。

もちろん、こうした周辺の人にも「優しい」制度を考えることはできるが、そもそも人間関係や共同体内の位置が生活の質に大きく関与する社会の不正義と不平等を、彼らは中学社会科の教科書の内容と一緒に（おそらくは資本主義批判というロマンチックで大きな話をしたい、という欲望をうまくコントロールできずに）忘れてしまっているのだ。

答えはすでに明らかだ。たとえその人がどこの誰で、過去に何があろうと百円を商店にもっていけば百円の醤油が買える社会こそが「正義」なのだ。

一九七一年に放映された『帰ってきたウルトラマン』に「怪獣使いと少年」というエピソードがある。

ある集落に、地球から遠く離れた惑星（メイツ星）から漂着した宇宙人がいる。彼は地域の共同体から受け入れられず、身を隠している。彼に寄り添うのは、同じように街の共同体から迫害される身寄りのない少年しかいない。少年は身体を壊したメイツ星人のために、なけなしのお金をもってパン屋に行く。しかしパン屋の主人は少年にパンを売らない。少年にパンを売ることで、共同体の内部での地位が脅かされることを恐れているのだ。

少し考えればわかることだが、前述の贈与経済のモデルはこの「怪獣使いと少年」の問題を解決できない。それどころか、共同体の贈与の論理こそが、少年とメイツ星人にパンを買うことを不可能にしている。果たして、この「贈与経済」が実装されたときこの街の共同体でメイツ星人と少年がパンを売ってもらえるか、都合のいい仮定や後出しの条件追加をせずフェアに考えてみればいい。まず無理などころか、より厳しい状況に彼らが置かれることはすぐに想像できるはずだ。

「怪獣使いと少年」では、その後打ちひしがれて帰路につく少年を、パン屋の娘が追いかける。そしてパンを少年に売る。同情するならやめてほしいと言う少年に彼女は答える。同情じゃない。自分はパン屋だからパンを売るのだ、と。さて、ここであらためて考えてほしい。たとえどれだけ固着しないためのサブシステムが張りめぐらされていたとしても共同体内の人間関係に依存した「贈与」経済と、国家等による再分配がなんらかのかたちで機能し、現金をもっていけば「誰でも」パンが買える資本主義経済、弱者に優しいのはどちらだろうか？

ちなみに「怪獣使いと少年」の物語の後半で、このメイツ星人は住民のリンチに遭い虐殺されてしまう。ビニールハウスのなかで自分はメイツ星人には絶対にならないと確信して生きていける人だけが、この種の「贈与」を支持すればいいと思う。そして私は自分がいつメイツ星人になるかわからないと思っているし、メイツ星人が自由にパンを買えて、虐殺されない社会こそが正義だと確信している。

§4　文脈と共同体

ここで逆に問われるべきは、人間はなぜ共同体に惹かれるのだろうか、という問題だ。

思考の手がかりになるのは「他者」の問題だ。たとえば僕たちは、近しい人であればあるほど指示代名詞を用いて会話する。「あれ」とか「それ」とかいう言葉を頻繁に使う。このとき話者には相手が、自分と同じかたちで世界を認識し、同じ事象に関心を払っているという前提がある。つまり「文脈」を共有していることが信じられている。「文脈」が共有されていることにより、はじめて「あれ」「それ」「これ」と言っても何を指しているか理解することができるし、主語や目的語を省略して「取って」とか「回って」とか動詞のみを言われても、相手が何を求めているのか理解することができる。

しかし「文脈」を共有しない相手、つまり「他者」とのコミュニケーションはこうはいかない。「眼の前にある白い机の上に置いてあるリンゴをひとつだけ取って、私に渡してください」――というようにその文だけで、意味が確定できるものでなければメッセージが伝わることはない。

当然のことだが、完全にこの「文脈」がゼロになることはない。しかし「文脈」には濃淡があり、そのことに自覚的であるかどうかには明確な差が発生する。そして同質性の高い人間同士が、その同質性を発揮しやすい状況に置かれるとその自覚は薄れていくことになる。二者の間で共有されていた文脈が三者以上に拡大すると、その「文脈」は共同性を発揮するようになる。要するに「文脈」が私とあなたの共通項から自然と立ち上がる共感（線）だったものが、三人以上の人間関係の生む多角形（面）の内部に存在する暗黙の了解に進化する。人間はこのとき、この暗黙の了解に従うことで、自分もその多角形の一角をなすことを確認する。そうすることで、他のメンバーと自己との同一性を、メンバーシップを確認する。ここに共同体が発生する。そして、この暗黙の了解が規則として明示されるようになり、メンバーシップの確認が効率化していく……。

この共同体の発生のメカニズムについての説明は、かつて柄谷行人《からたにこうじん》が『探究Ⅰ』『探究Ⅱ』等で展開したものに依拠している。

柄谷はこの共同体の発生するメカニズムを言語ゲームの問題だと述べる。言語ゲームとはルートヴィヒ・ウィトゲンシュタインが提唱した概念で、言語の意味はその使用の文脈に依存すると考えるものだ。言葉の意味は具体的な活動や生活のなかで使われた事実が先にあり、そして文脈が発生する。そして柄谷は『探究I』において、共同体の発生のメカニズムをウィトゲンシュタインの言語ゲーム論と、それについてのクリプキの議論を引用して説明した。[*7]

人間はある人が規則に従うときに、共同体に受け入れられると考えがちだ。しかしクリプキはある人が共同体に受け入れられていないとき、その人は規則に従っていないのかと問う。

たとえば誰かが言葉の使いかたを間違えたとき、共同体のメンバーは、それは間違いだと笑う。しかし、彼らは規則を明示することはできない。ただ違うと感じるだけにすぎない。つまり規則が先にあるのではなく、認められたものが規則になるのだ。意味していることが他者に承認されて初めて文脈が成立する。つまり最初に文脈がボトムアップに形成され、そしてそれを共有することで共同性が発生する。その共同性が、持続のために内部に規則をもつようになることで、共同体が生まれるのだ。

つまり、社会的な規制や制度がどこかに積極的に存在するかのように思われてしまう。実際はこうなのだ。たとえば、私が、ある言葉の「意味」を知っているかどうかは、私がその言葉の用法においてまちがっていないと他者(共同体)にみとめられるか否かにかかっている。もしまちがっているとしたら、他者は笑うか、「違う」というだろう。そのとき、私は

「規則に従っていない」とみなされる。しかし、ここで注意すべきことは、そのとき、他者もまた規則を積極的に明示できるわけではないということだ。彼はただ「否」としかいえないのである。ということは、規則がどこかに積極的に明示しうるかたちで存在するのではないということを意味するのである。[*8]

「共同体」というとき、人類総体なり国家なり集団なりを表象してしまいがちである。われわれは、これをたんに共同性とみなせばよい。すると、共同体は、いたるところに、多種多様にあり、《他者》もまたいたるところに出現する。したがって、言語ゲームも多種多様であり、つねに変動している。もちろんさまざまな言語ゲームにしたがって、さまざまな「世界」がある。[*9]

共同体は内部と外部を隔てることによって成立する。そしてこの内部と外部を隔てるものが、文脈の共有だ。共同体はその境界線が曖昧だからこそ、その文脈は常に確認されつづけなければいけないし、再設定されつづける。共同体はその存続のために、その成員や掲げるイデオロギーを変化させながら、常に線を引きなおしつづける。このとき、もっとも頻繁に用いられる文脈は、「敵」の設定だ。誰かを迫害し、友敵の間に線を引き、そしてその迫害に対する同調と黙認を示す人間は「友」としてメンバーシップを与えられる。正確には内外の人間関係の変化で「敵」が生まれる。そしてその「敵」の迫害に正統性を与えるために「文脈」が生まれ、その

「文脈」を共有することが共同体のメンバーシップをもつ条件として再設定されるのだ。この「敵」に対する迫害の積極的な参加から黙認へのグラデーションで、共同体の中心から周辺への配置が決定される。このとき共同体の内部では「文脈」を読み、先回りしてマジョリティの意見に合わせることで自分が「浮かない」ようにできるし、「文脈」をあまり共有していない相手を批判したり、笑いものにしたりすることで共同体の結束を固めることができる。いや、むしろ現実的にはこうしたハラスメント＝罪の共有がおこなわれ、メンバー間でその加害は正当だったと言い聞かせ合うことで共同体は生まれる。つまり、共同体の文脈によりハラスメントが黙認されるのではなく、加害とその黙認の後ろめたさを共有することで文脈が生まれ、メンバーシップが確認される。この運動を反復することで共同体はメンバーを部分的に入れ替えながら継続していくのだ。メンバーシップを直接的に操作する「敵」の設定は、もっともコストパフォーマンスのよい「文脈」の生成をうながす方法なのだ。人間関係の好悪という単純化されたゲームにはあらゆる人間が参加できる。たとえばある問題が共同体内に発生したとき、具体的な解決策をシミュレーションするためにはある程度高い知力が求められるが、共同体内の友敵に二分された人間関係を理解するのにそれほどの知力は必要ない。それは、卑しささえあれば誰でも成果を上げることのできるゲームなのだ。

このようにかつての「内ゲバ」を反復し自滅していった新左翼から、二十一世紀の今日もまだ強固に存在している昭和的な職場の「飲みニケーション」まで、共同体は常に新しい敵を設定し、それを排除することで持続している。それはけっして柔軟さの証明ではない。むしろ逆だ。

連合赤軍が最後まで新しい生贄を、排除すべき敵を求めつづけたように、共同体はその持続のために「敵」を訂正しつづける。新左翼はその「敵」の訂正に失敗した結果として、タコがその足を食べるように自滅し、昭和的な職場では社会そのものの後進性に支援されて今夜も友敵の線を引きなおすための陰湿な「飲み会」での欠席裁判が反復されているのだ。

§5　人はなぜ「ナチスは良いこともした」と考えたくなるのか

共同体の維持と文脈の再設定の問題は、歴史修正主義の問題を考える上でも有効だ。たとえばQアノンや日本の歴史修正主義者たちが、なぜ既存の研究とその根拠となる相対的に信頼性の高い資料を無視してナチスは「良いこと」「も」したと主張するのかを考えてみればよいだろう。

ここで重要なのは彼らがなぜ事実を軽視したくなるのか、その認知バイアスの発生原因を考えることだ。前提としてそこには複数の要因と、その絡みあいが存在する。たとえばそこには、単純に物事の「意外な」側面を発見することの快楽が、つまり訂正の快楽が強く発生してしまう。そのためこれまで再三述べてきたように、この種の陰謀論的な投稿はアテンション・エコノミー的にコストパフォーマンスがよい。だが、ここで私が注目したいのはこの種の物語の文脈の設定が、「共同体の維持のために」要求されているという側面だ。

たとえばここで右派の市民運動の捏造した「伝統」が、事実として社会に定着したことで知られる「江戸しぐさ」の問題を考えてみたい。これは「傘かしげ」や「こぶし腰浮かせ」など、江戸時代の日常生活における慣習や所作、心得などを指す言葉で、現代の東京都民の行動や態度に影響を与えていると「される」。さらにこの「江戸しぐさ」は、心のありかたや振る舞い、習慣などが含まれ、とくに細やかな気配りや思いやりを大切にする文化である……と「される」。そして広く知られるように、実際のところこの「江戸しぐさ」は一九八〇年代に芝三光《しばみつあきら》の作り上げた創作物、つまりでっちあげの「嘘」にすぎない。

しかしここで注目しなければいけないのは、この「江戸しぐさ」が一九八〇年代の消費社会下の商品として生まれ、そして芝の「弟子」である越川禮子《こしかわれいこ》らによる保守系の「市民運動」として九〇年代から二十一世紀に、とくにインターネット言論空間の保守勢力の進捗にともない、再注目されるかたちで定着したものであることだ。[★10] 最終的に「江戸しぐさ」は、小中学校の道徳教育の現場でも教えられているケースが報告され（複数の副読本に取り上げられている）、大きな批判を呼ぶことになった。目も当てられないような恥ずかしい「事件」だが、ここで私たちが学ぶべきは伝統を守るために共同体が必要なのではなく、共同体を維持するために既存のものを訂正し、失われたものを回復するという物語によって求心力を生むことが必要になるという事実だろう。

小野寺《おのでら》拓也《たくや》と田野《たの》大輔《だいすけ》による『検証　ナチスは「良いこと」もしたのか？』は、この種の陰謀論でしばしば引用される「善いナチス」論――アウトバーンなどの国土開発、財政出動による失業対策、国家を挙げた環境保護運動など――がことごとく実態のないもの（「江戸しぐさ」的な捏造）や、他のプレイヤー（ドイツ社会民主党による過去の政権など）から引き継いだものなどを自分たち（ナチ）の功績だと喧伝したものであることを、近年の研究成果を用いて平易に解説している[★11]。

これはインターネットのプラットフォームという新しい流通経路を獲得したこの種の陰謀論に対抗するために企画された経緯をもつ出版物だが、その「検証」のなかから浮かび上がってくるのは、ナチからＱアノンまで人びとを惹きつける「運動」にはこの種の物語が必要であり、そして同じ物語を信じることで、構成員のメンバーシップの確認をおこなうことが目的であるかぎり、その物語の内実は「問われない」という身も蓋もない現実だ。ナチにおいてはそれがあれほど敵視していたドイツ社会民主党の政策だろうと、潜在的な敵国であるイギリスの政策の模倣であろうと、メンバーシップの確認運動に対する効率がよければその背景にある思想や信条や歴史的な経緯は「究極的には」問われなかったのだ。

このとき重要なのはその物語が既存の価値を訂正し、再設定するものであること、つまり価値転倒の快楽を発揮していることなのだ。それは陰謀論「であるにもかかわらず」支持されているのではなく「陰謀論的」であるからこそ支持されているのだ。

江戸しぐさからＱアノンまで、つまり名前だけが引き継がれ、その維持が優先される（そのため、主張の一貫性や論理性は究極的には問われない）共同体は吉本隆明的に述べれば「関係の絶対性」に縛られている。重要なのは「この物語」を信じることではなく、関係が結ばれることだ。物語の中身は、実のところ入れ替え可能だ。そのためそれは一見、誰でも気軽に、加わることのできる柔軟な共同体に映るだろう。江戸しぐさを推進するＮＰＯも、旧統一教会のダミーサークルも外見上はそうだ。

しかしそれはむしろカルト的な動員をおこなう共同体の条件ですらある。そして、そこに罠がある。むしろ連帯したい、集まりたい、継続的な承認を獲得したいという、それ自体は避けては通れないあたりまえの欲望を性急にかなえるというサインを発するためにこそ、掲げる物語は実のところどれだってかまわない、という態度が取られるのだ。このとき、既存の価値を否定する転倒の快楽は「自分たちのみが真実を語っている」という感覚を与え、他の人間や共同体との関係をも否定する効果をもたらす。こうしてカルトな共同体は動員対象の自分たちとの関係への依存を強く後押しするのだ。

誤解してはいけない。それは、「誰でも気軽に覗ける」「ゆるやかな」「標榜する価値はすぐに変わる」共同体「だから」こそ、おこなわれているのだ。彼らの目的は「家」の、「共同体」の維持であり、そこで語られる物語の内容や石を投げられる「敵」の存在は手段にすぎないのだ。そしてこれは吉本隆明が「関係の絶対性」という言葉で考えた問題の本質の露呈する現象でもあるのだ。

§6　プラットフォームと共同体の共犯関係

では、文脈を――卑しく安直な場合は「敵」を――再設定することで維持される共同体のメカニズムに、ＳＮＳプラットフォームはどのように作用しているのか。

ＳＮＳのプラットフォームで起きているのは、情報技術の支援を得てこれまでよりかなり高速で文脈が共有され、そしてその都度共同性が発生する（「共同体」が生まれる）という現象だ。そして、意図的にそれが維持されないかぎり（その共同体の中心人物が次の「燃料」を投下したり、「敵」を新たに設定したりしないかぎり）、ＳＮＳプラットフォーム上の共同性は高速で解体される。なぜならばプラットフォーム上には圧倒的な速度で情報が流通し、ある文脈に接続し、その文脈の生む共同性に取りこまれていた人間も、三日後には別のニュースによって発生した文脈に取りこまれてしまうからだ。

だからこそ、文脈を入れかえるために「敵」は頻繁に再設定されなければいけない。今日のプラットフォーム上に日々発生する共同性は、瞬く間に他の共同性が無数に立ち上がるためにさらに、持続することが難しい。悪質な共同体はそのために常にその中心人物が「敵」を設定し、他の誰かを迫害し、その迫害に加担、もしくは黙認を与えることがメンバーシップの条件になるが、プラットフォーム上では、それが日々高速でおこなわれている。これが、プラットフォーム上のタイムラインが常に、誰かを糾弾することを必要としている理由にほかならない。

これらの共同体はコロナ・ショックしかり、ロシア・ウクライナ戦争しかり、タイムラインのひとつの潮流に対する大喜利的なコミュニケーションに参加することで外部に対しては効率的に集客し、内部に対しては共同体の構成員の士気を上げているのだ。

つまりプラットフォームと共同体はむしろ共犯関係にある。プラットフォームは一般的には、共同体を解体し個人の孤立化を促進すると考えられている。しかし、実際に進行している現実は逆だ。
かつてマーシャル・マクルーハンは、情報技術によるメディアの発展が、地球全体をひとつの文脈を同時に共有しつづけるひとつの村落のような共同体に変貌させていく可能性を指摘した。一九六二年刊行の『グーテンベルクの銀河系』で予言された「グローバル・ビレッジ」と呼ばれるそれは、二十一世紀の今日において、インターネットのプラットフォーム化によってまさに実現されているのだ。[*12]
そしてその結果として人びとは常に眼の前に生成する共同性に強く、吸引されつづけることになる。情報技術の与えるインスタントな承認の交換の快楽を手放せなくなっている人びとは目の前の共同体にあっさりと取りこまれ、思考停止する。そしてプラットフォームの力が強ければ、その共同体は瞬く間に解体されユーザーはプラットフォームが与える次の共同性に接続し、別の共同体に取りこまれる。逆に共同体の力が強ければユーザーはそこにとどまりつづける。いずれにせよ、人間は共同体の内部に閉じこめられるのだ。
多くの人びとはプラットフォームに共同体で対抗するべきだと考える。しかし、それは大きな間違いだ。プラットフォームはむしろ共同体と親和的なのだ。人類はこれまでより圧倒的に簡単に敵を名指しして、共同体を形成することができるようになった。そして新しい敵を設定しなおしつづけることで、その共同体は持続しつづける。そのためのコミュニケーションの基盤をプラットフォームは提供しているのだ。それはたとえばQアノンをはじめとする、陰謀論的な共同体とYouTubeやX（Twitter）といった、プラットフォームとの関係を考えれば一目瞭然だ。人間同士のつながりを、承認の交換への欲望を滞在時間に、そして広告収入に変換するプラットフォームというシステムは、むしろ個人ではなく共同体のための場所なのだ。「敵」を更新しつづける共同体と、人間の滞在時間を換金するプラットフォームは共犯関係にある。そしてプラットフォームにとどまっている人は、そこからどこにも移動できないのだ。

では、どうするべきか？

ここであらためて考えてみたいことがある。それはいま、社会福祉の「敵」として「ケア」の対象になりつつあることだ。しかし、ここではそのポジティブな可能性について考えてみたい。そしてそれを私たちは「孤独」と呼んでいる。

＃9　孤独について

§1　美味しんぼ vs. 孤独のグルメ

私が世界でいちばん嫌いなものに「飲み会」がある。たとえば出版業界のとくに批評や思想の世界の一部にはいまだにこの昭和的な「飲み会」の文化がはびこっている。業界のなかにボスみたいな人間がいて、そのボスが相対的に若い取り巻きを連れて飲み歩く。取り巻きはボスの「敵」の悪口をときに事実無根のデマや悪意をもった誇張を交えながら話してご機嫌を取る。最悪の場合ボスはそのもようをインターネットで生配信して、読者に「いじめ」の快楽を共有する。

これはいささか（いや、かなり）極端な例だが、この問題には昭和的な「飲み会」「飲みニケーション」の本質があらわれている。つまりこの場でおこなわれているのは友と敵の境界線の確認にほかならない。それは酩酊して本音を共有することのできる「仲間」の範囲を、メンバーシップを確認する行為なのだ。まさにこの二十一世紀にメンバーシップ型の雇用に拘泥する（ときに「ＪＴＣ」＝Japanese Traditional Company と揶揄される）「伝統的な」日本の大企業がこうした昭和の「飲み会」「飲みニケーション」の実質的な保護者であることは、このことを証明してしまっている。この種の会合がその場にいない誰かの欠席裁判になりがちなのは、その場の目的がメンバーシップの確認にあるからにほかならない。

ＳＮＳのプラットフォーム上でおこなわれている相互評価のゲーム（承認の交換のゲーム）はこれを、低コスト化し、時間と場所の制約から解き放ち、簡易化したものだと考えればよい。このゲームにおいては敵を貶めることで友から承認を獲得する行為がもっとも「効率」がよいことはすでに解説したとおりだ。「飲み会」「飲みニケーション」と異なるのは、タイムラインに出没するメンバーの流動性が高く、入れ替わりが激しいことと、そのために常に「発言」していなければその存在が認知されないことだ。つまりただ黙ってボスに酌をしていれば最低限の承認は獲得できる「飲み会」「飲みニケーション」と異なり、ＳＮＳのプラットフォーム上では常にその集団の敵を罵倒しつづける必要がある。言葉の最悪な意味において、プラットフォームの相互評価のゲームとは、「飲み会」の進化系なのだ。おそらくここに、このゲームに特化したＳＮＳプラットフォームであるＸ（Twitter）が「飲みニケーション」を捨てられないこの国で圧倒的な人気を誇りつづけている理由がある。

私は十年ほど前にこの種の「業界」の文化に心底ウンザリして「飲み会」の類には出なくなり、もともと好きでもなかった飲酒もきっぱりやめた。しかし正確に言えば私は「飲み会」どころか「会食」そのものが以前からあまり好きではなかった。もっと言ってしまえば私は誰かと一緒に「食べる」ことがそれほど好きではない。理由はひとつ。会話をしていると、そちらに気を取られて「食べる」ことに集中できないからだ。

そもそも私は「食べる」ことが好きだ。というか、ある種の執着を抱いて生きている。外食が多い生活を長くつづけているが「適当な店に入る」ことが許せず、納得のいくまで検討して入店する。夜寝る前には必ず明日は何を食べようか考え、目星がつくとそれを楽しみに眠りにつく。

こうなってしまった理由は明白で、私は高校生のころ、つまりいちばん育ち盛りの食べたい盛りにロクなものを食べていなかったからだ。私は高校時代にある地方都市のミッションスクールの寮に入っていたのだが、ここの食事が信じられないほどマズかった。栄養士の監修のもとに十分なカロリーとバランスの取れた栄養の摂れるメニューが提供されていたはずなのだが、限られた予算でそれを実現しようとしたためか、完全に「味」が度外視されていたのだ。

その結果として、毎食三つから四つのおかずが提供されていたにもかかわらず、そのなかで人間が口にして不快にならないレベルの味がするおかずは一品あるかないか、だった。この寮食で提供される嚙み切ることすら難しい豚肉は「ゴム肉」と呼ばれて恐れられ、正体不明の骨ばかりの白身魚の臭気は食堂の外の廊下まで漂って、私たちの吐き気を誘った。

私たち寮生は毎食、そのプレートのなかでいちばん「マシ」なおかずを見つけてそのおかずと一緒にできるだけたくさんの白米を胃に詰めこんで、毎食をやりすごしていた。年に一度のクリスマス会で、モスバーガーとハーゲンダッツのアイスクリームが提供されたときには世界にこんなにおいしいものがあるのかと涙が出た。このような青春を送ってきた私が、人一倍「食べる」

ことに執着したとして誰が責められるだろうか？
そして気がつけば私は、目の前の食べ物に集中する食事を、もっと言ってしまえば孤食を愛するようになっていた。誰かと食事に行くときも会話はもっぱら食後のコーヒータイムに取っておいて、相手が心を許せる人であればあるほどまずは目の前の皿にがっつく。そしてここが重要なのだが、こうして人間とのコミュニケーションを一時的にでもシャットダウンすること——これが目の前の料理という「事物」とのコミュニケーションに集中する唯一の方法なのだ。
以前、私の編集する雑誌に若い書き手が寄せた文章に山岡《やまおか》士郎《しろう》（『美味しんぼ』）と井之頭《いのがしら》五郎《ごろう》（『孤独のグルメ』）という、日本を代表するふたつの「グルメマンガ」の主人公の「食べ方」の比較が展開されていた。[*1]
「一週間待っていろ、俺が本物の〇〇を食べさせてやる」——そう啖呵を切った山岡はほんとうに一週間後に他の登場人物に「本物の」料理を食べさせる。それがなぜ「本物か」を山岡は得意げに話す。対して井之頭は徹底して「孤独に」目の前の料理に向きあう。前者がそのレシピと調理法の解説に重心をおいた蘊蓄《うんちく》の類であるのに対し、後者は「食べる」という体験そのものを記述したものだ。山岡の目的が終始、その豊富な知識を駆使して相手をやりこめることであるのに対し井之頭の目的は「食べる」ことそのものにある。簡単な話だ。山岡のそれはいささか極端な例かもしれないが、誰かと食事を共にすることは、「食べる」という行為を純粋に味わうことから人間を遠ざけるのだ。そしておそらく、ここに新たに加えるべき「庭」の条件がある。事物と純粋に接触するために、それを正しく受け止めるためにそこは人間を「孤独」にする場所でなくてはいけないのだ。

§2　福祉の敵

しかしいま「孤独」は不当に貶められている。二〇一八年、イギリスは「孤独」を「現代の公衆衛生上、最も大きな課題の一つ」として、世界初の「孤独担当大臣」を任命しその対策に乗り出した。[★2] 背景には国民——とくに高齢男性——の社会的な「孤立」があるという。主観的な感情をさす「孤独」と、社会的な状態をさす「孤立」は異なる概念だが、この両者は常にセットで語られる。今日においては社会的なネットワークから離脱してしまった「孤立」と、人間の内面的なものである「孤独」な感情は同等に扱われており、そしてどちらも社会的な「ケア」の対象になりつつあるのだ。

背景に存在するのは、先進国が軒並み直面する社会保障費の増大とその削減の「方便」としての「ウェルビーイング」の推進だ。好意的に言い換えれば治療医学から予防医学へのシフトだ。情報技術と医療の結託は、病を治す医療（治療医学）から常に人間の身体をスキャンし、先手を打って病気にならない状態を維持する医療（予防医学）への移行をうながしている。このことそのものは、間違いなく世界に存在する総不幸量を削減するだろう。しかし、この新しい人間観の濫用には、相応の副作用が想定される。

ロンドン大経済政治学院（ＬＳＥ）が17年発表した研究によれば、「孤独」がもたらす医療コストは、10年間で１人当たり推計６０００ポンド（約85万円）。生協などの調査では、孤独が原因の体調不良による欠勤や生産性の低下などで雇用主は年25億ポンド（約３５４０億円）の損失を受ける。[＊3]

そもそも人間の幸福がこのように数値化されることに、強く違和感を覚えざるをえない。愚行権という概念をもち出すまでもなく、仮にこの数値がなんらかの事実を示しているとしても、体調不良や生産性の低下と引き換えに得られる内面の自由や幸福といったものを、この試算は完全に度外視している。

そしてイギリスという国家がこの「孤独」に対する「ケア」として提供したもののなかで、「もっとも有効」であるとされるのが「メンズ・シェッド（mens' shed）」、直訳すれば「男たちの小屋」だ。

これは日本国内でも問題化されているが、定年退職後の男性会社員は職場以外の人間関係が希薄になる傾向が見られる。そこで、この「メンズ・シェッド」では、こうした高齢男性に居場所を与えることを目的にしている。

定年後の男性はとかく孤独に陥りがち。そうした方々が定期的に集まって、大工仕事を一緒に行う。テーブルやベンチをこしらえて公園に設置してもいいし、学校に手作りの遊具を寄付しても喜ばれます。男性の皆さんは、手を動かして一緒にものを作ることで「友情が生まれ、生きがいに通じる」と言います。会社勤めをしていた時は、あまり目を向けなかったコミュニティーとの絆ができて、感謝の言葉をかけられる。これは、孤独解消に大きな力があったと評価されています。[★4]

今日のより最適化された「スマートな」福祉国家はこのように人間の幸福を数値化し、一元的な価値で評価することにためらいがない。私は飲酒も喫煙も好まない。というか、むしろ非常に苦手であり、文化系にありがちな無頼を気取りたくてこれらの嗜好品への愛情をアピールする類の人びとからも安っぽい自己愛以上のものは感じたことがない。しかし、たとえ肺や肝臓をどれだけ傷めてもこれらの嗜好品とともにある時間を愛するという精神は確実に存在するし、尊重されるべきだと思う。同じように孤独に世界に佇むことで初めて得られる快楽もまた、確実に存在するし尊重されるべきだろう。この「福祉政策」からは、嗜好品とともに孤独な時間を愛するという生きかたが、国家予算の緊縮を理由に決定的に貶められているのだ。

ちなみに紹介したイギリスの「孤独」解消に向けた取り組みを高く評価し、それに追随し世界で二番目の「孤独」対策担当閣僚を設置した国家がある。その国は「孤食」という概念を一九七〇年代に「発明」し、社会問題として指弾してきた。そしてそれがどこかは、もはや説明する必要はないだろう。[★5]

§3 「孤食」を再評価する

そもそもこの「孤食」という言葉は一九七五年、保健学の研究者である足立己幸《あだちみゆき》による造語であった。足立は一九七五年、「99世帯の家族全員を対象に、「いつ」「どこで」「誰と」「何を」食べたか、を記録してもらう調査を行った。すると、摂取しているエネルギーはほぼ同じにもかかわらず、どの世代でも、家族と一緒に食事をするほうが栄養素の摂取のバランスがよい人が多いことが分かった」という。[★6] その後、足立は「家族と食卓を囲むこと」が栄養学的に充実した食につながるという前提で啓蒙活動をおこなってきた。しかし約半世紀を経た今日では、この孤食／共食という図式を提示したことを「反省している」と述べているのだ。

当然のことだが、実際の孤食は多様であり、必ずしも一人で食事を摂ることが栄養学的に劣った食事をすることを意味しない。足立は孤食の頻度に注目した自説を反省し、現在ではその内容に注目する。たとえばそれがたとえ孤食であったとしてもその内容を友人等に共有することによって、食の内容は充実する、といった現象を正しく評価すべきであるというのが現在の足立の立場だ。

この足立の「転向」は常識論的に考えて妥当なものだと思われるが、その一方で正しく栄養を得るという「保健学」的な観点から食をとらえることそのものの限界も露呈している。足立の力点は、他の人間と「つながる」こと（食卓を囲むこと、食事の内容を共有すること、料理を共にすること）などが、結果的に品目が多く栄養バランスに優れた食事につながるというものだ。足立の議論は、食事を精神的な活動として位置づけることを優先しない。そのため、「孤食」そのものの豊かさを発見することがないのだ。

対して歴史学者の藤原辰史《ふじはらたつし》は「孤食」がその批判のために生み出された言葉であることを問題視し、その豊かな側面をある程度認める立場を取る。たとえば藤原は立ち食い寿司のコンパクトな店舗設計と板前の洗練された動きに、古来の江戸前寿司の文化への豊かな回帰を見る。藤原は足立の活躍した七〇年代後半以降、社会福祉的に是とされてきた、「孤食」を批判し「共食」を是とするイデオロギーに封建的な家族主義の復古を指摘する。[★7] この藤原の「共食」への警戒心は重要なものだ。

封建的な家族の食卓や、「残すことを許さない」といったイデオロギーのもとに児童の管理の手段として用いられる学校給食が「食」という体験を、とくに子どもたちにとって恐怖の体験にしてしまう――そういった痛みを知らない、もしくは若いころに経験したその痛みをビニールハウスのなかでとっくに忘れてしまった文化人や研究者や社会起業家が「孤食」を批判するとき、私は強い失望を感じる。孤食によってはじめて救われる人間が存在することを、この人たちは想像もできないのだ。

しかし、藤原は孤食を単純に擁護する立場は取らない。孤食はその言葉が生まれたときから指摘されているとおり、単に社会的な孤立の結果として望まざるかたちでそれを強いられているケースが少なくないからだ。

そして藤原が一連の議論のなかで、対案として提示するのは「孤食」と「共食」の間の「縁食」という概念だ。孤独に食事を摂るのでもなく、家庭や職場といったメンバーシップの確認のために食卓を囲むのでもなく、見知らぬ誰かと偶然に知りあうためにこそ誰かと食卓は囲まれるべきだというのがその主張だ。つまり、都市的な流動性の高い空間において人は飲食店で「孤食」する。しかし、そこで人は稀に誰かに出会う。この「出会い」を藤原は重視する。この「食」という事物を通して他者との「縁」が生まれる。これが、人間の社会関係を豊かにする。家族や職場といった共同体のメンバーシップを確認するための儀式としての側面が強い「共食」とは異なり、この「縁食」は開放的なものである、というのが藤原の主張の骨子だ。

この藤原の主張する「縁食」について、ふたつ論点を提示したい。まずは「縁食」の成立条件についての問題だ。藤原は「縁食」の例として「子ども食堂」や、藤原自身が飲食店でたまたま出会った人びとと関係を結んだ例を挙げているが、少なくとも前者で醸成されるコミュニケーションは、実質的には家族よりもその拘束力の低い「共食」にほかならない。

たしかに「子ども食堂」は学校とは違い「行かなくてもいい場所」である。しかし、それはそこでの食が「共食」に発展せず、「縁食」にとどまることを保証するものではない。そこにいつも現れる「常連」の子どもたちが学校の学級のような共同体を醸成したとき、そこに存在するのはありふれた「共食」の姿である。もし私の少年時代にこの子ども食堂が存在したとしても、当時九州や北海道の田舎でよそ者として暮らし、地域社会に溶けこめていなかった私は近寄らなかっただろう。共同体の紐帯の弱いものが「縁食」であるとされるが、ではその紐帯の弱さを担保するための条件はなにか。後者の自分が「たまたま」知り合った人と仲良くなったケースも含め藤原の「縁食」論にはこの視点が補われることが期待される。

そしてこちらがより重要なのだが「縁食」もまた人間間のコミュニケーションで目の前の食べるものから人間を遠ざける。少し意地悪な視点になるかもしれないが、「異業種交流会」や業界の「立食パーティー」といった共同体「未満」の「縁」をつなぐための会食のことを考えてもらいたい。私はこの種の人間関係そのものを目的とした会合が苦手でほぼ顔を出さないのだが、少なくともこうした場で出てくる料理を「食べる」ことに集中することは難しい。そう、答えは単純だ。「共食」でも「縁食」でもなく、「孤食」のみが、人間に「食べる」ことを純粋に体験させるのだ。

誤解しないでほしいが別に私は孤独を愛することを主張したいとは微塵も考えていない。ここで重要なのは、あくまで事物と純粋に向きあうためには、人間は一時的に孤独になること「も」必要だということなのだ。

一方に社会保険料の最適化という財政上の要求があり、もう一方に耳触りのよい言葉を用いたマリー・アントワネット的な短慮がある。その結果として、孤食はいま不当に貶められている。そして「食べる」という行為そのものは決定的に疎外される。私たちがものを食べるのはメンバーシップを確認するためでも、誰かと縁をつなぐためでもない。食べるために食べるのだ。必要なのは「共食」でも「縁食」でもなく、むしろ「孤食」なのだ。そう述べたとき、現代の都市空間における共同体の空洞化を憂慮する立場から反論が加えられるだろう。コンビニエンスストアとファミリーレストランとファーストフードに覆われたこの都市空間は人間を孤独にする優しい牢獄であり、それを肯定するのは資本主義の奴隷の発想であるのだ、と。もちろん、これがそのような単純な問題「ではない」ことを述べるためにこの文章は書かれている。そして、私がこの問題について考えるとき、いつも思い出すのがある事件のことだ。

§4　秋葉原はなぜ襲われたのか

二〇〇八年六月八日に起きた秋葉原無差別殺傷事件は、その事件の凄惨さに加え犯人である加藤智大《かとうともひろ》の人となりが大きな衝撃をもって受け止められた。加藤は短大卒業後に職を転々とし、交友関係も希薄だったという。そして加藤を犯行に駆り立てた直接の出来事は、彼が依存気味に入り浸っていたインターネット上の匿名掲示板に、彼の「なりすまし」があらわれ、嫌がらせを受けたことだった。報道されるような大きな事件を起こすことによって、掲示板上で自分とそのなりすましの違いを証明したかったのだと本人は供述している。

本件については、政治学者の中島岳志《なかじまたけし》の分析を参照したい[*8]。中島の分析には加藤の元友人や同僚から事実関係の正確性について強い批判が寄せられているが、それはここではあまり問題ではない。重要なのは中島が、加藤が秋葉原を「襲わなかった」可能性をどこに見ているかだ。中島は加藤の人間関係は一概に希薄だとは言えなかったのではないか、と指摘する。中島が問題視するのはむしろ、その交友関係の「質」だ。加藤には東北地方で運送会社に勤務中に、俗に言う「兄貴分」的な関係を結んだ年長の同僚がいた。中島は彼と加藤の関係に注目する。この人物は自身の居酒屋が経営不振に陥り、運送会社でダブルワークをしていた。そこで知りあった加藤を弟のようにかわいがり、加藤もインターネットで知りあった友人を彼の店に連れてきたり、家族関係や将来の不安を相談したりしていたという。中島はこの人物との関係を「ナナメの関係」と形容する。それは親や教師、上司といった「タテの関係」でも、学友や同僚といった「ヨコの関係」でもなく、権力関係や利害関係が薄く、かつ人生の先輩として腹を割ってその苦しみを吐露できる関係だ。しかし加藤にとってこの「ナナメの関係」にあったのは彼くらいだったという。もし彼との間に結ばれたような「ナナメの関係」がもっと豊かであれば、加藤には別の可能性が開かれていたかもしれない――そう中島は主張する。私はこの中島の主張に半分だけ同意したい。「ナナメの関係」が人間にとって、とくに若者にとって有効に機能することについては論をまたない。

しかし中島の問題意識を延長すると出てくるのは、むしろ加藤には腹を割って話せる「ナナメの関係」があったにもかかわらず、その関係は加藤を支えなかったことが問題なのではないかという疑問だ。

したがって、ここでは少し別の角度から考えてみたい。加藤はむしろ「誰かがいないとダメだ」と思いすぎていた、という可能性はないだろうか。むしろ彼の陥った罠は、インターネットに接続していたにもかかわらず掲示板ばかりを眺めていたことなのではないか。二〇二〇年代の情報環境に慣れた人びとは、インターネットで他のユーザーと交流すること以外に何をするのか、疑問に思うかもしれない。しかし、違う。インターネットは必ずしも他のユーザーと交流し、承認を交換するためだけのものではなかったはずなのだ。プラットフォームに支配される前のインターネットは、必ずしもユーザー間の承認の交換に特化したものではなかったはずなのだ。

たとえば、まだ世界が Amazon の密林に覆われる前の話だ。「あのころ」に地方に暮らしていた人たちは「スーパー源氏」などの古書通販サイトの出現に、心が躍った経験があるはずだ。インターネットが世界に広まりはじめたあのころ、私たちはどちらかといえばそこを介して他のユーザーと触れあうのではなく、そこにある事物と触れあっていたのではないか。知らない大学の研究者がゼミ生のためにまとめたある文学論争についての数万字のレポートがなぜかホームページに公開されていて、それを夢中で夜通し読みふけった……といった体験はないだろうか。インターネットは、つい十年か十五年ほど前まで、他のユーザーというよりはむしろ事物と触れあうためのものだったはずだ。掲示板や黎明期のＳＮＳ（mixi など）で、他のユーザーとの交流を中心にインターネットを用いていたのは、ディープユーザーのなかでもけっして多数派ではなかったはずだ。加藤の特徴は、当時としてはかなり深いレベルでインターネットを「交流」に使っていたことなのだ。

少しだけ私自身のことを書こう。私は加藤より四歳年上の一九七八年生まれだ。出身は同じ青森県だ。そして加藤が事件を起こしたのとほぼ同じ歳だった時期に、無職同然の状態で約一年弱すごしていたことがある。当時はあまり自覚がなかったが、いま思えば大学を出たあと定職にもつかず「フラフラしていた」といった状態だった。当時の私の生活は、よくよく考えてみれば「孤独」に近かった。少なくとも加藤のそれよりも、個人的な人間関係は希薄だった。昼前に起きて、当時はまだ映画村の前にあった右京図書館に本を返して、西京極のコロッケ屋で日替わり弁当を買って球場近くの公園で食べ、桂川の土手を自転車で下り久世橋のBOOKOFFと漫画倉庫を覗いて、同じコースを戻り、太秦《うずまさ》の古本市場を経由してまた右京図書館に寄って本を借りて帰るという生活をほぼ毎日続けていた。最大の関心事項は加入しているケーブルテレビの番組の録画であり、ＶＨＳビデオデッキにカセットを入れ替えるタイミングできちんと在宅できるように買い物や古本屋めぐりをすることにいちばん神経を使っていた。

商店の店員をのぞけばほとんど他人と会話することはなく、月に一度あるかないかの頻度で大学時代の友人と遊びに出かけるのが唯一の社交だった。近所のパチンコ屋がサイドビジネスではじめた、マンガ喫茶の昼間のフリータイムをよく利用していて、そこでいつも見かける近所の大きな寺の所属と思われる若い僧侶とは互いにその存在を認識していたと思われるが、一言も言葉を交わしたことはなかった。おそらくはなんらかの修行か仕事をサボり堂々と袈裟《けさ》姿《すがた》でマッサージチェアに身を横たえるこの僧侶は、一度に大量にマンガ本を手元に確保する癖があり、私はそのために楽しみにしていた『ハチミツとクローバー』や『蒼天航路』の新刊が読めずにずいぶんとイライラさせられた。私は若干マナーと思いやりと慈悲と真面目に仏道をきわめようという意識に欠けるこの僧侶が、端的に言えば嫌いだった。

人間関係こそ希薄だったものの、当時私はとくにこの生活に不満はなく問題はあと半年もすれば資金的に働かざるをえなくなることだけだった。しかしいま思うとこの時期に散歩や路上観察、カプセルトイや「食玩」のフィギュア集め、パン屋や定食屋をめぐることなど現在も続けている趣味の多くを身につけており、さらに当時の主観としては膨大な量の録画管理のために「忙しかった」。これは交友がこの時期よりは数倍頻繁で、関係も濃密だった在学中とは明らかに異なる状況だった。私はこの時期、社会からなかば遊離し、「孤独」だったためにある方面では確実に忙しく、そして充実していたのだ。

もちろん、私のケースと加藤のケースを単純に比較するのは安易なことだ。当時私が暮らしていた京都は、もともと人口の一割が学生であり、文化産業も盛んであるために何をしているかわからない「怪人」的な自称クリエイター的な何者か未満の若者も多く、そのうちさらに何割かは当時の私のようにほんとうに何もしてない人びとだ。そこは明らかに、当時の私のような若者が住みやすく、そういった「何者でもない」人びとが結果的に許容されている街だった。そして街そのものも、明らかに文化的に豊かな環境が整っていたことは疑いようがない。しかしこの視点は逆に加藤に、そして当時加藤に共感した若者たちに不足していたものを、浮かび上がらせてはいないだろうか。

ここで提示したいのは、むしろ加藤に不足していたのは、孤独だったのではないかという問いだ。加藤にはむしろひとりでいるから「こそ」得られる世界とのつながりが不足していたのではないか。そして、貧しかったのは加藤の人間関係ではなく彼の暮らしていた世界のほうなのではないか、ということだ。

前述の中島は共同体主義者を自任し、その思想の実践として地域の人びとが集うカフェなどを実験的に運営している。しかし、同時にかつての高度成長期のような地域コミュニティの復古が現実的でもなければ、このカフェの運営が問題への決定的な回答でもないと留保をつけることを忘れない。[*9] 私もまた、「街のカフェ」は答えではないと考える。それは加藤が出入りしていた掲示板と本質的には変わらない。いや、それがほんとうに機能するならカフェでもかまわない。しかしそれが共同体であるかぎり、加藤的な存在の居場所にはならないだろう。むしろ孤独に世界に接続される回路こそが、世界には必要なのだ。それはカフェでも図書館でもかまわない。ただ、ひとりの独立した個として世界に関与しうる実感が得られるかどうかが問題なのだ。他の誰かにメンバーシップを認められることが鍵になっている間はまだ不十分なのだ。ほんとうに必要だったのは、仲間がいなくてもこの社会に居場所があると感じさせることだったのではないだろうか。彼に必要だったのは共同体のもたらす濃密な人間関係ではなかったのではないか。実際に彼はインターネットの掲示板を通じて獲得した、ある意味においては濃密な人間関係に行き詰まり、それが暴走の大きな原因になっている。そして、かつての職場で獲得したナナメの関係も彼の歯止めにはならなかった。彼にほんとうに必要だったのは、むしろひとりでいるからこそ豊かに事物に触れあえる環境だったのではないかと思うのだ。

誤解しないでほしい。私は社会的な関係が必要ないと述べているのではない。むしろ逆だ。適切に他者とコミュニケーションを取るためにこそ、人間は孤独に世界とつながるための回路が必要なのではないか、と問うているのだ。

§5　ひとりあそびのすすめ

人間はときに、孤独で「も」あるべきなのだ。共同体への回帰は強者たちによる傲慢な主張だ。すでに社会的な地位が確立された人びとの語る仲間という言葉に、絆という言葉に、関係性という言葉に、私は安易さ以上のものを感じることは難しい。自分が強い立場で臨めば、あるいは他の場所で生活が保証された状態で外部から気軽に触れれば、地元の人の集う商店街のカフェもスナックも居心地がいいだろうし、大きな声でそれが弱者のためのセーフティーネットであると善人顔して主張することもできるだろう。しかし、ほんとうに「弱い」状態にある人間にとって必要なのは「ひとり」でいても寂しくない場所なのだ。

そして前述したように「ひとり」だからこそ人間は純粋に事物と向きあうことができる。孤食だからこそ、会話の与える印象に左右されずに人は目の前の食べ物に集中できる。私がラーメンという野蛮で暴力的な食べ物を愛している理由のひとつがここにある。それは「着丼」した瞬間に、人間を孤独にする。目の前の麺を全力で啜らないと麺がのびてしまう。だからそれまで談笑していた人びとも、着丼した瞬間に孤独になり、その後十分間だけは目の前の事物に集中することになるのだ。そしてこうして孤独に事物に対峙したとき、はじめて触れることができるその側面が存在する。こうして多面的に触れたときにはじめて事物は深く人間をとらえるのだ。

ここで第七章で取り上げた「自己責任」の問題のことを思い出してもらいたい。うっかり具の茹で野菜を食べることに夢中になって麺がのびてしまったとき、ラッカー系塗料の塗膜がしっかり定着したあとにエナメル系塗料で墨入れするという手順を誤って、モビルスーツの装甲板が汚れてしまったとき、私たちはそれを誰のせいにもできない。そこには純粋な人間と事物との関係がある。ここに完全な「自己責任」の世界がある。

この完全な自己責任による人間と事物とのコミュニケーションに快楽を覚えたとき、つまり「ひとりあそび」を覚えたとき人間は孤独であるからこそ開く扉を通じて世界に関与できるのだ。

この「ひとりあそび」にはちょっとしたコツがある。私は長くランニングを趣味にしているが、一定の距離をこれだけの時間で走り切るといった記録にはまったく関心がない。疲れれば歩くし、喉が渇けばコンビニエンスストアで水を買って飲む。夏場に気になる森があれば立ち寄って虫を探す。私の目的は走ることそのものにある。したがって筋力の強化や速度にはまったく関心がない。そして私が飽きずに週に二度から三度、街を走りつづけている理由はそれ自体が快感だからだ。もし、何かしらの他の目的があれば——ダイエットやボディビルディングや大会での「記録」など——走りつづけることはなかったように思う。

つまり、ひとりあそびのコツは「目的」を持たないことだ。言い換えればその事物をゲームとして「攻略」しないことだ。筋力トレーニングに夢中になる中年や、まだまだタイムが落ちないと誇る高齢のランナーたちの目の輝きが周囲の人びとを疲れさせるのは、彼ら／彼女らが自分を強化するゲームの快楽（達成感）に酔い、身体を動かすことの快楽そのものを見失っているからだ。そしてこのようなゲームの「攻略」を手放したとき、はじめて人間は事物そのものと対峙できる。走ることそのものを目的にしたときに、人間はその行為についてもっとも純粋に触れることができるのだ。

画面のなかのマリオをBボタンでどんどん加速させる快楽を最大化するためには、ステージの攻略という「目的」はむしろ邪魔になる。それをゲームと見なして「攻略」すると、その事物を十分に受け止めることができなくなるのだ。

そして他者との交流は暴力的に「ゲーム」を発生させ、「目的」を付与してしまう。食事はデートの気分を盛り上げる演出になり、味がしなくなる。山岡士郎が実父である海原雄山《かいばらゆうざん》をやりこめるために調達してきた「本物の素材」を料理したとき、彼はその味や香りを十分に楽しめただろうか。彼がほんとうにその「食べる」という体験に向きあうためには、それに独りで向きあう必要があったのだ。井之頭五郎が常に、そうしているように。そして「庭」とはこれまで述べてきたように、人間が事物そのものを純粋に受け止めるための場所である。

人間を「孤独」にすること——それがもっとも重要な「庭の条件」なのだ。

#10 コモンズから（プラットフォームではなく）「庭」へ

§1 イーロン・マスクの「庭」

人を「孤独」にすること。

新たに追加されたこの「庭」の条件はおそらく大きな反発を生むだろう。なぜならばそれは今、左右を問わず強く期待されているものに逆行するからだ。その期待とはサイバースペース上のプラットフォームの支配に対し、実空間におけるコモンズ（共有地）を公共空間として用いて対抗するというものだ。

たとえば日本におけるインターネットの中心は、二〇一一年の東日本大震災以降、X（Twitter）になっている。このプラットフォーム上でおこなわれる相互評価のゲーム（承認の交換）が世論形成に大きく寄与し、政治的、経済的な動員の場として定着している。このX（Twitter）は今日の日本において、間違いなくもっとも多くのプレイヤーが自由に参入する言論のアリーナと言える存在で、結果的に「公共的な」存在になっている。具体的にはマスメディアと一体化して、世論形成の中心的な場として機能している。今日の国内において、社会的な態度表明とはX（Twitter）における意見の投稿と限りなく同義になってしまっている。また国際的には二〇一六年以降のドナルド・トランプ現象の主戦場としても知られている。しかし、このX（Twitter）はあくまでアメリカの一営利企業のサービスにすぎない。そしてそれはX（Twitter）が実質的にイーロン・マスクという個人の所有物に限りなく近いことを意味する。

イーロン・マスクは二〇二二年にTwitterを買収し、その名称を「X」に変更した。マスクはその後続々とXの「改革」をおこない、デマの拡散により凍結されていたドナルド・トランプのアカウントも「言論の自由」を理由に「復活」させた。「そこ」は実質的に個人の所有物であるために低コストでその「仕様」が変更できる。にもかかわらず「そこ」は公共的な場として機能している。

この問題の重大さに気がついた多くの人びとが、いまコモンズに目を向けている。あたりまえの話だが、コモンズは「誰か」の所有物ではない。サイバースペースにおいてプラットフォームという私企業の所有物が結果的に公共的な存在として機能してしまっている現実があるからこそ、人びとは実空間におけるコモンズをその拠点と考えはじめているのだ。それは前述した左右の共同体回帰運動の多くがコモンズを重視し、その共同体による自治を主張していることからも明らかだ。

しかし、ここではコモンズという答えは選ばない。ここで提示される答えはあくまで、「庭」だ。「庭」というプラットフォームと同じように私的なものが公的に開かれたもの（しかし異なる原理でつくられたもの）で、プラットフォームに対抗することを、ここでは主張することになる。

その理由はふたつある。ひとつは前述したように、民主的に選択されていない「場所」がプラットフォーム以上に求心力をもつことは現実的に難しいと考えるからだ。そしてもうひとつは、現代におけるコモンズのガバナンスは共同体の自治が前提となっているからだ。

ではまず、前者の問題から検討しよう。

そもそも一私企業の運営するものが公共を担うことが問題なのだ、と考える人は当然多いだろう。しかし、それは問いの立てかたを間違えている。社会主義の失敗を引くまでもない。第三章で論じたとおり、そもそも現代を生きる人類は、自分たちで選び取ったもの以外に公共性を感じることはない。市や県が、大きな予算と人員を用いて整備した公園よりも、安い家賃を求めた若者たちが出店を競う路地裏のほうが、あるいは東京の巨大資本が郊外の田園を潰して作り上げたショッピングモールのほうが、結果的に公共的な場所として機能している現実を、私たちはあたりまえのものとして受け止めている。私たちは、国家から与えられたものよりも自分たちが好き好み、選び取った場所に公共性を感じるのだ。

今日のインターネットにおけるグローバルなプラットフォームもまた、こうしたボトムアップの回路によって、結果的に選ばれたものにほかならない。誰もが発信能力を所有し、そして商品やサービスを提供できる今日においては、「モノ」ではなく「コト」を通じて関与できる場所こそがもっとも「公共」的な場所になりうるのだ。

個人が民間の商品やサービスを、代価を払って手に入れるとき、その場所は擬似的に自分の場所になる。そしてプラットフォームにおいては個人がアカウントを設け、発信することで擬似的にそれを購入したときと同等かそれ以上の「所有」感を得られる。それは驚くほど安価に、手軽に「コト」を通じて世界に関与する回路を人びとに与えた。こうしてプラットフォームは現代の公共空間として選ばれたのだ。

§2　コモンズのガバナンス

その上で後者の問題を考えるために参照したいのが、エリノア・オストロムの研究だ。オストロムは実証経済学の古典的テーマである共有資源の利用と管理の問題を取り上げた。具体的には共有資源の過剰利用を抑え、効率的に運用し、合意を形成する方法について研究した。平易に言い換えればオストロムの研究は、いわゆる「コモンズの悲劇」を回避するための条件を探るものだ（オストロムはこの業績によって、二〇〇九年にノーベル経済学賞を受賞している[*1]）。

ギャレット・ハーディンの「コモンズの悲劇」は資源の共同利用がなかば必然的に環境劣化をもたらすことを示したものだ。より具体的には「コモンズの悲劇」とは、誰もが利用しうる資源が無秩序に利用されることによって、回復不可能な状態に陥ることだ。なぜ「悲劇」なのか。それは客観的に見ればその資源が持続可能な利用方法は明らかであるにもかかわらず、その利用者たちの合意形成に失敗した結果として「囚人のジレンマ」が発生し、結果的に多くの利用者が資源を過剰利用してそれが枯渇してしまうからだ。

たとえばオープン・アクセスが可能な牧草地（コモンズ）がある。そこを利用する農夫が、家畜をそこに放牧する。可能なかぎり多くの家畜をそこに放牧することは、一見、理に適っている。しかし、誰もがその選択を取った場合に牧草地は早々に枯れ果ててしまう。農夫の間で協議をおこない、一人あたり放牧できる頭数を制限するのが最適解なのは明らかだが、この協議や協議の結果定められたルールを遵守させる監視や罰則が不適切であった場合には往々にして「囚人のジレンマ」と呼ばれる状況が発生する。つまり自分だけが頭数に制限を加えることで一方的に損害をこうむるのを避けるために、多くの農夫が資源の枯渇の可能性を考えずに放牧する家畜の頭数を可能なかぎり増やす戦略を選ぶようになる……。万人に開かれた牧草地では自分の家畜がそこを食い荒らすとその農夫は利益を享受するが、その結果荒れた牧草地の不利益はそこを利用する全員がこうむる。そして最終的には全員が破滅するのだ。

オストロムの研究は、この「コモンズの悲劇」に陥ったケースとそれを長期にわたって回避してきたケースを比較したものだ。

オストロムがこの問題に取り組みはじめたとき、この問題の解はおおむねふたつしかないと考えられていた。

ひとつ目の解はコモンズという概念そのものをなかば否定するものだ。つまり、あらゆる資源の存在する場所を分割し、私有化してしまうことで環境劣化を回避するという考えだ。前述の例で言えば、農夫が過剰に家畜をそこに放つのは、そこがオープン・アクセス可能な「コモンズ」だからであり、彼／彼女自身の土地であれば、その持続可能性を考慮した利用が合理的な選択になる。

しかしこの一見合理的で、市場経済とも相性のよい解決策はほぼ使いものにならない。なぜならば、そもそも分割が難しい（分割しても意味がない）からそこは「コモンズ」として利用されてきたケースがほとんどだからだ。ハーディンが例に用いた牧草地なら（厳密に考えると、この例すらも怪しいが……）私有化は解になりうるかもしれない。しかし「コモンズの悲劇」の実例の多くを占める水資源や漁場をめぐる問題では、完全な私有化など夢のまた夢だ。

ふたつ目の解は統治権力、究極的には国家による管理と運営を徹底させることであり、その行き着く先はつまるところ社会主義だ。要するに中央政府から派遣された役人が国有地＝コモンズを監視し、ルールに違反して過剰な利用をおこなった人間を罰することで資源は維持される、ということだ。

しかし、オストロムはこの解もまた実現性のレベルで退ける。コモンズを国有化したときに、実際のその土地の利用者にはみずから努力してそのコモンズを維持するインセンティブがほぼ存在しなくなる。彼ら／彼女らは単に罰金や収容所送りを嫌い、ルール違反の発覚を恐れる存在となる。これはコモンズの管理、運営、保守に利用者の協力が得られなくなることを意味する。その結果として、政府の監視コストは果てしなく増大することになる。そこが「自分たちの土地」だと考えない人びとは、コモンズの維持にきわめて消極的になることを、オストロムは多くの事例を検証して指摘する。

最終的にオストロムが消去法で推奨するのが第三の解だ。これはけっして万能薬的な解決策ではなく、効果を発揮しないケースや多くの副作用をもつことを彼女は認めている。しかし、人類史上において、数百年単位でコモンズが維持されているケースの多くがこの第三の解を採用していることを、オストロムは指摘する。それは、その土地のコモンズの利用者による「自治」だ。[★2]

§3　コモンズから「庭」へ

このオストロムの研究は、おそらく多くの人びとを勇気づけるだろう。なぜならば、その結論は「人の顔」をもっているからだ。グローバルな情報産業と金融産業が牽引する資本主義のゲームへの対抗として、ローカルで、人の顔の見える対抗的なシステムの提案といった物語と親和性が高いからだ。

しかし、私の考えでは問題はそう単純ではない。ここで重要なのは、オストロムのこの研究が、恐ろしいほどに人間の幸福、とくに思想や良心の自由といった内面の問題を射程に収めて「いない」ことだ。オストロムは、スイスのテーベルの牧草地、日本の平野村、長池村、山中村などの「里山」、スペインのバレンシアなどを例示し、これらの共同体のコモンズの自治的な管理を高く評価する。そして、その紛争解決の手法にも評価を与える。とくにそれぞれの村落が備える独自の相互監視網とときに法の外部にはみ出す罰則――実質的な私的制裁――すらもそのコモンズのガバナンスへの貢献から高く評価するのだ。

その評価基準は、当然コモンズの維持に貢献しているか、紛争そのものが頻発していないか、の二点だ。ここではこの種の村落共同体が個人に与える抑圧と暴力の問題は完全に度外視されている。そして、人びとがなぜ都市の与える個としての自由を要求したかといった問題も存在していないかのように議論が展開される。その結果として、村落共同体の日常的な相互監視は、主に資源利用者へのインセンティブを付与することで監視コストを抑えるという観点から称揚されるのだ。

私はこの点をもって、オストロムへの批判になるとは考えない。オストロムの力点はその土地の、コモンズの利用者たちのインセンティブ構造を変えることなくしてその維持は難しいということと、そのルールを条件の変化に合わせて自主的に変更しうる制度の重要性、そして主に後者のための中央政府との適切な関係の構築にある。

したがってこの研究に対し、人間の幸福を度外視していると批判するのはアイスクリームに対して温もりが足りないと述べているのに等しい。そういった、攻撃することそのものを目的化した愚かな活動はX（Twitter）の引用リポスト中毒者に任せればよい。ここで重要なのは共有資源の持続性「のみ」を考えるかぎり、その最適解は「相互監視の村落的共同体」にしかならない、ということなのだ。

オストロムは共有地が「コモンズの悲劇」を回避する唯一の解が、少なくとも歴史的には共同体による「自治」であることを証明した。だがオストロムの議論の価値はこれに加え、共同体の自治が機能するための諸条件――国家との距離感、「自治」の規模など――を考察していることに存在する。そのためオストロムの議論は「自治」を機能させるために必要な国家の適切な介入について、具体的には自治のプレイヤーたちがみずからそのルールを変更するためのルールを定める制度について大きく割かれている。オストロムにとって「自治」はあくまで共有資源の持続的な活用のための手段でしかなく、けっして目的ではなかったのだ。

オストロムは、その土地と中央政府との適切な関係の重要性を主張する。もっとも批判されるのは、中央政府がそれぞれの土地の地理的、社会的な固有の問題を考慮せずに統一的なルールをトップダウンで設定することだ。こうしたケースではコモンズの維持体制が機能せずに、資源の枯渇をもたらすのみならず、その実情に合わないルールはプレイヤーたちにハックされ、汚職と不正利用の温床になることが多い。

しかし、その一方でオストロムの主張するようにその土地と中央政府の「適切な関係」が結ばれたとしても、その結果として共同体内の人間関係が「自治」の名のもとに法よりも強い力を持ったとき、果たしてその土地に暮らす人びとの自由は保証されるのか、そしてそうして維持されるコモンズは、果たして人間を幸福にするのか。オストロムの研究はその意図の外側で、大きな問いを私たちに示しているのはすでに指摘したとおりだ。

そして重要なのはむしろ、オストロムの研究が同時にインターネットの「プラットフォーム化」の必然を証明してしまっていることだ。言い換えれば今日の情報社会を支配するこの「プラットフォーム」こそが「コモンズ」の進化系であることをオストロムの研究は示しているのだ。

今日のサイバースペースを支配するＳＮＳのプラットフォームのガバナンスは、このオストロムの指摘したコモンズにおけるプレイヤー個々に対するインセンティブ構造の問題そのものを解体している。オストロムは私有化による解決を共有地（資源）の分割が現実的に不可能である点から退けていた。しかし、サイバースペースにおいてそれは技術的に可能だ。そして、同じようにオストロムが主にそのコスト面から退けた中央集権化――中央政府による一元的な管理――もまた、技術的にそのコストが抑えられることによって可能になっている。

つまりSNSのプラットフォームが今日において、もっとも広範囲をカバーする公共空間として機能しているのは、コモンズのガバナンスの問題が技術的に解決されているからにほかならない。しかしその結果として私たちはイーロン・マスク問題が代表する、それが実は私有地（サービス）であることの限界に直面することになるのだ。

しかしコモンズの共同体による自治を選べない以上、イーロン・マスクのプラットフォームに対抗できる「庭」を「つくる」ほかない――それが、本書の結論だ。そこが「庭」と呼ばれるのは、私的な場所がなかば公的に開かれたものだからだ。このような理由から本書は「そこ」を「庭」と呼んできたのだ。私たち人類はみずから欲望してプラットフォームの奴隷になっている。おそらく、これからもなりつづける。だからこそ、私たちは「庭」をこの世界に可能なかぎり多く備えていくしかないのだ。

§4　銭湯のコレクティフ

プラットフォームのもたらす人間間の相互評価の交換のゲーム、二十一世紀の〈グレート・

ゲーム〉の機能しない場所の条件とは何か――それを考えることで本書の議論は進行してきた。人間と事物がコミュニケーションを取る場所であること、事物たちの生態系が豊かに存在していること、人間はその場所に関与できるが支配できないこと、事物の側から人間にコミュニケーションが取られること、そしてそのコミュニケーションが人間を不可逆に「変身」させること。私は、これらの条件を備えた場所を「庭」の比喩で表現した。そして、「人間を孤独にすること」という最後の「庭」の条件に本書はたどり着いた。

「庭」の比喩で表現されているのは、そこが「コモンズ」という共同体のための場所ではなく、あくまで私的な場所が公的に開かれたものでなくてはいけないからだ。

では、これらの条件を満たす「庭」的な場所とは実空間においてはどのようなものか。意外かもしれないが、ここで本書はアナクロなイメージをもつ例を挙げながらその具体像を考えてみたい。

高円寺にある「小杉湯」はJR中央・総武線の高円寺《こうえんじ》駅から歩いて五分のところにある。創業は一九三三（昭和八）年。第二次世界大戦末期の空襲を経ても焼けずに残った古い建物を修繕しながら、もう九十年営業を続けている。いまの経営者は三代目の平松佑介《ひらまつゆうすけ》だ。平松は私と同世代の一九八〇年生まれ。住宅メーカー勤務からITベンチャーの創業を経て、先代の引退に際し、家業を継ぐかたちで小杉湯の経営を手がけるようになったという。

私は、媒体の主宰としてたびたび平松との対話をおこなっている。そこで、興味深いことを彼が述べていた。平松は「銭湯は「ありのままの自分」と「ありのままの他者」を受け入れられる空間になっている」という。

銭湯という場所は、自己を「肯定」するのではなく「受容」する場所になっているのではないでしょうか。銭湯には「よく知らないけど、身近な他者」が、「ありのままの姿」で存在している。その顔や体型は、千差万別です。こうした多様性から離れて、〝一般的な美しさ〟や〝理想の体型〟ばかりを情報として摂取しているだけでは、その基準でしか自分を見ることができず、理想からかけ離れている場合はどうしても自己否定せざるを得ません。でも、銭湯に来ると、いろんな世代の、いろんな体型を持つ「ありのままの身近な他者」がそこにいるわけです。だからこそ、「自分もこのままでいいのかも」と感じられ、ホッとできるのではないかと思っています。[*3]

この小杉湯は高円寺の古きよき中央線沿線文化を守る共同体の象徴として紹介されることが多い。しかし、平松曰く、その実態はこうしたイメージとは少し離れたものだという。たしかに、小杉湯では顔なじみのご近所同士が親しく会話を交わす、という場面に出くわすこともある。しかしここでのいわゆる「地元」の「常連」同士のコミュニケーションの大半は、いつも見る顔を確認してなんとなく安心する、程度のものであるという。目礼や、かんたんな挨拶すらしないケースがほとんどらしい。

この報告を聞いて、落胆する人もいるかもしれない。この程度の「絆」では社会的なセーフティーネットとして機能しない、と。これでは肯定的な依存先としての「家」にはならない、と。たしかにそうかもしれない。

しかし前述したように醬油が切れたらご近所から貸してもらえることよりも、安価にコンビニエンスストアやECサイトで手に入ることのほうが、とくに弱者にとっては、(再分配さえ機能していれば)自由と平等をもたらす。そしてこのグループよりはコレクティフに近い場所に、プラットフォームの作り出した相互評価のゲームとは異なる「ばらばらのままつながる」、初期インターネット的なコミュニケーションの可能性がある。そこには「家」の可能性はないが「庭」の可能性があるのではないか。

このとき銭湯に集う人びとは自分の物語を語らない。誤解しないでほしいが、彼ら/彼女らはすべての人間がそうであるように自己幻想を抱き、自分の物語を生成している。しかしそれを他者に語ることをしない。そして語ることなく、同じ場所を共有している。つまり彼らは承認を交換する相互評価のゲームをプレイすることなく共生しているのだ。言い換えれば、ここに集う人びとが生きているのは事物としてのストーリーであり、人間間の承認の交換であるナラティブではない。このような場所においては、ナラティブが機能していない。しかし、このような場所が存在することは、その威力は弱いかもしれないが確実に人間を救っている。少なくとも「楽」にしている。

ナラティブの快楽に弱い(説教が好きな)人はこう述べるかもしれない。それだけでは、人間は生きていけないのだ。全人格的な承認を、長期にわたって供給する「家族」的な存在が必要なのだ、と。たとえば、秋葉原無差別殺傷事件の加藤智大や安倍晋三暗殺事件の山上徹也《やまがみてつや》のような「無敵の人」を包摂するためには、かつての下町のような人情味あふれる共同体こそが必要なのだ、と。

しかし私はそうは考えない。仮にそのような人情味あふれる共同体が存在したとして、その中核を担う喫茶店なりスナックなりに「無敵の人」が包摂されるといったことが実際にありえるとはとうてい思えない。

前述したように共同体は弱者を包摂するかもしれないが救済はしない。むしろ劣位の、収奪の対象としてそこにとどめ置く。「無敵の人」にこそ、グループ未満のコレクティフの集団における承認が、ナラティブが機能しない場が、それぞれのストーリーがストーリーのまま承認される場所が必要なのだ。

必要なのはむしろ銭湯のような、生活の一部となり、そしてそこにいる誰からも程よく「気にされない」場所なのではないか。「何者でもない」まま、すべての人が尊重されるような、しかし「二十一世紀の〈グレート・ゲーム〉」に陥らない場所なのではないか。意識の高い政治経済の議論どころか会話すらするわけでもなく、ただ裸で身体を洗って、コーヒー牛乳を飲んでいるだけなのだけれど、そこに集う人びとが相互に前提として尊重しあっている、いや、「排除しない」。そんな場所こそが、いまの社会には必要なのではないだろうか。

§5 「夕方」の庭

そして重要なのはこの共同体未満の個人が、けっして高い意識と経済力をもつ「自立」のモデルではなく、むしろ逆のものと結びついていることだ。

小杉湯は昨今のサウナのブームに対し、距離をおいている。というか、端的にサウナが「ない」。それは、なぜか。平松はこう述べている。

小杉湯にサウナはないので、逆にこのサウナブームを俯瞰的に見れることもあるなと思っています。（中略）

ただ、社会の縮図がお風呂文化に持ち込まれてしまっているような感覚もあって……。「ととのう／ととのわない」の勝負になってしまっていて、サウナがＳＮＳ的なゲームの場になっている気がするんです。「ととのう」ことが、ＳＮＳでたくさんの「いいね」をもらったときのような、自己肯定感の高まりを感じるための行為になっているのではないかと。ととのって自己肯定感を上げることが、唯一絶対的な目的になってしまっている気がしていて。（中略）

銭湯が提供しているのは「ととのう」ではなくて、むしろ逆の「ゆるまる」こと。そういった意味で、サウナと銭湯は全く別のものだと思っています。[*4]

ここで示されているのはサウナのような、あるいは筋力トレーニングのような短時間で身体に高い負荷をかけることによって自己の状態を高いパフォーマンスが発揮できる状態にもっていくこと、つまり「ととのう」ことに対する違和感だ。言い換えれば「ととのう」とは、何かをするための心身のコンディションの調整だ。もちろん、平松は（そして私は）この「ととのう」ことを否定しない。しかし平松が経営する銭湯が提供するのはもう少し別のことだ。それはむしろ「ととのう」こととは正反対のもので、もっと長い時間をかけて、ダラダラと弛緩することで得られる状態へのアプローチとなる。それはけっして何かを「する」ための調整ではないし、自己肯定感を高めるのでもない。むしろ何もしないための、自己肯定などどうでもよくなることによる弛緩した「ととのわない」快楽の獲得なのだ。

小杉湯の名物は「ミルク風呂」だ。温度はややぬるめの摂氏四一度。入りやすい温度に設定することで、「ゆるまる」効果を提供するこの「ミルク風呂」はサウナと水風呂を往復し身体に負荷をかけることで、「ととのう」こととは対極にあるものだ。四一度のお湯に浸かりつづけることで、満たされるのは「何もしたくないし、ととのいたくもない」欲望なのだ。

今日の相互評価のゲームが支配する情報社会においては、誰もが「何者かになること」、言い換えれば「何かをできるようになること」を志向している（させられている）。もちろん、障害者がそうではない人と同じように働けるようになること、あるいはこれまでなんらかの差別を受けていた人がさまざまなことにチャレンジできるようになることなど、誰かが「何かをできるようになること」は、間違いなくすばらしい。しかし私はこうも考える。「何者かにならなければならない」「何かをできるようにならなければならない」といったオブセッションから解放されることも、同じくらい大事なことなのだ。小杉湯の反時代的な取り組みに私が注目するのは、結果的にかもしれないがそういった「何者かになること」「何かをできるようになること」の重圧から人びとを解放する役目を担っているように思えるからだ。

銭湯のピークは夕方だという。そこは昼間に働く時間と夜の働かない時間の結節点にある。その中間の時間が「夕方」なのだ。そして私は思う。おそらく今私たちには「夕方」が足りていない。現代を生きる人びとはいつの間にか日々の生活のなかに「昼」と「夜」以外の時間をもてなくなっている。昼間は仕事を通じた社会的自己実現のゲームをプレイし、夜は家族とか恋人といった他者と向きあうゲームに興じるか、ＳＮＳを通じて昼のゲームの延長戦をしている。つまり、常に共同幻想か対幻想、どちらかを獲得するための対人のゲームに参加している状態になっていて、ゲームから脱し「ありのままの自分」になる時間をみずから放棄しつつある。比喩的に言えば、かたや文化系の自意識をもつ人たちは夜にゴールデン街や中央線沿線の気の利いた店で飲み歩くことしか考えていないし、かたや新しいタイプのビジネスマンは意識の高いコワーキングスペースで「朝活」することばかり考えていて、誰も夕方のことを考えていない。しかし、私はこの夕方こそがいま、必要な時間だと考える。それは一日のなかばをすぎた時間だが、もう何もできないとあきらめるにはまだ早い時間だ。この時間に、ただ弛緩して、「ゆるまって」、ゲームから完全に離脱することこそが、もっとも必要なのではないか。

誤解しないでほしいのだが、本書はここで銭湯という文化がすばらしいと述べたいのではない。共同性が生成「しない」銭湯「的な」アプローチこそが、プラットフォームのもたらすゲームから離脱するために有効なのだと述べているのだ。

共同体からの承認、市場からの評価はともに人間に「何者か」であることを要求する。対してSNSプラットフォームの与えるものは、この「承認」や「評価」に先鋭化している。しかし人間はその反面、何者でもない（裸の）存在として肯定、いや、肯定未満の「許容」こそを必要としているのではないか。銭湯「的な」場所の与える安心感とはそのようなもののはずで、それはいま、情報技術がいやおうもなく私たちを「何者か」にしてしまいがちな現代において、実空間がより強く担うべきものになっているのではないか。

ほとんどの住宅に風呂やシャワーが付属している今日において、「銭湯」の公衆衛生の場としての必要性は低下している。しかし、銭湯「的な」場所は逆に現代的な価値を帯びはじめているのではないか。タバコが健康上の理由から社会から退場させられたとしても、喫煙所「的な」コミュニケーションの有効性は残りつづけるように。

都市には銭湯「的な」場所が必要だ。そうした場所が担っているものを、「公共」と呼ぶべきだ。多くの都市開発のプレイヤーが公共の空間には共同体が生まれるべきだ、と考える。しかし公共性と共同性は違う。共同性は「自分たちの」価値を守り、後世に伝える。しかし公共性は複数の共同性が共存できる場所でなくてはいけない。これを忘れると、街はただ声の大きな、共同体の中心にいる人だけが気持ちのいい空間になる。公共的であるということは、それが「誰であるか」を問わないことだ。男でも女でも、日本人でも外国人でも労働者でも経営者でも、一般人でもインフルエンサーでも関係なく、ただ五百五十円を払い、裸になってしまえば「何者でもない」ただの人間だ。そして人間を何者でもなくしてしまう空間だけが支えられるものが世界には存在していて、それこそを「公共」と呼ぶべきなのだ。もちろん、人間は共同体から完全に逃れることはできない。共同体とは人間が本能的に生み出してしまうものであり、論理的に厳密には共同性から完全に自由な個人など成立しない。だからこそ世界には一瞬でも裸の個人になれると「信じられる」時間を与える回路が必要なのだ。

平松は述べる。「(自分は)ゼロから小杉湯を立ち上げたわけではありません。あくまでも先代から受け継いできたたすきを、次の100年につないでいくのが三代目としての自分の役割であり、この場所を所有しているというより、「これまでの100年」と「これからの100年」という長い時間軸の中での管理人をしているような感覚があります」[★5]と。

イーロン・マスクはなかばX(Twitter)を「振りまわす」ことが手段ではなく目的と化している。まるで、それが自分の所有物であることを確認するかのように。もし仮にマスクが手にしたものが、小杉湯の平松のように「引き継いだもの」であれば、彼はそれを玩具にしただろうか。

イーロン・マスクではなく平松のように自分たちの「所有」する場所を「開く」こと。それがおそらく残された唯一の「解」だ。そう、私たち一人ひとりが自分の場所を「庭」として開くことがおそらく、現時点でもっとも有効な戦略なのだ。平松は所有の感覚を持たないためにその場所をあたりまえのように公共的なものに開いていた。しかしこれから私たちは意図的にこうした場所を「作庭」していくべきだ。私たちはイーロンとは同じことができるからこそ彼とは異なる方法で、自分の場所を「開く」ほかないのだ。

§6 入浴と洗濯

建築コミュニケーターの田中元子《たなかもとこ》は「喫茶ランドリー」と名づけた店舗を都内を中心に複数展開している。これはその名のとおり喫茶店とコインランドリーが併設されたものだ。もともとはヨーロッパで広がっていたものが、近年田中らによって国内に輸入され、定着しつつある業態だ。ただ田中の手がける「喫茶ランドリー」と他のランドリーカフェとの違いは、田中がみずからの手がける店舗を都市部の「公共的な」場所として意図して企画、運営していることだろう。田中は二〇一八年に私のインタビューに答えてこう述べている。「喫茶ランドリーという名前のとおり、喫茶店でありつつ洗濯機とかミシンがある、ちょっと複合施設的なところなんです。個人的に公民館とか公園とか「公」がつくものをやってみたいという夢があって」[★6]と。なぜ、洗濯機やミシンがあることが「公共」につながるのか。

社会学者の南後由和《なんごよしかず》は『ひとり空間の都市論』[★7]で指摘する。日本をはじめとする先進国では単身世帯が増加している。実際に、現代の日本においてはすでに単身世帯こそが、もっとも多い家族形態だ。そしてこの単身世帯を支えるのが、都市における商業サービスだ。「ひとり」で人間が生きていくとき、食事はもちろん、入浴や洗濯といった生活上の基本的な営みがサービスとして、なるべく安価に提供されていることがそのハードルを大きく下げる。ランドリーカフェも、こうした需要のもとに発生したサービスだ。洗濯や裁縫といった家事の発生頻度の低い単身者にとって、洗濯機やミシンの使える場所が「家」の外部に、それも徒歩圏に存在することは、そしてそこが同時に休憩やデスクワークの場所にもなることは、大きくその生活の質を上げる。

そして「ひとり」で、つまり共同体の一員ではなくばらばらの個人として訪れることが多いからこそ、そこは公共に開かれた場所になる。そこには結果的に共同体が生まれるかもしれないし、生まれないかもしれない。しかし共同体の一員として認められなくても、小銭を何百円かもっていけば、排除されない場所がそこにある。それは単に自宅で洗濯をしていることでは感じられない社会への信頼につながるのだ。

田中は別のインタビューに答え「ランドリーがあるなしに関わらず、お客さんが一人の消費者になるのではなく、この空間を道具のように、自分のもののように使いにくるという状況を作りたかったんです」と述べる。[*8]

これまで見てきたように、人間はそこで何かを「する」ことではじめて、そこを自分の場所だと感じることができる。

このとき入浴や洗濯とか、そういった「しなければいけないこと」を、隣人と一緒に「する」ことに意味がある。銭湯よりもランドリーのほうが、つまり入浴よりも洗濯のほうがそれが家庭「外」でおこなわれるメリットは大きい。銭湯を訪れる客の多くはそれを娯楽として求めているが、ランドリーカフェを訪れる人びとはおそらく違う。彼ら／彼女らは、その都度料金を払い家屋の外部で洗濯することが合理的だからそこを訪れる。そして田中は、そうして「しなければならないこと」のために訪れた客に、コーヒーや軽食を提供する。それは、「しなければならないこと」のためにそこを訪れた人びと同士の対話に、彼女が「公共」的な価値を見出しているからだ。

これらの場所では別に住民同士が協力して入浴するのでもなければ、洗濯するわけでもない。ただ、互いに邪魔しないようにそこにいる。それも高い意識をもち、タウンミーティングのためにそこにいるのではなく、単に「便利だから」そこにいる。「しなければいけないこと」のためにそこにいること。そこで生活の営みのなかで、折りあいをつけて共存していかないといけない他者の存在を体感する。そこに価値があるのだ。

家庭内の営みの「外部化」は、専業主婦という状態に望まず置かれた女性たちを解き放つ運動を支援し、そして単身者の暮らしを大きくサポートする。そして、そのことで結果的に公共性に接続する。それは、強い経済力と意思を背景に「自立」した市民像とは異なっているかもしれない。しかし、この「弱い自立」こそがこれからの公共の鍵なのではないか。

小杉湯も喫茶ランドリーも、入浴や洗濯といった「しなくてはいけないこと」のための場所を、ほんの少し拡張する。小杉湯は隣接する建物——先代の所有する木造アパート——を改修して飲みものや軽食を出したり、リモートワークの可能なスペースを提供したりしている。[*9] 喫茶ランドリーはその名のとおり、そこに小さな喫茶店をドッキングさせている。いずれも、人間関係や共同体を求めてそこに現れたの「ではない」人びととの承認の交換未満の交流に価値を置いている。これは一見、他愛もないことだ。銭湯の再活用やランドリーカフェの増設が本書の提案する「作庭」のかたちだと述べるつもりもない。しかし、この他愛もなさ「から」再出発することがいま、必要なのではないか。

個人があくまで個人のまま、共同体に属さなくても金銭さえ支払えばその場所にいて、サービスを受けられる（そしてその価格の「安価さ」こそが社会の豊かさのひとつの指標である）。この「自由」を前提にしないかぎり、プラットフォームの与えるインスタントな共同性から「自立」できる公共的な場所は成立しないのだ。

§7　都市の動脈と静脈

デジタルファブリケーションの研究者として知られる田《た》中《なか》浩也《ひろや》は自身も暮らす鎌倉市のサーキュラーエコノミーへの取り組みに専門家として参加している。[*10]

田中の鎌倉での取り組みを一言で述べるなら、それは都市の静脈――この場合は「ゴミ捨て」――の「スマート化」だ。それは単に回収の管理をＩＴ化するということではなく、高度な分別を可能にし、そしてかなりの精度の再利用を実現したサーキュラーエコノミーの構築が意図されたものだ。

本書が注目するのはこの都市の「静脈」にアプローチするという発想の部分だ。私のように共同体の一員になることにストレスを感じる人や、弱い立場に置かれがちな（よそ者やコミュニケーションスキルの低い）人にとって地元のカフェの常連になるとか、地域の祭りに参加するというのはとても「嫌なこと」だ。

しかしそんな私のような人間でもゴミは出す。そして田中たちの取り組みはまず、このゴミを出す行為にゲーミフィケーションを施し「おもしろく」する。そして田中たちの取り組みはまず、このゴミは、デジタルファブリケーションによって街のさまざまな公共物に再利用されていく。自分が分別して出した「ゴミ」が公園のベンチになったとか、遊具になったとか、トイレットペーパーになったとか、そういった「結果」が知らされることになる。

一見、これはどうと言うこともない資源再活用のプロジェクトのように思える。しかし重要なのは、この「静脈」への視線だ。田中たちの進める「静脈」を通じた地域へのコミットは、私のような絶対に地域の共同体にかかわりたくないと考えている人間にも参加可能なものだ。

私たちは地域へのコミットメントといったときに「意識の高い」タウンミーティングに参加するとか、子育てや介護にボランタリーに参加するとか、そういうことを考えがちだ。しかしその多くが、実質的にはその場所の共同体の一員として認められることを報酬に駆動している。

そもそも近代社会のアドバンテージは一個人としての自由を確保したまま、相互扶助を可能にしているところにある（税金で学校や堤防をつくる、とか）。

しかし、この「社会に関与している」ことは「実感」しづらい。学校や堤防、つまりインフラやサービスは人間ではないので、直接「語りかけて」こないからだ。だから共同体の一員になって、人間からレスポンスがないと人間はなかなか暮らしている場所を、社会を維持するために

「コミットしよう」とは考えない。

しかし田中の試みは「動脈」ではなく「静脈」に注目することで、つまり一人ひとりが「嫌でもやってしまうこと」をハックすることで、この社会とのかかわりを可視化し、ゲーム化し、その成果がしっかり確認できるかたちにし（成果物を作り出し）ているのだ。そうすることで共同体を経由することなく個人のまま人間が社会に「かかわれる」ことを実感させることができるのだ。

こうした都市の「静脈」に接続する主体を考えることは、大きな示唆を与えてくれる。排泄する、ゴミを捨てる、という静脈に接続するときに人間は正しく孤独になり、共同体から離れて公共的な場所に引っ張り出される。排泄やゴミ捨てに、人種も階級も性別も関係ない。個人の承認欲求もまったく影響を及ぼさない。おそらく小杉湯の平松佑介の語る「銭湯的な場所」の公共性も、田中元子の喫茶ランドリーの公共性も、これに近いものがあるはずだ。

この「捨てる」という静脈的な回路の議論は、都市の動脈、ここでは「制作」つまり「つくる」ことを裏側から補完する。「ムジナの庭」や「共創ギルド」が「つくる」こと、つまり都市の「動脈」からのアプローチだとするのなら、「小杉湯」や「喫茶ランドリー」の、そしてこの鎌倉市の取り組みは「捨てる」こと、つまり静脈からのアプローチだ。この静脈からのアプローチは、人間をいやおうなく偶然に、受動的に事物に触れさせる。その遭遇によって人間の心身が不可逆に変化しつづける状態に置かれたとき、人間はつくることに、制作に、つまり「動脈」的なアプローチに動機づけられるのだ。

事物を「つくる」とき、そして「捨てる」とき、究極的には人間は共同体から（少なくとも一瞬は）切断され、ひとりの人間として公共的な場所に触れる。「つくる」ことと「捨てる」こと。このふたつの回路から現代の情報環境における「公共」を考えなおせないか。事物をつくることと、それを捨てる単位としての「人間（市民）」にフォーカスすることで、共同体を経由しない社会との接続面を考えなおすこと。それがこの一連の議論のひとつの帰着点なのだ。

§8 都市と交通空間

柄谷行人は他者、つまり異なる共同体に属し、文脈を共有しない相手とのコミュニケーションのことを「交通」と呼び、その交通が停滞することなく発生しつづける場所を「都市」の比喩で表現した。このコミュニケーションは非対称なものだ。話の前提となる文脈を共有しない相手とのコミュニケーションは「聞く－話す」といった対称的なものではなく、「教える－学ぶ」「買う－売る」といった非対称なものになる。[*11]

そしてこの「交通空間」としての「都市」は、文脈を共有するもの同士のコミュニケーションが反復され、共同体が固定化する「村落」と対比的に語られた。

ただしここでの都市／村落は、観念的なもので、実際の東京のような都市と地方の山村をイメージするべきではない。たとえそこが、都心であったとしても馴染みのバーで業界の噂話を反復し、狭い人間関係のなかの序列を競いあう場所は「村落」にほかならない。「村落」とは、他者とのコミュニケーションが停滞、もしくはあらかじめ遮断され、文脈を共有する人間同士の承認の交換に閉じた場所のことを言うのだ。

そして今日において、人類は情報技術に支援された村落的な相互監視をみずから再召喚し、そして「都市」の自由を手放しつつある。インターネットと都市の関係はサイバースペースと実空間の関係であると同時に、村落と都市の関係でもある。人間を共同体の重力で縛る村落から、個人として解放する都市への流れが今日においては逆流している。今日のインターネットのプラットフォーム化は、言い換えれば都市化に対する巨大な反動なのだ。

そもそも柄谷の主張する「交通空間」としての都市は、大国の崩壊や民族移動などの社会の再編時に例外的に発生する状況にすぎない。そして近代化による村落から都市への人口移動はほとんどの場合において人間の中間集団――家族と国家の間にある共同体――を地域コミュニティから、テーマコミュニティ（労働組合や趣味の集まり）に変貌させた。それは与えられた地域コミュニティから選び取るテーマコミュニティへ、全人格的な地域コミュニティから分人的なテーマコミュニティへ、人びとの求めるものの変化にすぎなかった。そこに発生するのは共同体から自立した人間たちの交通の場ではなく、むしろ、そのネットワークを温床にしたテーマコミュニティの乱立する空間だったのだ。

この問題には柄谷も自覚的であり、柄谷は都市的な共同体の場を「町（town）」とし「交通空間」としての「都市（city）」と区別する。そして後者を理念的に提示する。そしていま必要なのは「都市（city）」的な空間を、どう今日の情報社会に「実装」するかということなのだ。

これまで確認したようにプラットフォームは、あたらしいかたちで、むしろ共同体の氾濫をもたらしている。私たちが目にしている「社会の分断」とは、より正確には共同体の氾濫なのだ。つまり、プラットフォームは技術的にあらかじめ他者とのコミュニケーションが排除された空間であり、「都市」的な「交通」空間をもたない、「村落」の集合体……まさに「グローバル・ビレッジ」なのだ。

前述したようにプラットフォーム上では高速で無数の共同体が発生し、解体されていく。そしてそこで発生する中心から周辺への暴力は、その「速度」を落としても解消しない。それどころか、こうして旧来の共同体に回帰することでより脱出の難しい泥沼のなかに人間を、それも弱い立場の人びとを落としこむ。

このようにSNSのプラットフォームは個人をベースにした、他者間のコミュニケーションが成立する都市的な場所（交通空間）を、その圧倒的に速い文脈生成力で消滅させている。これをどう回復するかが問題なのだ。回復すべきは「共同体」ではない。むしろ対幻想や共同幻想から切り離された「個人」なのだ。そして人間が個人としての時間を生きる「交通空間」なのだ。

§9　交通空間としての「庭」

おそらく――つい最近まで、この交通空間は商業空間（商店街やショッピングモール）――が担ってきた。文化批評においてストリートという言葉がやや過大なかたちでロマンチックに語られてきたのはこのためだ。たとえばこの国において八〇年代の消費社会の成立は、はじめて大衆レベルでの「個人」単位での活動を実感させた。生活必需品「ではない」ものを自由に選び、買うこと。このとき人間は紛れもなく「個人」として「自立」していた。しかし前述のように、事物を「買う」ことはインターネットの登場により、自己表現としての求心力を失った。もはや、金銭で購入できるもの（入れ替え可能なもの）は自己表現にはならない。それは他人の物語でしかなく今日の情報社会では自分の物語を、つまり自分の体験や考えを語ること、それが承認されることに人びとの関心は移行している。

こうして、他人の物語を消費するための場所（商業空間）は自分の物語を語る場所（プラットフォーム）に敗北し、その一部となった。そしてプラットフォームによる相互評価と承認の交換は、人間を即時に共同性に取りこみ、人びとは自立とそれを前提とした交通空間を失ったのだ。

おそらく今日においては柄谷の述べる非対称なコミュニケーションは、これまで論じてきた「中動態の世界」を一時停止する事物から人間へのコミュニケーション——事物が人間を襲撃し、人間を回復不可能なレベルに傷つけ、変化させるもの——が担うことになる。そして本書で論じてきた「庭」とは柄谷が理念型として提示した「交通空間」を現代の情報社会に対応したかたちにアップデートした上で実装したものだと考えればよい。そのために、たとえば九十年前に建てられた老舗の銭湯が結果的に「庭」的に機能する……といった転倒した現象が発生する。そして銭湯の例で述べれば、裸になり、何者でもなくなることで人間ははじめて共同性から解放され、一時的にでも公共的な存在になるのだ。

これまで取り上げた「庭」的な場所たち——小金井の「ムジナの庭」、高円寺の小杉湯、喫茶ランドリーの各店舗など——はいずれも、人間を孤独なまま世界に触れさせる力をもっている。それも、共同体の場所であることを否定することなく孤独「でもある」場所として機能している。

「ムジナの庭」ではオープンダイアローグや当事者研究といった共同体的、言語的なアプローチを、庭の植物との触れあいとそれを用いた手仕事が補完している。紹介したように、後者はときに「ひとり」でおこなわれる。それはかならずしも集団作業ではなく、自分の好む作業をときに「ひとり」で、ときに集団でおこなうことができる。一見、それは他愛もない工夫だが、この人間が孤独に事物を制作すること、そのことがその場所で認められていること、その結果として世界と接続しているという実感が得られることが、この施設における「ケア」を大きく特徴づけている。

高円寺の小杉湯はどうだろうか。小杉湯では共同体主義者が夢見る人情味あふれた下町の人間関係といったものは希薄で、そこに存在するのはよく出くわす相手に目礼をする程度の、メンバーシップではなくパーミッションにすぎない。そこにあるのは共同体の一員としての承認ではなく、むしろ単に邪魔しない、排除しない、認めあうといった消極的な容認だ。それだからこそ、そこは社会に参加していることを住人たちに確認させる。

喫茶ランドリーの各店舗もまた、小杉湯と同じように「洗濯」をはじめとする家事（しなくてはいけないこと）を基盤にすることで、そこがメンバーシップの確認のための場所（共同体）になることなく、公共の場にとどまっている。

鎌倉市のサーキュラーエコノミーについての取り組みについても、同じことが言えるだろう。この試みはゴミを「捨てる」という個人的な行為がいやおうなく接続してしまう「公共」的なものを、情報技術を応用しゲーミフィケーション的に可視化しているのだ。

これらのような「庭」的な場所を多くの人びとがつくり、維持しつづけること——それが本書で示してきたプラットフォームへの対抗の暫定的な方法だ。もちろん、これらの場所たちは「庭」の条件を完全に満たすものではない。

「ムジナの庭」は実験的な性格が強く、それが共同体ではなく交通空間に、そこで形成される集団がグループではなくコレクティフにとどまるものになるのかはまだ未知数だ。また小杉湯の提供する事物たちは、銭湯という業態の性質上それほど多様なものになりえない（むしろ、毎日同質のサービスを提供することが要求される）。喫茶ランドリーの各店舗は、その性質上どうしても近所の主婦を中心とした地域の共同体になかば占拠されやすい、という運営上の課題がある。鎌倉市の取り組みはまだ始まったばかりで現状ではささやかな市民啓蒙の域を出ていない。

しかし、当然のことだがすべての条件を満たす完璧な「庭」的な場所をつくることははなはだ現実的ではないし、その必要もない。

むしろ都市とは本来こうした複数の異なる制度と文脈をもつ場所が混在できる場所であることが、共同体と共同体の「間」であることがそのアドバンテージだったはずなのだ。つまり、「庭」の条件はひとつの場所ですべて満たされる必要はない。むしろ、いくつかの機能をもつ「場所」

の複合体としての都市があり、そのなかにどれだけこの「庭」の条件をある程度満たす場所を「つくる」ことができるのかを問うべきなのだ。そして複数の「庭」たちが相互補完的にネットワークを形成し、「交通空間」が成立するのだ。

この「庭」たちのネットワークのつくる「交通空間」は一時的に人間を共同性から解放し、公共性に接続させる。しかしプラットフォームの力によりその多くは一定の期間で解体され、ふたたび共同体に取り込まれていくだろう。だからこそ、私たちは「庭」を絶えることなくつくりつづけなくてはいけないのだ。

しかし、読者のなかにはおそらくこう考える人が現れるはずだ。これらの条件を満たすために必要なのは、小さな「庭」をつくりつづけることよりも、プラットフォームに対抗しうる、もっと大きな、決定的な一手なのではないか、と。

Googleが登場してからまだ四半世紀しか経っていないことを考えれば、こうした巨大な一撃によってこの世界はふたたびひっくり返ることもあるのではないか。私の主張する「庭」的な効果を、もっと大規模に、全世界的に、GoogleやFacebookのようなグローバルなインターネットプラットフォームと同規模で展開することも可能なのではないか、と。

実は、私もかつてはそう考えていた。社会が「ある状況に陥ったとき」これらの「庭」の条件は、思いのほか簡単にすべて満たされてしまうからだ。しかし構想のかなり初期の段階で、その考えは捨てている。

たしかに本書の提案する「庭」の条件をすべて満たす社会的な大状況は存在できる。というか、すでに存在している。

人間と事物とが関係する場所であり、事物間の生態系が豊かな場所であり、人間が関与できるが支配できない場所であり、そして事物の側から人間にアプローチのある場所であり、そしてそこは人間を孤独にする場所である。……これらの条件を同時に満たす場所を、正確にはあらゆる場所でその条件を満たすことを可能にする状況を少なくともひとつ、私は挙げることができる。

しかし私を含め、多くの人びとはその状況を望まないだろう。なぜならば、一般的にその状況は「戦争」と呼ばれているからだ。

#11 戦争と一人の女、疫病と一人の男

§1 情報戦の優位と戦争の日常化

実は一度だけ、テロに遭遇したことがある。二〇一八年五月十二日、チームラボの猪子《いのこ》寿之《としゆき》と一緒にパリに赴いたときのことだ。その日猪子と別れ、他のスタッフと食事をしているときに、私たちは店の外が妙に騒がしくなっていることに気付いた。同席していた一人が、手元のスマートフォンでニュースを検索するとパリでイスラム原理主義勢力によるテロが起きたことが報じられていた。容疑者はすでに警官に射殺されていて、市民の側は一名の死亡者が確認されていた。[*1] その現場は私たちがいたレストランの隣の区画で、数百メートルも離れていなかった。その日は早めに解散して、ホテルに戻ることにした。店を出ると警官たちがまだ大勢ウロついていて、街は奇妙な喧騒に包まれていた。

私は出張で知らない街に出かけると、必ず街を走ることにしている。この翌日も、パリの街を走ろうと考えて朝早く起きた。しかし、昨晩にあのようなことが起きてしまったことを考えると、街を楽しく走ることができる雰囲気なのだろうか、と私は少しおっかなびっくり走りはじめ

た。しかしそこにあったのは、パリの街の日常の風景だった。人びとはあたりまえのように街に出て、犬と散歩し、カフェで談笑しながら朝食を取り、軒先のテーブルで新聞を広げていた。私と同じようなランナーとも、たくさんすれ違った。ただひとつ、違うところがあるとするのなら街なかには小銃を構えた警官たちが要所要所でウロついていたことだった。そしてその、おそらくは実弾が装填されているであろう銃を持った警官たちの姿もまた、それはこの街の日常の風景の一部になっているように思えた。

その日の午後には仕事の予定はなく、長くパリに居住している友人と数年ぶりに会う約束をしていた。私は昨晩のテロのときにそのすぐ近くにいたことを、そして今朝に街を走りながら感じたことを彼に話した。私の話を聞いて、彼は述べた。この街の人びとはテロに慣れているのだ、と。

前述したとおり、今日のテロリストたちはプロパガンダのための破壊を反復する。日常性を体現する都市の中心部——金融街や繁華街、スタジアムなど——に侵入し相対的に小規模だがショッキングな破壊と殺戮を試みる。そしてその凄惨さを敵国のメディアに報道させることで、自分たちのメッセージを効果的に伝え支持者を「動員」する。

そしてこれに対抗する社会は日常性を維持することで、熱くてもそれを気にしないことでテロリズムに対抗する。それがショッカー（ショックを与える者）であることにその本質があるテロリストに対する、最大の対抗手段だからだ。こうしてテロに慣れた人びとは、一方でテロリストを徹底的に鎮圧し、他方ではまるで何事もなかったかのように日常性の回復に腐心するのだ。

プロパガンダの一部は大衆に関わっている。大衆の気持を戦闘で功績を挙げるのにふさわしくなるまで調整することであり、変わりやすい大衆の気持を一定の目的に前もって振り向けることだ。また一部は個人に関わる。そのときには、プロパガンダは、意図的な感動を引き起こすことで心のゆるやかな論理的順序を超越し、人間味のある好意というめったにないわざとなる。それは戦術よりも油断がならず、より実行する値打ちがある。なぜなら、それは制御不可能なもの、直接には指揮のできない対象を扱っているからだ。（中略）敵の心も、手が届くかぎりは調整せねばならない。そして、銃後でわれわれを支えている、ほかの人々の心もだ。戦闘の半ば以上は、後方で起こっているからだ。さらに結果がどうなるか待っている敵国民の心も、そして注目している中立国民のそれも……。[*2]

これは現在も進行中のロシアのウクライナに対する侵略戦争における、両国のプロパガンダ戦略について解説したもの……ではない。この文章が書かれたのはおよそ百年前、おそらくは一九二二年ごろだと思われる。執筆者はトマス・エドワード・ロレンス、「アラビアのロレンス」の二つ名で知られる第一次世界大戦の「英雄」だ。

考古学者の卵だったロレンスは大戦中に中東の専門家としてイギリス陸軍に参加し、そして敵国トルコ（オスマン朝）に対するアラブ諸民族の反乱を煽動、支援する任務を帯びてアラビア半島に派遣された。そこでロレンスはもっともアラブに「近い」イギリス人として反乱の中心人物となるのだが、ここで重要なのはむしろロレンスの「活躍」の軍事史的な価値だ。

右の引用はロレンスの回顧録『知恵の七柱』からのものだが、問題はこの文章はまったく古びていないことだ。むしろ百年後の今日だからこそ、ロレンスの理論は説得力のあるものだろう。ここでロレンスが述べているのは、総力戦以降の「戦争」という状況をもっとも上位のレイヤーで強く決定するのは銃後の市民たちの心理、つまり世論でありそれを操作する「情報」であるということだ。

実際に当時ロレンスは（近代的な装備と訓練を与えられ、相対的に強力な）トルコの大軍を寡兵かつ寄せ集めのアラブの反乱軍で「撃破」することは最初から考えていなかったと述べている。それは不可能なことであり、そしてそもそも「不要」なことなのだ、と。

ロレンスは『知恵の七柱』において先行するクラウゼヴィッツらの戦争論を「書物には、おあつらえ向きのものが書いてある」と一蹴する。クラウゼヴィッツの「勝利は血によってのみ得られる」という戦争論はすでに過去のものである、と。ロレンスは結論する。「必要なのは敵の殲滅ではなく、その度胸を挫くことだ」と。

広く知られているように、ロレンスはアラブ反乱においてトルコ軍を「撃破」するのではなく「釘づけ」にした。奇襲で紅海への唯一の出口アカバを占領した反乱軍は、その後トルコ軍の兵站の生命線であるヒジャーズ鉄道の爆破を延々と反復した。ただし完全に不通にすることはあえてせず、トルコ軍に長期にわたり鉄道の防衛と修復のコストを、そして何より精神的な負荷を与えつづけることを「目的」にしていた。神出鬼没の砂漠の遊牧民ベドウィンたちによるゲリラ戦によって、トルコ軍とそしてその背後の市民たちに恐怖と不安を与えつづけること、そうすることで大軍をメディナに釘づけにしつづけること——それがロレンスのゲリラ戦略だった。ロレンスはアラブの反乱軍は人的な被害に敏感であり、ヨーロッパの諸戦線のような消耗戦はおろか、ある程度以上の戦死者の発生は反乱そのものを崩壊させると考えていた。この点から考えても上記の戦略はアラブ反乱軍にとって合理的だった。

本書の冒頭で確認したとおり二十一世紀の今日、現代的な「戦争」の最大の特徴は、その情報戦の側面の肥大だ。かつて総力戦を可能にした国民規模の動員に新聞やラジオ、そして映画などのメディアが果たした役割が絶大なものであったことは論をまたない。その総力戦は無数の局地戦の集合であり、そこではしばしば非対称戦が発生する。そして、非対称戦における戦略として古くから存在するゲリラ戦は、百年前にアラビアのロレンスによって近代的なものにアップデートされ、体系化されたのだ。

ロレンスによるゲリラ戦略の理論はその後毛沢東《もうたくとう》やチェ・ゲバラなどによって二十世紀後半の非対称戦の「教科書」として扱われる。そしてさらにその延長に今日のテロリズムが存在する。ロレンスのゲリラ戦略が情報戦を重視したもの——破壊のために情報戦があるのではなく、情報戦のために最適な破壊が必要であると考えたもの——であることはすでに紹介したとおりだ。ロレンスは情報戦によるグローバルな世論操作こそが、もっとも決定的に状況を決定すると考えていた。そして二十一世紀のテロリストが象徴的な場所で、そして残虐な手段での破壊と殺戮を選択しがちなのは、それがまさに情報戦の素材としての破壊にほかならないからだ。ロシアの侵略に抵抗するウクライナを率いるゼレンスキーのプロパガンダ戦略も、同じ発想に基づいている。

ロレンスの知恵は、それが生み出されて百年経った今日でも、いや、今日だからこそあらゆる場面で弱者の武器として用いられているのだ。

しかしここで重要なのは、百年前に生み出された弱者の武器のことではない。ロレンスがゲリラ戦の本質を、情報戦のための破壊、つまりテロリズムによる日常性への（メディアを通じた）干渉と位置づけたことの意味のほうだ。ロレンスの狙いは交戦国の銃後に暮らす、あるいは中立国で相対的な平和を享受する民衆の心理（の操作）にあった。そして「アラビアのロレンス以降」の戦争の（情報を媒介とした）日常化の完了した世界を、私たちは生きている。

このとき、戦争は日常を呑みこんでいる。総力戦以降の、情報化された戦争は日常を呑みこむ。それをハレの戦場ではなく、ケの街頭に、職場に、住宅地にもたらすのだ。それはスイッチのオンがオフになるように日常性を遮断することはないのだ。

誤解してはいけない。戦争はけっしてナショナリズムに踊らされ、国旗を振りつづける人びとに生きる意味を与えるだけではない。戦争は、ナショナリズムや功名心に駆動され能動的に戦争というゲームをプレイする人びとだけのものではない。戦争はその野蛮さを憎み、回避することを願う人びとや、単に畏れ逃げ惑う人びとをも巻きこむ。今日においてはとくにそうだ。いまや日々の暮らしをまっとうすることこそが、テロへの最大の「抵抗」になるのだから。

そして総力戦以降の日常化した、情報化した戦争は、人間の社会全体を覆う総合性を発揮する。人間一人ひとりの戦争に対する政治的な、倫理的な態度とは無関係に戦争という状況は人間と事物を結びつけるのだ。

だからこそ、戦後の長すぎた平和の時代を生きた少年少女たちは、その消費社会下の「終わりなき日常」のなかで「戦争」を、ときにSFやファンタジーの想像力を借りて架空の世界のなかに求めてきたのだ。

人類が増えすぎた人口を宇宙に移民させるようになって、すでに半世紀がすぎた未来社会での「戦争」や、巨大産業文明が崩壊してから千年、錆とセラミック片におおわれた荒れた大地にくさった海……腐海《ふかい》と呼ばれる有毒の瘴気《しょうき》を発する菌類の森が広がり、衰退した人間の生存をおびやかしている未来の「戦争」に、二十世紀末を生きた少年少女たちが魅せられたのは、そこで平等に与えられる生の実感を求めたからにほかならない。

そして、彼ら／彼女らが大人になるのと並行して時代は総力戦の時代からテロの時代へと移行した。情報技術の進化により戦争の日常化はより進行し、前線と後方の境界線の消失した世界を、二十一世紀の人類は生きている。戦線から遠のくと楽観主義が現実にとって代わる。しかしすでに「戦線」とはなかば無効化された概念なのだ。その意味において戦争はすでに始まっている。問題なのはいかにケリをつけるか、それだけなのだ。

§2 戦争と一人の女

野村は戦争中一人の女と住んでゐた。夫婦と同じ関係にあつたけれども女房ではない。なぜなら、始めからその約束で、どうせ戦争が負けに終つて全てが滅茶々々になるだらう。[*3]

坂口安吾《さかぐちあんご》の広く知られた小説に『戦争と一人の女』という短編がある。

この小説は語り手の男性（野村）と、ある「女」との同棲生活を綴ったものだ。物語の背景となるのは第二次世界大戦末期の日本のとある都市だ。野村はそこで酒場で知りあった「女」と暮らしているがその関係は大戦末期の、破滅の予感を背景にした刹那的なものなのだと考えている。

戦争中でなければ一緒になる気持はなかつたのだ。どうせ全てが破壊される。生き残つても、奴隷にでもなるのだらうと考へてゐたので、家庭を建設するといふやうな気持はなかつた。[*4]

野村はこの戦争＝関係の先に待っているのは、破滅でしかないと考えている。それも英雄的な悲劇ではなく何かを生むこともなく、笑い話にもならない惨めで、そして凡庸な破滅だ。空襲の火災から自宅と「女」を守るという行為すらも、野村をエンパワーメント「しない」。彼はそこに「さして感動してゐなかつた。感動はあつたが、そのあべこべの冷やかなものもあつた」[*5]と述べるのだ。

この「女」はいわゆる「不感症」で、そして野村はその原因を彼女が長く水商売をしていたからだと考えている。この野村の女性への視線は現代人の人権感覚からすると、とうてい受け入れられるものではない。しかしここで重要なのはその「汚れた」過去から「不感症」になってしまった彼女が、当時の破滅へと向かう日本という国家と重ねあわされていることだ。つまり野村にとって自己と国家（戦争に敗れつつある日本）との関係とは、この先に何も生まないことが見えてしまっている恋人との、終わりつつある関係のようなものなのだ。そこには、どのような展望もなく、ただただ不毛な時間だけがある。

にもかかわらず野村がこの「女」と関係を続けるのは、彼が彼女＝破滅に向かう日本と一緒にみずからも破滅していくことに、自己陶酔を見出しているからだ。

つまり野村は日本という国家が戦争に敗北することを、自己の敗北のように受け止めている。野村は戦争という状況に関与できない。いや、正確には総力戦という戦争の新形態は、あらゆる国民を戦争に動員し、関与させる。そのためにむしろ野村は自己の関与が戦争のゆくえをコントロールできないという現実に、自己の無力さに直面しているのだ。

その結果として野村は自己と国家をより強く重ね合わせようとする。野村は国家の敗北を実感するために、自己が手触りをともなって体験できる敗北を、その半径五メートルの暮らしの場に必要としている。それが「女」との刹那的な関係だ。野村にとって「女」との関係は実感することができない、しかしそれを求めずにはいられない自己と国家との関係を象徴するものなのだ。

野村はその無表情の白々とした女の顔を変に心に絡みつくやうに考へふけるやうになつた。一言にして言へば、その顔が忘れかねた。その顔に対する愛着は、女の不具な感覚自体を愛することを意味してゐた。[*6]

さて、突然小説のことを取り上げて驚いた読者も多いかもしれないが、ここで思考実験をしてみたい。二十一世紀の今日の情報環境が与えられていた場合、野村は自己と戦争をどう結びつけていただろうか、とここでは考えてみたいのだ。

前述したように、総力戦以降の「戦争」は――総力戦から冷戦とその代理戦争を経て、そのかなりの部分がテロの連鎖というかたちを取りはじめた今日のそれは――平等に私たちの前に現れ、私たちの日常の一部と化していく。

空襲で家を焼け出される、学校の授業が中止になり軍需工場で戦闘機の部品をつくるといった類のかつての総力戦の記憶は、戦争という非日常の拡大が日常を呑みこみうることを示している。そして今世紀に入ってからのテロの連鎖においてはもはや前線と後方との境界線すらも消失している。それがマンハッタン島の中心部であったとしても、パリのオペラ座の前であったとしてもテロリズムは侵入する。いや、そこがかつては戦線の後方であった場所だからこそ、そこはテロの標的に選ばれる。そして前線と後方との概念が消失するのだ。このような今日の情報社会下の戦争は、より低コストかつ、強く銃後の一市民を、国民の一人ひとりをこの戦争というゲームのプレイヤーとして自覚させる。

たとえばYouTubeやX（Twitter）で陰謀論を吸収した人間が「プーチンが盟友トランプを大

統領の座から追いやったディープステートに対抗するためにウクライナに侵攻した云々」といった類の言説を拡散するとき、彼／彼女はそうと意識しているかどうかにかかわらず情報戦に参加している。その言説の拡散はその人の承認欲求を満たし、そして支持する陣営の「勝利」へ貢献したことに対する満足を与える（実際に人びとは、自己が支持する陣営の勝利のために特定の言説を拡散する）。今日においては銃後の人びとの心理的なレベルでの戦争への参加は、みずからが手を動かすことで実感しうる「勝利」への欲望に駆動されているのだ。

野村が「女」との不毛な関係にあえて耽溺《たんでき》することで擬似的に満たしていた欲望は、今日においては、情報技術の支援を得てより安価に、簡単に満たすことができる。野村がもしこの二十一世紀に生きていれば、彼は「女」との関係に自己と国家との関係を重ねあわせる必要はないだろう。野村は多くの現代人がそうしているように、タイムラインの潮目を読み、安易さに身を任せて言葉をそこに吐き出せばよいのだ。しかし、その結果として失われるものが確実に存在する。野村の自覚としては不毛で、先のないはずの「女」との関係を通じてはじめて、遭遇しうるものが確実に存在するはずなのだ。

§3　疫病と一人の男

実はこの『戦争と一人の女』には、同じ物語を「女」の視点から描いた姉妹作『続戦争と一人の女』がある。

私はB29の夜間の編隊空襲が好きだつた。昼の空襲は高度が高くて良く見えないし、光も色もないので厭だつた。羽田飛行場がやられたとき、黒い五六機の小型機が一機づゝゆらりと翼をひるがへして真逆様《まつさかさま》に直線をひいて降りてきた。戦争はほんとに美しい。私達はその美しさを予期することができず、戦慄の中で垣間見ることしかできないので、気付いたときには過ぎてゐる。思はせぶりもなく、みれんげもなく、そして、戦争は豪奢であつた。

（中略）

夜の空襲はすばらしい。私は戦争が私から色々の楽しいことを奪つたので戦争を憎んでゐたが、夜の空襲が始まつてから戦争を憎まなくなつてゐた。戦争の夜の暗さを憎んでゐたのに、夜の空襲が始まつて後は、その暗さが身にしみてなつかしく自分の身体と一つのやうな深い調和を感じてゐた。

私は然し夜間爆撃の何が一番すばらしかつたかと訊かれると、正直のところは、被害の大きかつたのが何より私の気に入つてゐたといふのが本当の気持なのである。照空燈の矢の中にポッカリ浮いた鈍い銀色のB29も美しい。カチ〳〵光る高射砲、そして高射砲の音の中を泳いでくるB29の爆音。花火のやうに空にひらいて落ちてくる焼夷弾、けれども私には地上の広茫たる劫火《ごうか》だけが全心的な満足を与へてくれるのであつた。[★7]

この空襲を「すばらしい」ものとして愛する「女」は戦争のもたらす世界の変化そのものに感

動している。自然の与える通常の変化よりも速く、不確実に発生するその変化（破壊）を知ることが彼女にとって最大の「喜び」なのだ。野村が戦争と自己を重ねあわせ、同一化しているのに対して「女」は戦争という事物の生態系をただ受け止めているのだ。

私はこの「女」の気持ちがよくわかる。コロナ・ショックの渦中、私は一人の生活者として、ウイルスという目に見えない力が日常を侵食することを恐れていた。しかしその一方で、確実にこの日常性が侵食されることに、興奮を覚えていた。世界のルールが確実に書き換わっていることを、歓迎している自分がいたのだ。この間、多くの政治家や研究者や言論人が、ここぞとばかりに社会不安に乗じて自身に関心を集める類の発信に手を染めた。新型コロナウイルスは大したことのないウイルスだとか、その逆に某グローバル企業の開発した殺人兵器であるとか、それが拡散されることを目的とした投稿を反復し集票や集金を試みたケースが多発したことは記憶に新しい。むしろ私はこうした現象に警鐘を鳴らす立場から発言を続けたが、その一方でこうした卑しく、表面的な事象とは別のレベルで世界が燃えるのを歓迎していたことは間違いない。

あの震災のころに、あるいは疫病のころに、人びとが閉じた相互評価のネットワークに閉じこもっていったのは、問題そのもの（震災と原子力発電所事故、あるいは蔓延するウイルス）から逃避するための、半歩ずれた擬似問題（陰謀論やイデオロギー闘争）への没入だった。このとき、私たちはこの「女」の抱いていたような欲望に向きあわなかったのだ。夜の空襲を美しいと考える感性について、多くの人が抱えていながらも直視することを避けたのだ。私たちはそれを自分には存在しないものだと自分に言い聞かせてしまっていた。しかし、人間は世界が燃えるのを目にしたいという欲望を抱えているのだ。

世界が焼けるさまに美しさを感じるこの「女」の感情は、実のところはありふれたものだ。しかしそれはロマンチックな非日常としての冒険への欲望とは正反対のものだ。まったく自己がそこに関与することなく、ただ巨大な奔流が世界を洗い流し、変化させていくことの与える快楽と充足だ。戦争や疫病はこのレベルの破壊を人為的に、そして人間の短い一生のなかに収まる短い時間で実現できる。だからこそ、人びとに望まれるのだ。しかしあのころ一日数件のペースで内外のウイルス対策情報をFacebookやTwitterでどこか楽しそうにシェアしていた人びとは、その感情と向きあおうとせずにインスタントな承認の交換の快楽による安心に逃避したのだ。情報技術の進化が、人間のある欲望を封じてしまったのだ。

空襲で焼ける空にこの「女」が美しさを感じたように、ウイルスによって世界が絶望に覆われていくさまを見たいと心のどこかで思っていた人間はけっして少なくないはずだ。「私はどうして人間が戦争をにくみ、平和を愛さねばならないのだか、疑つた」[*8]と「女」は述べる。それはなにも特別な感情ではなくウイルスを恐れ、人類の勝利と社会機能の回復を心から願う気持ちと同居しうるものだ。この「女」は、戦争が一方的に自分を襲い、そして世界を変える可能性を示したことに魅入られていたのだ。そこには自己が世界に関与し、影響を与えることをアイデンティティの中核に置く発想もなければ、他の誰かと承認を交換することの充足もない。世界が自己と無関係に変化してしまうことに、「女」はただ魅入られているのだ。

そして野村が「女」との関係を通じて遭遇し、怯えたものはここにある。

野村はこの「女」が、「遊ぶ」ことに「執念深い本能的な追求をもつて」いることに気づく。「バクチが好きである。ダンスが好きである。旅行が好きである」彼女は、空襲が常態化すると野村と二人で「遠い町の貸本屋で本を探して戻る」ようになる。野村はこの「女」が「不具」（不感症）であるために、何も生むことのない精神的な刺激（遊び）を貪欲に求めていることに気づく。

そして彼女がその「遊び」のひとつとして、自分との関係を位置づけていると考えるようになる。「女」は、「遊び」＝何も生まないものこそを求めている。だからこそ「女」は、自分を蔑む野村に愛憎の入り混じった執着を見せているのだ。


そして情慾の果に、野村を見やる女の眼には憎しみがあつた。そして情慾とは無関係な何かを思ふ白々しい無表情があつた。[*9]

野村はこの「女」の「遊びがすべて」という考えに、「高められた何かが欲しい」と反発を覚える。しかし同時にあきらめにも似た納得――安心感のようなもの――も感じる。

「僕は可愛がつたことなぞないよ。いはゞ、たゞ、色餓鬼だね。たゞあさましい姿だよ。君を侮辱し、むさぼつたゞけぢやないか。君にそれが分らぬ筈はないぢやないか」

彼は吐きだすやうに言つた。

「でも、人間は、それだけのものよ。それだけで、いゝのよ」

女の目が白く鈍つたやうに感じた。驚くべき真実を女が語つたのだと野村は思つた。この言葉だけは、女の偽らぬ心の一部だと悟つたのだ。遊びがすべて。それがこの人の全身的な思想なのだ。そのくせ、この人の肉体は遊びの感覚に不具だつた。

この思想にはついて行けないと野村は思つた。高められた何かが欲しい。けれども所詮夫婦関係はこれだけのものになるのぢやないかといふ気にもなる。案外良い女房なのかも知れないと野村は思つた。[*10]

このとき野村は「女」の欲望を少しだけ、自分のものにしようとしている。しかし、野村はその直後に、その欲望からみずからを切断してしまう。

「いつまでも、このまゝでゐたいね」

「本当にさう思ふの」

「君はどう思つてゐるの?」

「私は死んだ方がいゝのよ」

と、女はあたりまへのことのやうに言つた。まんざら嘘でもないやうな響きもこもつてゐるやうだつた。淫奔な自分の性根を憎むせゐだらうとしか思はれなかつた。死ねるものか。

たゞ気休めのオモチャなのだ。そして野村は言葉とはあべこべに、女とは別れた方がよいのだと思ひめぐらしてゐた。[*11]

野村は女性の「遊び」への欲望を汚いと蔑む。野村には女性と共犯関係を結ぶ自身もその汚辱のなかにいるという自覚はある。しかしそのために野村は汚辱からみずからを切り離そうとする。けっして、女性を汚辱から救い出し、一緒にそこから離脱することは選択しない。そして「遊び」を汚辱と考えるのを改めることもない。女性はそんな野村を卑怯だと批判する。

「あなたは卑怯よ。御自分が汚くてゐて、高くなりたいの、脱けだしたいの、それは卑怯よ。なぜ、汚くないと考へるやうにしないのよ。そして私を汚くない綺麗な女にしてくれようとしないのよ。（中略）私はよくない女です。けれども、良くなりたいと願つてゐるわ。なぜ、あなたが私を良くしようとしてくれないのよ。あなたは私を良い女にしようとせずに、どうして一人だけ脱けだしたいと思ふのよ。[*12]（後略）」

しかし野村はこのとき汚辱を、世界が燃えるのを観たいという欲望から目をそらすべきではなかったのではないか。なぜならば、ほんとうの問題は戦争が終わった後に、この「女」の欲望がどこに向かうのかにあるのだから。

§4　真の恋人

『続戦争と一人の女』の結末近くで、野村は戦争こそが彼女の真の恋人なのだと告げる。

「戦争も、夢のやうだつたわね」

私は呟やかずにゐられなかつた。みんな夢かも知れないが、戦争は特別あやしい見足りない取り返しのつかない夢だつた。

「君の恋人が死んだのさ」

野村は私の心を見ぬいてゐた。これからは又、平凡な、夜と昼とわかれ、ねる時間と、食べる時間と、それぐ\きまつた退屈な平和な日々がくるのだと思ふと、私はむしろ戦争のさなかになぜ死なゝかつたのだらうと呪はずにゐられなかつた。[*13]

戦争こそが、「真の恋人」である。野村のこの言葉は何を意味しているのか。それは、戦争こそが「女」の欲望を、つまり自己と無関係に世界が変化すること、その変化を体験することへの欲望をかなえているからだ。彼女は同時代人たちの多くが求めていたように自己の存在を歴史という物語で意味づけようとしてはいない。野村のように、その失敗に傷ついてもいない。彼女はただ、世界が燃えることに興奮していたのだ。そして議論を回帰させるのなら、ここにおそらく

「庭」の究極の条件が露呈している。

前述したようにこれまで検討してきた「庭」の条件を、「戦争」と呼ばれる状況はことごとく満たす。

まず戦争は人間が人間外の事物とコミュニケーションを取る場所を提供する。たとえば戦場で兵士が敵兵に銃を向けているとき、その兵士は敵兵を人間とは見なさない。兵士たちは多くの場合に、それを人間ではなく単なる的として見ることによって発砲は容易になる。二十世紀に発生した戦争の機械化がもたらしたものは、戦場における人間の事物化だ。マシンガンから原子爆弾まで、世界大戦以降の大量死は機械による無作為の殺戮を可能にした。機銃掃射も、毒ガスも、絨毯爆撃も「この私」を選び、殺すのではない。「敵兵」や「敵国の市民」といった、「現象」を機械的に排除しているのだ。

銃後の人びとが空襲の爆撃から逃げ惑うときはどうだろうか。このとき人間は限りなく自然状態に近い状態に置かれることになる。このとき人間は特定の人間や国家を「敵」として認識し、対峙することは難しい。洪水や山火事から逃れるときのように、単に生存のために行動することになる。

いずれにせよそこに存在するのは、一人ひとり異なる名前の与えられた人間間のコミュニケーションではない。少なくとも戦場そのものにおいて、承認の交換が発生することはない。だからこそ、事後的に人間はそれを意味づけようとする。敵を多く殺した兵士を英雄として、敵に殺された兵士を英霊として称え、敵に殺された犠牲者を哀悼する。しかしそれは、戦場という場所が人間から固有名を奪い、匿名化する場所にほかならないことを人間が理解しているためにおこなわれることなのだ。

そしてこれは同時にこの戦争という状況下において人間は事物の側からアプローチを受けることを意味する。戦場で人間は人間の顔を失った敵兵から銃撃を受け、爆撃機やテロリストによる無差別な攻撃を受ける。このとき巨大であるがゆえに不可視なシステムによってそれは駆動され、人間を巻きこんでいく。

そしてその事物たちは、皮肉にも非常に豊かな生態系を獲得している。兵器のスペックとその運用、陸海空軍それぞれのメカニズムと戦術、戦略とその背景をなす政治的なイシュー……これらの戦争にまつわる事物の生態系は、私たち人間を惹きつけてやまない。とくに総力戦以降の戦争は、国民国家を単位とした人間社会全体を包みこむ生態系を可視化した。私たちは古代から続く英雄神話の舞台としての戦争以上に、世界でもっとも巨大で複雑な生態系のひとつとしての（総力戦以降の）「戦争」に魅せられている。それは、かつてないほど豊かな事物の生態系でもあるのだ。そしてその豊かさが、人間を惹きつけてやまない。だからこそ、人間は戦争について語りはじめると途端に饒舌《じょうぜつ》になるのだ。

このとき人間はこの「戦争」という状況に関与できるが、コントロールすることはできない。今日のロシアとウクライナの戦争が、ほぼすべてのプレイヤーにとって想定外の展開を見せ、不利益につながっていることを考えればそれは自明なことだ。戦争とは、とくに総力戦以降の戦争とは社会が関与できるがコントロールできないものであることを証明する存在なのだ。

加えて厄介なことに、今日における戦争は国民国家間の公式な外交の延長にあるものではなく、きわめて私的におこなわれるもの——テロリズム——という形式をしばしば取る。このように「戦争」は、とくに今日におけるテロリズムはこれまで考えてきた「庭」の条件をことごとく満たしてしまう。そしておそらく、人間を孤独にするという条件も、だ。そう、戦場とは究極の「庭」なのだ。

そして問題はこの戦争はもはや日常性から切断されたロマンチックな物語として存在するのではなく、人間の日常と一体化しつつあるということだ。「戦争」は日常化することで、人間の生を丸ごと呑みこむ力を得ているのだ。

少年キムが愛した〈グレート・ゲーム〉も、デイヴィッド・グッドハートの定義するAnywhereな人びとのプレイするグローバル資本主義のゲームも、残念ながら「庭の条件」を満たさない。前者は選ばれたスパイたちが特権的に参加を許された、匿名のアカウントを用いて参加する非日常的なゲームであり、後者は運と能力に恵まれたごく一部の勝者たちのみが参加を許されたゲームにすぎない。

戦争こそが究極の「庭」に、すべての人間の「真の恋人」になりうるのだ。そして戦争は、これらの「庭」の条件を総合したときに浮上する、人間のあまり自覚されないがもっとも強い欲望に、おそらく承認の獲得に唯一対抗できる根源的な欲望を強く実現する。自己と無関係に世界が変化していくこと、そしてそれを実感できること、つまり世界が変わると信じられること——戦争はこの「庭」の最後の、究極の条件を満たすのだ。

戦争だけが「真の恋人」たりうる。したがって「庭」もまた、別のかたちで「真の恋人」でなくてはいけないのだ。

§5 「である」ことでも「する」ことでもなく

「庭」の条件を総合的に満たす「戦争」という状況について考えることで導き出されるのは、「庭」的な場所が究極的にたどり着かなくてはいけない価値の存在だ。

なぜならば戦争の総合性こそが、承認の交換では得られないものを人間に丸ごと与えてくれるものだからだ。だから「庭」は「それ」を与えるものでなくてはいけない。今日の情報環境下で『戦争と一人の女』で描かれた野村の欲望を回収するのは、実のところ簡単だ。Facebookで「Like」が集まりやすい投稿のコツを、その手のサービスに詳しい人（コンサルタント的な存在）にレクチャーしてもらえばいいだろう。彼の求める「もっと高められたもの」とは、実のところその程度のものでしかない。今日において、野村の抱えていた問題はすでに技術的に「解決」されている。そして解決されているために、別の新しい問題が噴出しているのだ。

しかし「女」の欲望はおそらく、そうではない。彼女の、世界が燃えるのをただ眺めたいという欲望は、実のところありふれたものに違いない。しかしそれはありふれているがゆえに、厄介だ。自己は何も「する」ことはなく、他の誰かから何者か「である」ことを認められることもなくただ存在しているだけで、世界の変化に呑みこまれていくことに彼女は「遊び」の快楽を、恍惚を覚えている。おそらくここに、プラットフォームの支配を相対化するための最大の鍵が隠されている。それは今日において、結果的に忘却されている欲望にほかならないからだ。

今日のグローバルに肥大した資本主義と情報技術のカップリングは、人類にふたつのゲームを与えている。ひとつ目は、個人が市場というゲームのプレイヤーとして自己実現「する」というものだ。そしてふたつ目は、そのグローバルな市場の一部としてプラットフォーム上で承認を交換することで何者か「である」ことを確認するゲームだ。前述したように、このふたつのゲーム――二十一世紀の〈グレート・ゲーム〉――は深く結びついている。前者のグローバル資本主義のゲームの中心にインターネット上のプラットフォーム産業があり、この産業は後者の相互評価／承認の交換のゲームの「胴元」となることで利益を上げている。

しかし「女」の欲望は、ただ世界が燃えるのを見たいという欲望は、このふたつのゲームの外部にあるものだ。それはありふれた、しかし強固で根源的な欲望でもある。問題は今日において、この世界が燃えることへの欲望が、資本主義と情報技術の発展がより安価で簡易にしたふたつのゲーム――「する」ことへの評価と「である」ことへの承認の獲得のゲーム――の肥大により、相対的に忘却されはじめていることだ。人類はいま、「する」ことによる評価と「である」ことに対する承認の中毒になり、第三の欲望を忘れようとしているのだ。

戦後日本思想史に明るい読者は、この議論の背景に丸山眞男が一九五九年に発表した「「である」ことと「する」こと」というエッセイがあることを察したはずだ。

丸山は以下のように論じる。

「である」ことは共同体内で与えられる承認に、「すること」は行為に対する社会における評価に結びついている。その人が誰であったとしても「する」ことの結果に対する評価がその価値を決定する――これが近代社会の原則だ。

丸山は戦後四半世紀を経ても、日本社会は村落的な共同体の論理に行政も産業も支配され、人間が「である」ことでしか判断されず、「である」というアイデンティティが支配的であることを批判する。

しかしこのとき丸山は戦後日本の「ある部分」――おそらく当時急速に発展を遂げていた工業を中心とした産業社会を念頭に置いていると思われる――が「する」ことの論理に急速に侵されすぎていると危惧する。そのため、これは読者にやや混乱した印象を与えるエッセイになっている。

ここで丸山は日本社会の前近代性、封建制の特徴をそのアイデンティティのもちかたに求めている。戦後に至っても、日本人のマジョリティは「である」というかたちを取る。福田村の住人「である」とか、〇〇友の会の会員「である」など、メンバーシップに対する承認がそこでは問われる。

実際に思い当たるフシのある人も多いだろう。ＪＴＣ（日本の伝統的企業）に今もはびこる「飲みニケーション」では、頻繁に共通の敵の悪口を言って結束を固める。ＳＮＳでふだん「文化的」で「リベラル」な主張をしている人たちも政治的、文化的に自分たちの仲間「ではない」相手に対してはアンフェアな切り取りも、容姿や出自に対する中傷もやり放題……なんて光景は珍しくない。これらは総じて「である」というメンバーシップに対する「承認」を確認する儀式だ。

丸山の理解に照らし合わせれば、このような文化の残る社会は「近代的」な社会ではない。近代の市民社会は「する」ことを「評価」されることで、社会の一員であることが確認される。近年の労働論に照らしあわせれば、前者（である）はメンバーシップ型で、後者（する）はジョブ型ということになるだろう。

しかし丸山が戸惑いを見せるように、この前近代性を「する」というタイプのアイデンティティに切り替えて近代化すれば理想的な社会が訪れるのかというと、当然そのような単純な話にはならない。

今日のＳＮＳのプラットフォームにおいて承認の交換が、つまり「である」というアイデンティティの確認をめぐる下位のゲームが支配的なのは、この「する」ということに対する「評価」のハードルが高いためだ。言い換えれば、前述の上位のゲーム――グローバル資本主義のゲーム――のプレイヤーは、運と才能に恵まれ、そこに膨大な努力を投下できた一握りの人間に限られる。しかし下位のゲーム――承認の交換――に必要なのは、敵を名指しして味方であることをアピールする卑しさだけだからだ。実績を上げそれが「評価」されるより、誰かを貶めてその敵から「承認」されるほうが圧倒的に安価で、そして「速い」からだ。

つまり今日の情報社会では、「する」というアイデンティティをもちうるのは（「自由意志」という虚構を、無邪気に信じられるのは）、デイヴィッド・グッドハートの述べるAnywhereな人びと（クリエイティブ・クラス）に集中し、Somewhereな人びと（労働者）は、「である」というかたちでしかもちえない。敵を名指しして、口汚く罵ることは「する」行為としては「評価」されないが、共同体のなかでの「承認」、つまり「である」ことの確認としては有効な手段だ。そのため、必然的に「アイデンティティの政治」が後者（と、後者を動員するインセンティブのある前者）の支持を得る。マイケル・サンデルやデイヴィッド・グッドハートはメリトクラシーを批判する。それは言い換えれば才能と運に恵まれた人が「成功」する以外に正当な自己確認ができない経済構造に対する批判だ。これらのメリトクラシー批判が重要なのはこの点にある。

要するに「である」ことを効率よく求めると村落の外部の敵に対しては攻撃的で、内部の秩序は「いじめ」で維持される共同性に陥り、「する」ことを求めるとメリトクラシーの肥大を呼ぶのだ。

では、どうするのか。ここで必要とされているのは「である」ことでも「する」ことでもなく、世界が自己の存在と無関係に変化することだ。そのことで、自己のアイデンティティについて問うことを、一時停止させることだ。戦争という「真の恋人」を見つけた彼女は、その間に（野村が囚われていたような）自己と世界との関与の問題を、アイデンティティについて問うことを一蹴していた。このように「庭」的な場所は、「である」ことでも「する」ことでもなく、この問いを無効化する回路を備えないといけない。自己と無関係に世界が変化すること。そう感じさせる回路を備えることが必要なのだ。

おそらくここに、「庭」の満たすべき究極の条件がある。それは「である」ことでも「する」

ことでもなく、自己と無関係に世界が変化することだ。この条件はこれまで考えてきた「庭」の条件のうちいくつかを――たとえば「関与できるが、支配できない」――を、より根源的なものに言い換えたバージョンでもある。その意味において、これは究極の「庭の条件」なのだ。「である」ことでも「する」ことでもない第三の回路――自己と無関係に世界が燃えるのを、変化するのをただ感じること――を備えること。これがプラットフォームの支配から人間を解放するための最大の鍵になる。

それは言い換えれば、「女」の欲望を戦争や疫病の力を借りずに、平時に、日常の暮らしのなかにインストールすることだ。


「戦争中は可愛がつてあげたから、今度はうんと困らしてあげるわね」

「いよいよ浮気を始めるのかね」

「もう戦争がなくなつたから、私がバクダンになるよりほかに手がないのよ」

「原子バクダンか」

「五百封度《ポンド》ぐらゐの小型よ」

「ふむ。さすがに己れを知つてゐる」


野村は苦笑した。私は彼と密着して焼野の草の熱気の中に立つてゐることを歴史の中の出来事のやうに感じてゐた。これも思ひ出になるだらう。全ては過ぎる。夢のやうに。何物も捉へることはできないのだ。私自身も思へばたゞ私の影にすぎないのだと思つた。私達は早晩別れるであらう。私はそれを悲しいことゝも思はなかつた。私達が動くと、私達の影が動く。どうして、みんな陳腐なのだらう、この影のやうに！　私はなぜだかひどく影が憎くなつて、胸がはりさけるやうだつた。[*14]

これは『続戦争と一人の女』の結末部だ。ここで「女」は、戦後の「陳腐」な世界を憎む。「憎くなつて、胸がはりさけるやうだつた」と述べる。「女」は自分を支えていた回路が、戦争の終わりとともに閉じてしまうことを予感しているのだ。

そう、問題は平時には「真の恋人」は出現しないことだ。

これまで述べてきたように戦争や疫病が顕在化させる「女」の欲望は、今日においては隠蔽されている。人びとは、世界が燃えるのを見たいという欲望を、ウイルスの存在そのものを恐れ、目をそらし、人間間の相互評価のゲームに埋没する。今日においてはあの規模の疫病すらも、「女」の恋人ではなく野村の恋人に矮《わいしょう》小化されてしまっているのだ。

そして野村が直面していたアイデンティティをめぐる問題は、今日の情報技術が低コストに（擬似的に）解決してしまう。そのことが、今日の情報社会のプラットフォーム化をうながし、民主主義を麻痺させせつつある。この状況を相対化（緩和）するために、本書は「庭」的な場所をサイバースペース／実空間を問わず設けることを提案してきたのだ。

世界大戦をはじめることでもなければ、より凶悪な疫病を蔓延させることでもなく、「である」ことでも「する」ことでもないかたちで、世界が自己の存在を許容することが実感できる場所、つまり「庭」が必要なのだ。その「庭」は戦争のようにすべてを満たす総合的なものである必要はない。これまで検討してきた「庭」の条件のうちひとつでも満たしていればそれでよい。そうした「庭」的な場所をテロリズムのようにこの社会のあちこちにねばり強くつくりつづけ、「庭」たちのネットワークが都市に維持されたとき、そこに結果として「交通空間」が成立するのだ。

しかしおそらく多くの読者はこう考えるだろう。果たしてこの作庭＝テロリズムはほんとうに世界を変えうるのか、と。この「女」の欲望に、世界が燃えるのを見たいという欲望に匹敵する力を発揮することでプラットフォームに対抗できるのかと。個別の場所では小さく、発揮するだろう。しかしそれらが大きな波になる未来が想像できない、と……。私もまったくそう思う。

あっさりと認めてしまおうと思う。社会のあちこちに「庭」的な場所を設けるだけではそれは不可能である。実はそれが本書の結論だ。これまで例示してきた「庭」的な場所たちは、いずれも人間を一時的にだが「何者でもない」存在にすることができる。しかし、「庭」が提供できるのは、世界が燃える姿を見せることではなく、その代替として同じように「である」ことも「する」ことも求められない状態に人間を導くことまでだ。たしかに「庭」的な場所が存在することで、はじめてそれは可能になる。したがってこれまでの議論は不可欠なものだ。しかし「作庭」を続けることだけでは、もはや問題は解決しないこともまた、明らかだ。残念ながら、「庭の話」はここで終わりだ。

しかし本書はまだまだ終わらない。この「庭」がより大きな力を発揮するための別の条件がその外部にある。「庭」という環境ではなく、そこを訪れる人間の活動を変えることで、「庭」たちのネットワークのつくる「交通空間」は「女」の欲望を、満たさないまでもそれに肉薄することができる——それが本書の真の結論だからだ。そして、このふたつの条件が揃うことではじめて「庭」は正しく機能するのだ。

#12 弱い自立

§1 「承認」でも「評価」でもなく

と、いうことで本はまだ途中だが「庭の話」はもう終わりだ。「作庭」することだけで、問題は解決できない。現代の交通空間を構想し、サイバースペース／実空間に実装すること——それを本書は目的にしてきたが議論の結論はそれ「だけ」では問題は解決しない、というものだ。

しかし、驚くには値しない。ある道具を十二分に活かすためには、その道具の限界を知ることが必要だ。人文学がメタ言説として特権的な位置を占めるのだという傲慢こそが、そのメタ的なアプローチをもっとも貧しくするだろう。本が好きな自分が好きだという気持ちこそが、そこに書かれたものを読み、受け止めることから人間を遠ざける。大事なのはむしろ、「作庭」というアプローチの限界を考えることだ。それは逆に、何がそこに加えられれば「作庭」というアプローチがもっとも活きるのかを知ることになるだろう。

そもそも本書の目的は魔法の杖を見つけることではない。問いの解を探し、同時に問いをアップデートすることだ。

そしてアップデート後の問いとは、『続戦争と一人の女』に登場する彼女の欲望に応えるものを、つまり彼女の「真の恋人」を戦争「ではない」もので用意することだ。「である」ことでも「する」ことでもなく、ただそこに「いる」だけで、世界が変化すると感じられること――「作庭」のみでこの欲望を満たすことも、この欲望を相対化することも難しい。しかしこのレベルの力がなければプラットフォームは内破することはできないのだ。そこで、ここからは「庭」ではなくそこを訪れる人間の「活動」の側からこの問題を考えてみたい。

「である」こととは共同体内の承認、「する」こととは社会的な評価と結びつく。そして前者は「Somewhere な」人びとの、後者は「Anywhere な」人びとのアイデンティティの確認の手段として定着している。

これまで再三指摘してきたように、この分断と格差を批判するイデオローグたちの多くは、左右ともに、市場経済による人間の個人化を批判し、共同体への回帰を主張する。

グローバルな資本主義のゲームのプレイヤーとなり、個人が素手で世界に触れる実感が得られる「Anywhere な（どこでも生きていける）」人びと、つまり市場からの「評価」でアイデンティティを形成できる人は、デイヴィッド・グッドハートの述べるように一握りのグローバルなエリート層にすぎない。

大半の人間は個人という単位で「評価」を得ることは難しい「Somewhere な（どこかでないと生きていけない）」人びとであり、彼らは共同体からの「承認」がないとアイデンティティが安定しない。そのため、左右のイデオローグは共同体への回帰こそが、社会の安定につながる、と訴えるのだ。

こうして左右の共同体主義者たちは共同体への参加ハードルを下げようとする。だから「寄る辺なき個」を生まないように「常連」が温かく迎える街のカフェをつくる、といった空回りを演じてしまう。物語の主役が舞台の中心でふんぞり返り、脇役や端役を搾取する構造がある場所が、社会的弱者にとってのセーフティーネットになるはずがない。弱者に手を差し伸べられるのは、人間関係を築いていればパンが無償でもらえる「共同体」ではなく、（たとえば国家の再分配で得た）貨幣をもっていけば、どこの誰でもパンが買える「社会」なのだ。

人間の暮らしを共同体ベースにしたものに回帰させることは、メイツ星人や身寄りのない少年が、共同体から排除されパンを売ってもらえない世界をつくることを意味する。共同体とは、常に生贄を必要とし内部と外部に線を引き、その境界線を訂正しつづけることによって、成立するものにほかならないのだ。

したがって今日における個人のアイデンティティの問題は「承認」ではなく「評価」に足場を置くことに「とりあえず」仮定せざるをえない。

つまり、これからの社会は「承認」のゆりかごを充実させるか、「評価」のハードルを下げるかの二択になる。左右の共同体主義者は前者を構想する。しかし本書の提示する処方箋は「評価」の側をベースにしたものとなる。

誤解しないでほしいが、本書はここで新興のビジネスジャーナリズムのように、アントレプレナーシップに目覚めて意識が高いビジネスマンになれ、などとアジテーションする気は毛頭ない。むしろ逆だ。数名の人間関係でのちょっとした「承認」が人間を支えるのと同じようにちょっとした市場上の「評価」でも、人間は十分精神的に支えられる。そもそも市場からの「評価」がメリトクラシーの勝者であるエリートの証明になっていることが間違いなのだ。問題はむしろAnywhereな、「どこでも」生きていけるスタイルをどれだけ「ありふれた」「なんでもない」ものにするか、なのだ。

そして「評価」のハードルを下げることは第一段階にすぎない。最終的にたどり着かなくてはいけないのはあくまで「する」ことを市場の「評価」から切り離すことだ。「である」ことでも「する」ことでもない、第三の回路を「庭」ではなく人間の活動として設けることが、本書のたどり着くべきゴールだからだ。言い換えればそれは「する」ことを、市場の評価から、ゲームの攻略から切断すること、いや、切断された領域を確保することなのだ。

さらにそれは言い換えればAnywhereな人びととSomewhereな人びとのような分断を乗り越えたかたちで「する」というアイデンティティの実現が図れる社会なのだ。

しかし、どうやって?

§2　アグリゲーターのいる会社

そもそも、「評価」のハードルを下げるとはどういうことだろうか。

ここで重要なのは、個人が世界に関与しうるという「手触り」のようなものだ。ここで人びとに与えられるべき「手触り」は必ずしも輝かしくロマンチックなものである必要はない。したがってシリコンバレー的なものに憧れをつのらせる人びとが主張するように、いつの間にか「勤め人」が支配的になったこの国の産業社会を変えるために、彼ら／彼女らに対して意識高く「起業」をうながす必要などはまったくない。この例でいえばむしろ近年ようやく普及してきた副業や複業で「弱く」自立するモデルが、今日の日本においてはある程度有効だろう。

もちろん「ある程度」で十分だ。情報技術の支援を得て発信する快楽を覚えたにもかかわらず、考える力の弱い人は、完全無欠な解決策が示されないかぎり「その考えには、こうした弱点がある」と（たいていは本人がすでに自分で指摘している問題をよく読まずに）指摘して、「こいつよりも自分が賢い」と主張する。しかし少し考えれば自明なことだが、プラグマティズムが教えるとおり、ある程度の、効果が期待できる手法をまずは試す、ことでしか状況は改善しない。神の杖のように、ひとつの解決策ですべてが補えると考えるのは、単に知識と思考力の欠如だ。

この実例として書き加えたいのが、私たちの「働きかた」の問題だ。

たとえばコロナ・ショックとそれに対応した「新しい生活様式」はホワイトカラーにリモートワークの可能性を示した。これは現代の多くの産業において、実空間としての「職場」への「出勤」が不可欠なものではないことを証明した。リモートワークは怠惰な従業員の「サボり」の温床であることも、経営陣の組織掌握度の低下を呼ぶことも、意思疎通などの非効率化をもたらすことも明らかだ。しかしこういった組織の、雇用する側の都合が労働者一人ひとりの幸福を妨げてまで優先されるべきかという問いを、現代人は突きつけられることになった。そして現代的な創造性と同義に近づいた「生産性」は、精神の自由と幸福を前提に大きく引き出せるのではないか――そのような問いも同時に突きつけられたはずだ。

なかには「共創」という化学反応を引き起こすために、チームメンバーの実空間でのコミュニケーションが有効だ、ひいては共同体が必要だとしたり顔で述べたくなる人もいるかもしれない。しかしそのための交流の場が二十世紀的な職場への回帰に限られる必要がないことも明らかだ。事実上メンバーシップの確認のための儀式でしかない「会議」の類も、昭和的な「飲みニケーション」もとりあえず溝に流すところからはじめる他にはない。とくに前述したメンバーシップ型の雇用が大半を占め、「飲みニケーション」が象徴する人間関係の肥大をその特徴とするこの国における「職場」は、生業の場であると同時に社会の基礎単位としての共同体の側面が強い。一九七〇年代以降、終身雇用を前提とした企業への「所属」が家族単位での社会保障の実質的な機能を担ってきたことは広く知られている。部下に囲まれて「忖度《そんたく》」される場が恋しくてしかたがない大企業の管理職や中小企業のオーナーのあまり同情できない悲しい事情は別にケアするとして、まず私たちはこうした「構造」を変えることからはじめるべきだろう。つまり、株式会社への所属を中心とした私たちの「働きかた」とその仕組みを変えるのだ。

たとえばコンサルタントの柴沼俊一《しばぬましゅんいち》は「アグリゲーター」（Aggregator）という概念に注目し、株式会社のアップデートを主張する[★1]。

これは「集める」ことを指すアグリゲート（aggregate）する能力をもつ職種のことを指している。柴沼は同名の著作で、このアグリゲーターの仕事を「短期間に社内外の多様な能力を集め・掛け合わせて、徹底的に差別化した商品・サービスを市場に負けないスピードで作り上げる」ことだと定義している。

ここで重要なのは前段の「社内外」という部分だ。要するに、ここで柴沼は株式会社のもつ堅牢な組織と規模（拡大の可能性）と、プロジェクトごとに組織の壁を超えて柔軟にチームを編成する新しい働きかたのかけあわせの必要性を主張している。前者（従来の大企業的な組織）と後者（現代的なベンチャー企業、または企業未満のプロジェクトチーム）との橋渡しをし、複数のプレイヤーのセッションを切り盛りする役割を担うのが「アグリゲーター」だ。

この柴沼の議論は、たびたび引用してきたデイヴィッド・グッドハートの指摘する「Anywhere」な人びとと「Somewhere」な人びとの対立を解消する方法を考える上での大きな手がかりになる。

現代的なクリエイティブ・クラスである「Anywhere」な人びとにとって国籍や所属組織は自分についているタグのようなものにすぎず、転職や移住も必要に応じて柔軟におこなう彼ら／彼女らはその活動が世界に与える影響は小さくとも、たしかに世界に素手で触れている実感とともに生きている。これはグローバル資本主義と情報産業に強く適応したクリエイティブ・クラス以外には選択できないスタイルだ。しかし、柴沼の議論が重要なのは、その力点がむしろこうした「組織よりも個を優先した」主体を育て、活躍させることが可能な環境（「アグリゲーター」のいる新しい会社組織）の側にある点だ。

会社や社会と比べ、個人を取り巻く環境変化のスピードが速くなっていることは、既に述べた。その個人の変化を牽引しているのは誰かといえば、一割六割三割でいえば「一割」に属する人たちだろう。スーパーノマドであり、グローバルエリートである。彼らはまず、企業や社会に変革をもたらそうとしている。六割の人たちはそれを見ながら、自分も変わらなければならないことを自覚し、何らかのアクションをしてみようと試みている。それが、今起きていることだ。

かく言う私も典型的な「変わりたい六割」の一人である。子育てや介護もできれば自分で担いたいので、個人としての生活の自由度はある程度は確保したいと思っている。

だから人生のすべての時間を会社だけに捧げたいとは考えていない。もちろん、仕事の面でそれなりの専門性は持ってはいたいが、だからといって、一割の人のように完全独立した個人として生きていく極端なリスクも負いたくないと考えている。会社に所属しながらも、自分の強みにフォーカスし、成果を出すことに集中しながら働きたいと思っているのだ――。

（中略）その動き始めた六割を積極的に活かすには、企業も変わる必要がある。（中略）「現場にいる個人の嗅覚・働き方が経営に直結する」ようになっている今、企業と個人は新しい共存関係をつくり上げる必要がある。それには、個人だけが変わるだけでは不十分であり、企業が変わるだけでも足りない。片方だけが変わるだけでは、今後も経営課題は解決されず、個人が不満を抱え続ける。個人と企業とが同時に変わるようにし、ギャップを埋めていかなければ、新しい価値創造のかたちは実現できないのだ。劇的なスピードで進行する知識社会における個人と企業の関係のあるべき姿は、連立方程式のように同時に解いていかなければならない。★2

誤解すべきではない。柴沼はアグリゲーターであれ、とアジテーションを試みているのではない。アグリゲーターのいる新しい組織を、働く場所のかたちを提案しているのだ。その実現によって、「六割」の、どちらかと言えば「Somewhere」な人びとが、意識を高くもって強く「自立」するのではなく、むしろ多方面の社会関係にかかわり社会的、経済的にリスクヘッジしながら弱く「自立」していくモデルが柴沼の提案だ。そのために鍵となるのが、従来の株式会社をその内部からなかば解体し、再編する「アグリゲーター」なのだ。

つまり、ここでこの「アグリゲーター」を新時代に望まれる「職種」だと考えてしまうと、そのポテンシャルを見誤ってしまう。アグリゲーターであれ、とアジテーションすると単に「Anywhere」なライフスタイルが可能なニューエコノミーに従事するパワーエリートとそれ以外の大半の人びととの間の「壁」を超えられず、むしろ再生産してしまう。

しかし柴沼がここで述べているアグリゲーターとしての機能が「環境に備わった」ときはどうだろうか。私たちは、そのときはじめてプラットフォームを内破する新しい場所を手に入れられるはずだ。村落的な共同体を、贈与のネットワークへの回帰を拒否し、あくまで都市的な社会を、交換のネットワークを維持しながら内破する——そのためには個人を消極的に、「弱く」自立させる環境を設定することが必要なのだ。

そう、私たちは別に「強く」ならなくても——アントレプレナーシップに目覚め、クリエイティブ・クラスにならなくても——それができる一定の環境があればよいのだ。

§3 プラットフォームをハックする

ここで補助線になるのが文化人類学者の小川《おがわ》さやかの議論だ。『チョンキンマンションのボスは知っている』などの著作で紹介される小川の研究ではタンザニアの出稼ぎ商人たちのネットワークがたびたび取り上げられる。[*3]

彼らは基本的に自営業者だ。そして大体の場合が複数の「事業」を営んでいる。(衣服から自動車までと実に幅広い)中古品の販売、飲食店経営、交易人のアテンド、そしていわゆる「裏稼業」の類に至るまで、そのバリエーションは無限にあり、その多くがインフォーマルマーケットを対象にしている。ここで注目すべきは、彼らのなかで働くことは基本的には生存の手段であり、必ずしも自己実現と結びついていないことだ。

日本人は真面目に働かないことに怒る。仕事の時間に少しでも遅れてきたり、怠けたり、ズルをしたりすると、日本人の信頼を失うってさ。アジア人のなかで一番ほがらかだけれども、心のなかでは怒っていて、ある日突然、我慢の限界が来てパニックを起こす。彼らは、働いて真面目であることが金儲けよりも人生の楽しみよりも大事であるかのように語る。だから俺たちが、子どもが六人いて奥さんも六人いるとか、一日一時間しか働かないのだというと、そんなのおかしいと怒りだす。アフリカ人は貧しいのだから、一生懸命に働かないといけないと。アフリカ人がアジアで楽しんでいたり、大金を持っていたり、平穏に暮らしていると、胡散臭いことをしていると疑われる。だから俺はサヤカに俺たちがどうやって暮らしているのかを教えたんだ。俺たちは真面目に働くために香港に来たのではなく、新しい人生を探しに香港に来たんだって。[*4]

このタンザニア商人たちの世界観は、同じ「自立」的なものでも明らかにシリコンバレー的なアントレプレナーシップとは異なっている。シリコンバレーのアントレプレナー及び、それに憧れるスタートアップに青春を捧げる若者たちがみずからの手がけた仕事を通じて世界を変えることに生きる実感を得ようとするのに対し、タンザニアのインフォーマルマーケットの商人たちは、単に人生を謳歌する（その内実は、それぞれまったく異なっていると思われる）ための手段——自由を保証する金銭の獲得——としてその事業を営む。そのために、彼らの事業は端的にリスクの分散が求められる。その事業が、仕事がアイデンティティと無縁だからこそ、その内容は究極的には「何でもよく」、それゆえに結果的に複数の事業を並行しておこなう形態が支配的になる。

このときタンザニアの商人たちの自立のセーフティーネットとして機能するのが、彼らの贈与のネットワークだ。ただ、それは左右の共同体主義者たちが、オリエンタリズム丸出しで理想化する前近代的な共同体の、贈与のネットワークとはかなり異なっている。

彼らは商習慣として、ものの「ついで」に知りあった人びとを可能な範囲で援助する。援助された側はその借りを返すこともあれば、返さないこともある。しかし、ネットワーク内の商習慣として、余力のあるメンバーが他のメンバーを可能な範囲で援助するという「習慣」が、セーフティーネットとして機能する。小川はこれを「「ついで」の論理」と名づける。

この「ついで」に利他的な行為を重ねることで成立するネットワークは、メンバーシップの拘束を大きく緩和する。ここでは共同体のメンバーを擬似的な家族として守り抜くのではなく、自分が「ついで」におこなう利他的な行為が、将来的に他の誰かが自分を助ける動機になることを期待される。しかしあくまで「ついで」のことなので、つながらなくてもかまわない。この鷹揚《おうよう》にかまえることをよしとする文化が、結果的に強靭な贈与のネットワークを形成し、セーフティーネットとして機能する。[★5]

そしてここで重要なのは、このタンザニア人の出稼ぎ商人たちの贈与のネットワークが、今日のプラットフォーム化したインターネットの利用によって成り立っていることだ。

小川はタンザニア人のインフォーマルマーケットが、WhatsAppやInstagram、Facebookなどの SNS のプラットフォームに依存していることに注目する。彼らはこれらの既存のプラットフォームを組みあわせて用い、仮想のプラットフォーム「TRUST」を運営している。ここでの取引は特定の誰かを信用するのではなく、自分たちの共同体の与える信頼によって支えられている。ただしこの共同体のメンバーならば「信用」できる、とは彼らは考えない。そうではなく、ふだんのプラットフォーム上の振る舞い（文章や動画の投稿など）から、この程度の利益のために騙すことはないだろう、という判断材料が文脈の共有によって与えられる。その結果として発生する（こともある）「信頼」が、取引を可能にしているのだ。

Uber や Airbnb など、シェアリング・エコノミーのプラットフォームを直接利用したとき人間は他のユーザーから常に評価され、その評価は蓄積する。しかし、「TRUST」のような共同体内の文脈に依存したプラットフォームの部分的な利用においては、その評価は明示されず、そのときどきの状況が総合的に検討され新参者や過去に失敗した人間にも機会が与えられることがある。小川はこの不完全な情報のもつ冗長性を実質的なセーフティーネットとして評価するのだ。

つまりここでは共同体内の承認と、セーフティーネットへの接続権を結びつけないためにプラットフォームが利用されていると言える。しかし、ネットワークそのものをプラットフォームに依存することはけっしてない。彼らはあくまでプラットフォームの一部をハックし、自分たちのネットワークが共同体に閉じないようにコントロールしているにすぎないのだ。

§4　弱い自立

柴沼と小川の議論は、その方向性はまるで異なっている。しかしともに既存の資本主義の一部を改変することで、社会に大きな変化を与えるポテンシャルを秘めていると考える点で共通している。

柴沼の議論を手を動かすよりも社交に時間を割き、あらゆるプロジェクトに「いっちょ嚙み」してそれにさもキーパーソンとしてかかわったかのように吹聴する「業界ゴロ」の正当化に用いるべきではないし、小川の議論を贈与のネットワークを掲げプラットフォームを批判し、人文学が工学を相対化して溜飲を下げるといった、きわめてつまらないことの道具に矮小化すべきでもない。

柴沼の議論で重要なのは、いまや市場が株式会社に代表される従来の「共同体的な」組織を要求しなくなっていることを前提にそのオルタナティブを提案している点だ。そして小川の議論で重要なのはプラットフォームを共同体の「縛り」を緩和するために用いることが――彼ら／彼女らが意識の高いアントレプレナーでなくとも、いや、それとは程遠い小商いの担い手であるからこそ――人間をあるレベルで自由にすることを示していることだ。さらに言い換えれば、そこにはきわめて消極的な、「弱い自立」ともいうべきものが成立していることなのだ。

ここで選択すべきは、いま市場において支配的な二十一世紀の〈グレート・ゲーム〉のプレイヤーとして自己啓発に勤しむ（ことで世界に対し現状肯定の言葉しか語れなくなる）のでもなければ、資本主義の外部を提示すること（左翼的に振る舞うこと）を手段ではなく目的と化して、理論的にも破綻し実証的にも足りない事例をロマンチックな修辞で誤魔化しながら陶酔気味に語ることでもない。

ほんとうに批判力のあるモデルは、これまで考えてきたようにむしろ資本主義と都市の内部にある。そこで獲得すべきものは「家」ではなく「庭」であり、そこで人びとが集うのはグループではなくコレクティフであり、共同体ではなく社会であり、自治のためのアソシエーションではなく、アグリゲーターを内在した新しい株式会社とプラットフォームのハックといったものが実現する、資本主義のプレイヤーとしての「弱い自立」なのだ。

そして「弱い自立」により「評価」のハードルを下げること――これが「である」ことでも「する」ことでもない、「承認」でも「評価」でもない道への入り口になる。アグリゲーターによりなかば解体された株式会社のメンバーは、あるいはタンザニアの出稼ぎ商人たちは、市場を通じて「自立」しているがグローバル資本主義のゲームからはなかば降りることができる。つまり彼らは共同体から自立し、そこから得られる承認に支えられていないが、かといって市場からの評価を直接的にアイデンティティに結びつけてもいない。前者は自己実現よりも自分たちのプロジェクトが実現することそのものに、後者は自分たちの暮らしが楽しく彩られることに、それぞれ主眼が置かれやすい環境をつくりだす。言い換えれば前者は株式会社を維持しながらも個人の単位に近いかたちで活動するという中間的な形態を可能にすることでゲームへの過剰適応を回避しうるし、後者はプラットフォームを適切に活用することで、共同体を維持しながらもその束縛を大きく緩和し、セーフティーネットにしている。

まずは「評価」のハードルを下げることを、本章では提案した。

そしてその上で、次の段階として「自立」とゲームのプレイヤーであることを、デカップリングする可能性について考えてみたい。言い換えればそれはこの「弱い自立」を、共同体からの承認だけではなく、社会からの評価にも依存「しない」ものにすることだ。

そこでそのために本書は、あらためてこの「自立」という概念について考えてみたい。そしてこの「弱い自立」のルーツは、吉本隆明の『共同幻想論』をめぐる議論にある。

#13 「消費」から「制作」へ

§1 対幻想から自己幻想へ

復習から始めよう。

吉本隆明は一九六〇年代の学生反乱の季節の終わりに、共同幻想（具体的には政治的イデオロギー）からの「自立」の根拠を対幻想（具体的には戦後中流的な家族形成）に求めた。この吉本の処方箋は、経済的には高度成長を経て中流化を成し遂げる一方で脱政治化し、未熟で形式的なものにとどまる民主主義から目を背ける選択を、それもなし崩し的におこなっていった日本国民のマジョリティの感性に理論武装を与えるものでもあった。この「戦後的なもの」が今日のＪＴＣ（Japanese Traditional Company）と揶揄される封建的な会社組織やたびたび国際社会からの批判の的になる深いジェンダーギャップの温床となっていったことはすでに確認したとおりだ。

吉本は『共同幻想論』で対幻想が共同幻想に転化する条件を『古事記』の分析から導き出す。それは兄弟姉妹的な対幻想と、夫婦／親子的な対幻想——これらはそれぞれ友愛と性愛に相当する——が、宗教的な儀礼を通じて近親姦的に重ねあわされることだ。空間的な広がりを象徴する友愛と、時間的な広がりを象徴する性愛が合一すること——それが赤の他人を拡張家族の一員として見なす国家という装置の成立条件なのだ。[★1]

そして吉本はここで、神話からの自由を獲得した近代人は、両者を切断し性愛的な対幻想を共同幻想に転化させることなく維持することで共同幻想に対抗できることを示唆している。しかしこの国の戦後史が証明するのは、対幻想は共同幻想から独立することはなく、常にその再生産の温床となる、という現実だ。今日の情報技術によって個人が複数のアカウントを所持し使いわけることが可視化する「ように」、ある幻想に依拠したアイデンティティと別の幻想に依拠したアイデンティティは同じ人物のなかに容易に並存する。この「分人」的アプローチは当時においてもすでに資本主義の発展に後押しされありふれたものになりはじめていた。それが妻子を守る「ためにこそ」職場では「社畜」となり集団のなかに個を埋没させ、思考停止する戦後中流的な大衆の姿だった。彼らが、共同幻想に対し対幻想を根拠に「自立」していたとは間違っても言えない。彼らはむしろ、対幻想に依拠していた「からこそ」共同幻想に埋没していたのだ。そしてそれは、吉本がイデオローグとして機能した六〇年代の学生反乱の季節からなかば自明だったことのはずだ。加藤《かとう》登紀子《ときこ》の『時には昔の話を』のように——と比喩してしまうと少し面白がりすぎなような気もするが、革命という物語を背景に盛り上がっていた共依存的な夫婦や恋人たちはむしろありふれた存在であったはずだ。

にもかかわらず、吉本のこの言説が受け入れられたのは、当時において革命より家庭を選ぶことが、対幻想に依拠することで共同幻想から自立することが必要なのだと説く言説が自己正当化の論理として必要とされていたからにほかならない。そして、この事実は吉本の処方箋が当初から「自立」の要件を満たさないものであったことを意味するはずだ。

ここで戦後日本的な矮小な家父長制「ではない」対幻想を想定することはそう難しいことではない。たとえば上野《うえの》千鶴子《ちづこ》は対幻想にとどまりながらもそれを家族未満の性愛にとどめることでこの問題を回避することを主張した。[★2]そして上野のものから今日の「ケア」という錦の御旗に依存した言説まで、対幻想のあるべきかたちを追求し、吉本の敷いたレールの上を走る「自立」論は無自覚なものも含めこの半世紀のあいだ反復されつづけている。

しかし六〇年代末に吉本の提示した「自立」のプロジェクトの失敗は、対幻想への依拠こそがむしろ共同幻想への埋没をもたらすメカニズムを理解していなかったことに起因する。それは吉本が、人間が複数の共同性に接続する社会的な生物であることを見逃したことによる、構想のレベルでの失敗なのだ。

したがって家父長制的な「所有」からフェアな「関係」へ、家族や恋人といった親密圏の関係性を「改善」すること——それ自体が望ましいことであるのはもちろん前提として——は対幻想を維持するための共同幻想（関係を維持するために召喚されるイデオロギー）を強化することはあっても、解体することはない。コロナ・ショック下のワクチンについての陰謀論が親密圏——とくに夫婦や親しい友人との対の関係——によって強く伝播し、社会に深い傷跡を残したことは記憶に新しい。[★3]依存対象のメッセンジャーの既読表示を常に気にする人間が後を絶たないことに象徴的だが関係性の対幻想は、常に接触し「つづける」ことで維持される。そしてその接触の継続のために、しばしばより強くふたりの物語の燃料としての共同幻想を要求することになるのだ。

おそらく吉本本人もこの問題には自覚的であったと考えられる。吉本は——当時すでにこの言葉を使わなくなっていたが——「自立」の次なるプロジェクトとして、八〇年代にようやく日本にも到来した消費社会を肯定する。一九八四年に吉本は女性向けファッション雑誌『an·an』に全身をブランド服で固めて登場する。[★4] このパフォーマンスを、埴谷《はにや》雄高《ゆたか》は資本主義の「ぶったくり商品」を着ていると批判する。[★5] 対して、吉本はこの消費という回路が大衆を「個人」として解放する側面を評価すべきであると反論する。有名な「コム・デ・ギャルソン」論争だ。当時、吉本は以下のように述べている。

> 「アンアン」という雑誌は、先進資本主義国である日本の中学や高校出のＯＬ（中略）を読者対象として、その消費生活のファッション便覧《マニュアル》の役割をもつ愉しい雑誌です。総じて消費生活用の雑誌は生産の観点と逆に読まれなくてはなりませんが、この雑誌の読み方は、貴方の侮蔑をこめた反感とは逆さまでなければなりません。先進資本主義国日本の中級ないし下級の女子賃労働者は、こんなファッション便覧に眼くばりするような消費生活をもてるほど、豊かになったのか、というように読まれるべきです。[★6]

個人が好きなものを買い求め、用いることで「自己」を確認すること、こうした暮らしの喜びを大切にすること——これは、言い換えれば対幻想ではなく自己幻想に依拠して「自立」を試みるプロジェクトだった。しかしこれまで見てきたように「モノ」を消費することが人間に及ぼす力は、今日においては大きく失われている。

おそらく、その理由はふたつある。まずそれはすでに「あたりまえのこと」にほかならないからだ。今日においてモノを「消費すること」からは、人びとがその味を覚えはじめたときのような魔力は失われている。人間がエンジンを発明してからおよそ百五十年で、機械による身体拡張の快楽（運転）を安全と引き換えに手放すことにためらいがなくなりはじめているように、消費の魔力もすでに損なわれて久しい。

そして次に以前確認したとおり、今日の情報社会下においては「モノ」よりも「コト」に価値の中心が移行したことが挙げられる。私たち人類はいま、みずからの体験を言葉や画像、映像を用いて発信すること、そしてそれが他者から承認されることに大きな価値を見出している。このときモノの消費は金銭や情報と引き換えに、どこの誰でも手に入る体験として、相対的に低い価値を与えられているためだ。

しかし、この情報社会下だからこそ「消費」を用いた自立に挑戦しているのが吉本思想の実践者としての糸井重里だ。

§2　消費社会と「語り口の問題」

糸井重里は吉本の思想をこの国でもっとも早く、大規模にインターネット上で展開した存在だ。彼の主宰する『ほぼ日刊イトイ新聞』[★7]を一読すれば明らかだが、その徹底した非政治性と実質的なECサイト化による「モノ」消費への回帰――この二点において、糸井は吉本の思想の最大の後継者であり、市場における実践者でもあるのだ。

情報社会下で「消費」を、とくに「モノ」の消費を再起動するために糸井が取った戦略は、物語を付与することで付加価値を与えた「モノ」をその読者に販売することだ。それはインターネットを通じて「暮らし」のレベルでモノと人間との関係を豊かにすることによって、人びとを政治的イデオロギーから「自立」させる戦略でもある。「モノ」に「物語」を付与することを重視するのは、社会の情報化で相対的にその力を減じた「モノ」の消費を補うためだ。むしろ物語＝情報＝コトに、糸井の販売する「モノ」の付加価値はある。一着十四万七千円のオーダーメイド気仙沼ニッティング[★8]のうち、いくらが『ほぼ日』の語る復興をめぐる「物語」によって付加されたものなのか……という意地悪な指摘もできる。しかし問題はむしろ糸井の語る「物語」がその内容ではなく「語り口」、つまり対象への距離感と進入角度を提案することで読者を引きつけていることだろう。

コロッケへの愛情を語るエッセイや、「野球とガンダム」といった雑談的なコラムから、安宅《あたか》和人《かずと》や古川健介《ふるかわけんすけ》といった実業界のインフルエンサーと糸井との対談まで、『ほぼ日』の記事のほとんどは「表面的には」無内容だ。少なくとも、与えられた字数に比してその内容は薄い。しかし、そこがいい。コロッケを、野球を、ガンダムを、安宅和人や古川健介を「こんなふうに」触れてしまうこと「そのもの」が糸井のメッセージとして機能している。ここにあるのはいわばミシュラン掲載のレストランではなく、あえて近所の商店街のお肉屋さんのコロッケを再評価する「ような」視線をもつことが、私たちの日常を豊かにするというメッセージだ。『ほぼ日』の「ガンダム」についてのコラムはハイコンテクストな架空年代記との戯れのもつ「楽しさ」の感触を伝えることに力点があり、古川と糸井との対談は日本のインターネット文化の背景にある「モード」の変化をコピーライティング的に「しっくりくる」言葉で表現しているところにその魅力がある。大事なのは「ガンダム」の物語や表現としての新しさでもなければ、古川が事業者の視点から考察する国内インターネット文化のガラパゴス的な発展のメカニズムの理解でもなく、「ガンダム」的なものや「古川健介」的なものを扱う「語り口」なのだ。私も一読者として、この糸井の「語り口」から多くのことを受け取ってきた。

このとき糸井はなにが「正しいか」ではなく、それを「どう語るか」を基準にする。語る対象はある意味なんでもよく、どのような事物でも気持ちよく語る距離感と進入角度があり、それを見つけることがもっとも重視される。つまり「内容」ではなく「語り口」を優先する。この態度は常に自分の「正しさ」を疑い、信じない柔軟性を与えてくれる。逆に「語り口」が固定された人間は、自分が誤りうることを忘れ、与えられたイデオロギーに思考停止してしまう。しかし問題はこの「語り口」はイデオロギーや正義を解毒する一方で、世界に対する違和感を封じこめる作用があることだ。肉屋のコロッケを再評価する視線は、ときに現状を肯定「しない」ことに結びつくことも原理的にはありうるはずだ（たとえば、趣味で「肉屋のコロッケ」を愛するのではなく、最大限の贅沢が「肉屋のコロッケ」になってしまう貧困の問題が浮上してしまう、とか）。しかし「どう語るか」を優先すると、人間に負の感情を与えるコミュニケーションは選ばれなくなる。とくに「正しさ」を根拠になにかを否定することは人間の思考を強い力で縛るために選ばれなくなる。だが世界には確実に悪や不公平に対して声を上げる必要が生まれる場合がある。この「声」を、「語り口」の優先は事前に摘み取ってしまう。じつは糸井の「語り口」のみを問う手法はあるレベルではその対象に対する評価に強く制限を加えているのだ。

ぼくは、じぶんが参考にする意見としては、「よりスキャンダラスでないほう」を選びます。「より脅かしてないほう」を選びます。「より正義を語らないほう」を選びます。「より失礼でないほう」を選びます。そして「よりユーモアのあるほう」を選びます。[*9]

これは糸井のTwitter（現X）上での発言だ。ある価値を語るとき、「語り口」を優先することで、人はより自由になる（こともある）。イデオロギーの与える「正しさ」に思考停止した人びとが空前絶後の破壊と暴力を反復してきた二十世紀という時代を経た私たちは、絶対にそのことを忘れてはならない。しかし、特定の「語り口」を選択することを優先するとき、人は逆に不自由になる。世界に対する違和感を、表明できなくなる。

「スキャンダラスでないこと」、「脅かしてないこと」を大事にする——私はこの糸井のスタンスに完全に同意する。「失礼でない」こと「ユーモアのある」ことを大事にするというスタンスもそうだ。しかしここに「正義を語らない」ことを含めてしまってもよいのだろうか。もちろん、二十世紀の人類が陥った共同幻想の、イデオロギーの罠のことを忘却してはいけない。「正しさ」が人間を、他の誰かを排除する快楽の中毒にもっとも効率的に導く麻薬であることを忘れてはいけない。しかし「正しさ」を語ることそのものを避けてしまったとき、人間は世界に対して無抵抗になる。理不尽や不公平に対して、言葉を失う。この無抵抗であることしか選ぶことのできない世界が、たとえば『ほぼ日』の提供する価格帯の洋服や小物を買い揃えることの難しい、この国の若い働き手の人たちにどう見えるのか、糸井は少し考えてから発言してほしかったように（二十年来の『ほぼ日』愛読者としては）強く思う。

そもそも現代のプラットフォームに氾濫する共同幻想の多くは、そして八十年前にこの国を支配していた共同幻想は、トップダウンに与えられたイデオロギーではなく、ボトムアップに立ち上がり「空気」として拡大していった共同性の産物だったはずだ。

たしかに糸井の「語り口」に基準を置くやりかたはトップダウンのイデオロギーの解毒には有効かもしれない。しかしボトムアップの「空気」の解毒にはどうだろうか。「空気」を読んで、「余計なこと」（たとえば「正しさ」）を口にしないという糸井的な「語り口」優先の態度こそが「空気」の支配を生んでいるのではないだろうか。人間は誤りうる。だから「正しさ」ではなく

「語り口」を優先する。そうすることで人間は与えられたイデオロギーからは自由になるが、自分たちの「空気」に対してはどうか。「ゴキゲンを創造する、中くらいのメディア」——これは『ほぼ日』のキャッチフレーズだ。この「ゴキゲン」と「中くらい」を保つために、共同体の隅で虐げられている人間が「空気」を読まず「正しさ」を真剣に訴えることを、糸井は結果的に否定してしまう。この「語り口」が、戦後日本を支配した「政治的なもの」から距離を置くことが成熟だと考える文化に、そして民主主義に対するニヒリズムに結びついている。社会ではなく自己をチューニングすることを常に選ぶ戦後日本的な大衆の姿がここに表れている。そしてこの大衆は旧来の村落や勤務先の集団に埋没し、家庭では戦前よりはいささかマイルドになった家父長制に思考停止するもっとも「自立」から遠い存在でもあったのだ。

「語り口」を大切にすることで、私たちは「正しさ」を解毒しながら用いることができる。しかし、それがある「語り口」を維持するために、ある方向の「正しさ」を語ることを避けることに踏みこんだとき、人間はもっとも奴隷に近くなるのだ。

吉本の「自立」の思想が戦後日本の大衆社会を特徴づける淡白な非政治性に、最終的には無自覚な現状肯定以外に選択しえない思考停止に接続されること——。私たちはこの問題をたとえば三十年前の湾岸戦争での、吉本とその追随者たちの言動に代表させることができる。このとき吉本隆明とその影響下にある人びとは、護憲派の主張が実質的な一国平和主義に甘んじていることに批判を加えた。[★10] 今日の人権感覚に照らしあわせれば、この批判の「内容」についてはおおむね妥当なものだったと評価できるだろう。三十年後の今日において、日本人の人命の尊重を理由に外国間の侵略行為に対し態度表明を保留するという選択が倫理的に許されるとはとうてい考えづらい。しかしその一方で、現代においてはこのときの「国際貢献」の違憲性——自衛隊という事実上の軍隊保持までさかのぼる憲法九条との齟齬《そご》——の解釈改憲による是認が、その後の憲法の有名無実化をも結果的に是認し、長期政権のもとに公文書さえも書き換えられる民主政治の大きな後退の端緒となったことも疑いようはない。家族から消費へと移行した吉本の「自立」の戦略は、マルクス主義や、戦後民主主義といった旧時代のイデオロギーを解毒するその一方で、現状肯定を欲望する無自覚なイデオロギーと結びついていった。そしてそのために、今日の情報社会において、とくに持たざる人びとが世界に関与する手触りを確認する手段として色あせてしまっているのだ。

糸井は「消費」を「モノ」から「コト」へとアップデートすることで、自己幻想に基づいた「自立」を追求する。そして、現状肯定のイデオロギーを、インターネット上のポピュリズムへの対抗として自覚的に選ぶ。その「正しさ」を回避する態度によって糸井の試みは今を生きる「持たざる者」たちに対して門を閉ざす。そして致命的な問題として今日の情報社会下でもっとも人間を魅了する「コト」は「正しさ」だ。糸井の試みは「持たざる者」には届かない。彼に見捨てられた人類の大半を占める「持たざる者」たちはプラットフォームに与えられるインスタントな「正しさ」を消費するほかなくなるのだ。

§3 「消費」から「制作」へ

吉本‐糸井はどこで間違えたのだろうか。

その手がかりは彼らが八〇年代の「消費」文化に依存した（自己幻想のマネジメントによる）「自立」を模索していたことにある。前述したように、今日の情報社会において「消費」はその力を大きく後退させている。工業社会において、人びとがもっとも簡単に自己を表現する回路は（吉本が『an·an』のエッセイに記したように）「消費者」になること、だった。糸井はこの八〇年代における吉本の判断に依拠し、今日に至っても消費を通じた「自立」を模索している。

どこの誰でも「お金さえあれば」その場所に受け入れられ、好きなことができる。しかし事物の消費のもたらすこの自由の快楽は、情報社会下による「発信」（が承認されること）の快楽に上書きされて久しい。おそらく現代を生きる人類の大半が、好きなものを好きなように（所持金の許す範囲で）買う快楽よりも、情報発信によって不特定多数に認められる快楽のほうを重視している……というか、ふつうに「コスパがいい」ので優先的に追求しているはずだ。今日において、人間にとってもっとも簡単な自己表現は発信者になることだ。正確には、タイムライン上に無数に発生している共同性に接続し、敵を名指しして味方からの承認を獲得することがもっともコストパフォーマンスに優れた承認欲求を満たすための回路になる。これは吉本的に言い換えれば、共同幻想に埋没することになる。しかし、今日の情報技術はそれをむしろ自己の価値を確認するものに錯覚させることで、ユーザーに中毒をもたらしているのだ。

吉本の遺志を実質的に引き継いだ糸井のコンセプトは戦略的な消費社会への「撤退」だと考えればよい。情報社会に対して程よい距離感と進入角度を確保するために、そして「発信」する快楽の中毒を回避するために、「消費」の力で自己の精神のバランスを保ち「自立」を維持するのだ。このときその弱体化した「消費」の力を補うために、「語り口」が洗練される。その対象の内実を問わず「どう」語るかだけを洗練することで、糸井は「モノ」の消費を「コト」の消費、具体的には発信に近づけている。『ほぼ日』のECサイトではいつも誰かに語りたくなる物語が商品に付与されているのはそのためだ。

しかしこれまで検討してきたように糸井のこの処方箋（消費社会への戦略的な撤退）は、それが撤退戦であることの限界に突き当たる。

この構造の下で糸井の戦略的に消費者にとどまるという選択は、つまり「語り口」を優先し「内容」を問わず「距離感と進入角度」だけを洗練する一方で「正しさ」を問わなくなることは、脱政治化し、現状肯定のイデオロギーとしか結託できなくなってしまうことを意味する。その結果として糸井のアプローチは戦後中流の生き残りのメンタリティを追認することで階級的に閉じ、そして「正しさ」というそれを求めること自体は否定できないが麻薬的な快楽をもつものに、ただ温室の中に引きこもりながら目をそらすしかないのだ。

つまり糸井のアプローチは共同性から「自立」することはできてもそれを公共性に接続することができないのだ。したがってここで考えられるべき「自立」のアップデートはけっして「正しさ」からの撤退であってはいけない。つまり共同性は拒否するが、公共性は拒否してはいけない。それは共同体の一員としてではなく、独立した個人として公共性に接続する主体である必要があるのだ。ではそのために「自立」は、どのようにアップデートされなければいけないのか。

前提として共同体からの承認、市場からの評価はともに人間に「何者か」であることを要求する。そしてプラットフォームの与えるものは、この「承認」や「評価」に先鋭化している。したがって本書では人間が「何者でもない」(裸の)存在として肯定、いや、肯定未満の「許容」される場所、つまり「庭」を構想し、そこに関与する「弱い自立」をした主体を考えてきた。しかしそれは思考実験のなかで想定された不完全なモデルにすぎない。

「弱い自立」は共同体からの「承認」を切断し、市場からの「評価」のハードルを下げた主体を形成する。したがって次の段階として市場からの「評価」からも自由になる方法を考えてみたい。「である」こと(共同体からの「承認」)だけでなく、「する」こと(市場からの「評価」)からも自由にならない限り現代のプラットフォームの共同性から「自立」して公共性に接続することはできないからだ。それは言い換えれば情報技術がプラットフォームを通していやおうもなく私たちを「何者か」にしてしまいがちな現代において、「何者でもない」存在になれる機会をどう確保するかという問題だ。かつては事物の「消費」がその役割を果たしていた。しかし消費の快楽は情報発信の快楽に上書きされている。では、どうするか?

ここでシンプルに考えなおしてみよう。

吉本－糸井の限界は、事物を消費することそのものの限界でもある。糸井の重視する「語り口」とは、事実上のECサイトと化した『ほぼ日』の現状を見れば一目瞭然だが、「消費」する人間としての「語り口」であり、制作者としてのものではない。たしかに『ほぼ日』には無数の制作者のインタビューが掲載されている。しかし、それらはあくまで消費者の購買欲を煽るための広告的な記事だ。読者はそれらの記事を読み、けっして安くないタオルやセーターやカレー粉を買う動機を与えられる。しかしあたりまえのことだが、ここで想定されているのはあくまで消費者であり制作者ではない。

つまり吉本も糸井も事物を制作することを中心に考えなかった。しかし人間は事物を「消費」するだけでもなく「制作」する存在でもあるのだ。

そして思い出してもらいたい。本書で検討してきた「庭」的な場所にもっとも期待されることとは事物を「制作」することだ。この「制作」が個人と公共性を接続する回路に育ったとき、「弱い自立」は「評価」からも解放されるのではないだろうか。共同幻想にも、対幻想にも依存せず、共同体からの「承認」からも市場からの「評価」からも切断しうる「自立」の可能性を秘めた回路——それが「制作」なのだ。

§4　平時の恋人

ではどうすれば人間は「制作」を通じて公共性に接続できるのか。ここでの目的は、自己が

「何者かになる」こともないままその活動が世界を少しでも、しかし確実に変えていることを実感することだ。そして事物を「制作」するとき人間は一時的に共同体からの「承認」や市場からの「評価」から解放される。

「庭」の条件を満たしたとき、そこには「である」ことへの承認にも、「する」ことへの評価にも結びつかない、純粋な人間と事物との関係が一時的に発生することがある。それは最終的に承認され、評価されるかもしれない。しかし制作しているその過程において人間はただ世界に「関与する」こと自体の「快楽」に触れる主体になることができる。それは言い換えれば人間ではなく「物事」にかかわる主体になることだ。

それはまず、ただ「受け止める」主体として出発する。ラーメンがおいしいとか、景色が美しいとか、そこからはじまる。そして人間の欲望は一定の確率で強くなる。ラーメン中毒になり、写真を撮ることにハマり、ランナーズ・ハイになり、玩具収集を二十年以上続けて「もはや新作以外にほしいアイテムはない」段階にたどり着いてしまったりする。この状態が加速すると、人間は「どうしてもほしいがまだ世界には存在しないもの」を求めて（自分でつくるしかなくなり）「制作」をはじめる。これが第二段階だ。

そしてこの第二段階に達すると少なくとも一時的には「承認」からも「評価」からも切断され、人間が純粋に事物を通して世界に関与する時間が訪れる。「承認」も「評価」もたしかに欲望される。しかしそれらとは別のレベルでも事物そのものが求められるのだ。

このように事物を「制作」すること——それが、本書の提案する「である」ことと「する」ことの対立の外部に、つまり「承認」と「評価」を交換しつづけるゲームの外部に「も」成立する「自立」の回路だ。そしてこの「制作」こそが『続戦争と一人の女』に登場した「女」の欲望にもっとも肉薄する回路なのだ。「制作」は一定の条件を満たせば「承認」や「評価」を経ずに世界との関係を構築する。たとえ誰からも認められなくても、ひとつも売れなくても存在しなかった事物が存在するようになるだけで、世界は確実に変わる。このことを「実感」することで、人間は孤独に、つまり共同性を介することなく世界に接続できる。ここにこれからの公共性の手がかりがある。それは「女」の愛した「戦争」のように自己の存在と無関係に世界が変化し、それを体験することの快楽は与えてくれない。しかし「承認」も「評価」も用いず個人と世界とを結びつけている点で両者は共通している。そのため「戦争」という破壊の快楽にもっとも肉薄できるのが「制作」の快楽なのだ。

『続戦争と一人の女』は、吉本隆明的に述べれば対幻想の敗北の物語だ。野村は「女」との関係に、敗戦する日本と自己との関係を重ねあわせている。「女」は野村を卑怯だと罵るが、彼女の「真の恋人」は戦争そのものだ。彼女は野村のように自己を戦争というゲームのプレイヤーだと考えていない。彼女はただ、戦争という事物の生態系の豊かさに、過剰さに、圧倒的な力に魅入られているのだ。

したがって本書はこれまで「戦争」ではないかたちで「女」の欲望に応える回路を設けることを、彼女の「平時の恋人」を見つけることを考えてきた。しかし、今のところ可能なのは、彼女の求めるものと共通するものをもつ回路を用いて擬似的にそれを満たすことまでだ。つまりまだ私たちは彼女の「平時の恋人」を見つけていない。したがってその「制作」を彼女にふさわしい存在に育て上げる方法が、最後に検討されることになるだろう。

「平時の恋人」とはなにか。それは戦時に彼女の愛した「世界が燃える予感」という抽象的なものに対して日常の暮らしのなかで目で見、手で触れられるもの――つまり具体的に実践可能なモデルでなくてはいけない。つまりこの情報社会下で有効に機能する「制作」を通じた自立のモデルの構想が必要なのだ。

では、どうすれば「制作」は彼女の平時の恋人になれるのか。

ここで「弱い自立」が人間の「働く」ことについてのモデルであったことを思い出してもらいたい。「弱い自立」は人間が共同体の承認からはなれて「働く」モデルだ。したがってその延長に次は市場の評価からもはなれて「働く」可能性を考えてみたい。「弱い自立」においては「評価」のハードルが下げられている。これをより切り離すためにはなにが必要なのか。それは「働く」ことから市場の「評価」を完全に切断することだ。もちろんそのようなことは不可能だ。ではこう考えることはできないか。「働く」こと、つまり市場の「評価」を目的とした「労働」の一要素として「制作」がある。その一要素としての「制作」がときどき、一時的に大きな力を発揮して、人間に「承認」も「評価」も求めない時間を与えるのだ。

つまりここで求められるのは「労働」と「制作」の関係を再設定し、「労働」の一要素としての「制作」の力が正しく発揮されるための条件を考えることだ。おそらくそのためには政治的な

「行為」からのアプローチも求められるだろう。
この条件を探しだし、そして満たすことができたとき「制作」は彼女の平時における「恋人」になるのだ。

そして、これらの議論はもはや環境についてのもの――「庭の話」――を完全に逸脱する。「作庭」によって、つまり現代の交通空間を再構築することだけで、問題を解決すること――「制作」を基盤にした公共性を構築すること――は不可能だ。もはや議論は、「庭」という場所ではなくそこに訪れる人間たちについてのものにならざるをえない。「庭」を機能させるためには、その外部の条件が必要だと述べたのはそのためだ。

つまり一連の「庭の話」で導き出された「庭の条件」を機能させるための「人間の条件」が必要なのだ。

#14「庭の条件」から「人間の条件」へ

§1　二十一世紀の「人間の条件」

そもそも本書がハンナ・アーレントの『全体主義の起原』についての議論から出発したことを思い出してもらいたい。二十一世紀の現代、人類はプラットフォームによって関係の絶対性の檻に閉じこめられている。檻を形成するのは、アーレントがかつて〈グレート・ゲーム〉の比喩で用いた「ゲームのためにゲームを愛する」プレイヤーたちの力で拡大運動を続けるシステムだ。この肥大する二十一世紀の〈グレート・ゲーム〉を内破する回路を、本書は「庭」の比喩で考えてきた。そして「庭」が機能するためには、そこに場所が存在するだけでは難しい、という結論にたどり着いた。「庭の条件」を、つまり環境の側からのアプローチを主体側の、つまり現代的な「人間の条件」で補完する必要があるのだ。

そこで本書では最後にアーレントの『人間の条件』[*1]を手がかりに、二十一世紀の〈グレート・ゲーム〉への対抗案を考えてみたい。

アーレントは『人間の条件』において、人間の基本的な活動を三つのカテゴリーに分類した。

それが労働（Labor）、制作（Work）、そして行為（Action）だ。

労働（Labor）は、生物学的なプロセスとしての個人の生存と直接関連している活動のことだ。食物を生産し、生活の必需品を確保することなどがここに含まれる。この労働（Labor）は一時的で、その成果は消費され、持続しないため、絶え間ない再生産のサイクルに組みこまれることになる。アーレントによれば、労働は自然の循環の一部であり、生命を維持するために不可欠だが、けっして永続的なものを生み出すことはない。

制作（Work）は、人間が事物を作り出し、世界に恒久的な変化をもたらす活動のことをさす。「制作」された道具や作品は人間の世界を形成し、永続性をもつ。アーレントは、「制作」を通じて人間が文化や文明を築き、自己表現を果たすことができると考えた。

行為（Action）は、人間が他者と交流し、共同の世界を形成する社会的、政治的な活動のことだ。

アーレントがこのなかでもっとも重視したのは「行為」だ。アーレントは「行為」こそが人間にとっての自由の表現であると考えた。「労働」や「制作」はその結果が予測できる。正確には予測可能なものに、少しでも近づけることが望まれる。しかし「行為」はその結果が予測不可能だからこそ、おこなわれる。アーレントはここに注目する。彼女にとって「行為」こそが人間を予測不可能な世界に連れ出し、新しいものと出会わせ、世界を変化させる創造的な回路なのだ。そしてこの予測不可能性（のもたらす創造性）こそが、人間の自由の核心となる。彼女の述べる人間の条件の中核に、この「行為」があるのだ。

アーレントは、公共の空間が人間の「行為」の場であり、個人が自己を表現し、他者と関係を築くことができる場所だと考えた。人びとが互いに「行為」し、応答する過程で、個人は自己を他者に示し、共同の世界を構築する……これがアーレントにとってもっとも価値ある活動だった。

しかし今日の世界を見渡したとき、アーレントの考える「行為」のための公共空間の成立は難しい。今日のプラットフォーム下の言論空間において、人びとは「行為」による自由と自己表現、そして世界への関与の快楽を貪ることで、むしろ「個」を失っている。これらの快楽を得るための時間的、経済的コストパフォーマンスを追求し、ゲームを「攻略」した結果として、プラットフォーム上でシェアされる話題も、その話題に対する意見も多様化しなくなることはすでに確認したとおりだ。人びとはいまやインスタントな「行為」の快楽の中毒となり、タイムラインの潮目を読み、負けた側や批判しやすい状況にある他の誰かに石を投げることに、あるいは耳触りのよい美辞麗句を、それを再拡散することで自分を飾りたいと欲望する人びとに向けて発信することに夢中になっている。そこには、予測不可能性もなければ、他者もない。

アーレントが存命だったならば、この私企業のサービスにすぎないプラットフォームが公的空間を僭称《せんしょう》する時代を「行為」の「制作」化であると嘆いたかもしれない。アーレントはプラトン以降の政治哲学には「行為」からの逃走への欲望が秘められていたと指摘する。それは具体的には、法や制度を設計すること、つまり「制作」への欲望だ。プラトンが夢想した哲人王による支配は、その王による完璧な法や制度の「制作」を意味していた、というのだ。

これが今日の電子公共圏の議論に始まる、設計主義的なインターネットの民主主義活用の議論に通じるものであることは一目瞭然だ。そしてアーレントはこの「行為」の「制作」化を、政治を平和や安定という「目的」のために奉仕させていると批判する。一見、それの何が問題なのかと問い返したくなるが、アーレントにとって政治とは「目的」よりもその「手段」つまり、「行為」による対話や試行錯誤の過程にこそ、その価値があるのだ。なぜならば、それが人間が自由に自己と世界とのつながりを確認する「人間の条件」だからだ。

だが、前述したように皮肉にも今日の世界を覆っているのはむしろ「行為」の肥大による民主主義の麻痺にほかならない。ではどうするべきか？

結論から述べてしまえばここで私たちが考えるべきはむしろ、「制作の行為化」なのだ。

§2 「制作の行為化」をめぐって

たとえば初期のインターネットとそのオープンソースの文化において、ユーザーが共同でソフトウェアやプラットフォームを開発し、改善する過程は、アーレントの「制作」と「行為」の概念を考える上で重要な視点を与えてくれる。この文脈において「制作」は、具体的なソフトウェアやプラットフォームを作り出すプロセスとして理解される一方で、「行為」の側面は、この共同の創造プロセスが生み出す共同体とそこでの、対話の可能性に対応する。

ここで注目するべきは、「永遠のβ版」という概念だ。これは、製品やソフトウェアが絶えず進化しつづけ、けっして「完成」しない状態を指す。このアプローチは、オープンソースに限らず、ソフトウェア開発プロジェクト全般に見られるものだが、この考えは明らかにアーレントが指摘する「制作」が固定された目的に縛られるという問題から脱却している。アーレントによれば、制作活動はあらかじめ定められた目的（完成された製品や作品）に向かって進むものであり、そのプロセスは目的によって制約される。しかし、「永遠のβ版」的なアプローチでは、製品やプロジェクトに「完成」という終点が存在しないため、開発は開かれたプロセスとなるのだ。

オープンソース的、「永遠のβ版」的に開発がおこなわれる——ここでは、「制作の行為化」が実現されている。人びとはここで事物を「制作」することを通じて結果的に他者と対話することになる。ここでまず問われるのは制作物の質であり制作者自身ではない。つくられた事物も「誰か」の作品とは見なされない。このとき人間は「行為」の快楽の、承認の交換の中毒から解放されている——という表現が大袈裟なら、大きく相対化することに成功している。

そして現代の社会において、オープンソース文化の影響力はむしろ増大し、オープンソースソフトウェアは不可欠な要素となっており、多くの企業がその開発と普及に大きく貢献している。たとえば、Kubernetes[*2]やReact[*3]のようなソフトウェアは、もともとはGoogleやMeta（旧Facebook）が、社内で用いるために開発したものがその原型だ。しかし、これらの企業は社外の開発者たちの知恵とリソースをその改良に動員するために、ソフトウェアのプログラムをオープンソース化した。その結果としてこれらソフトウェアは世界中の人びとが無料で用いるようになり、その開放と引き換えにプログラムの改良には世界中のプログラマーたちが参加している。

そしてこうしたオープンソースのプロジェクトで用いられているプラットフォーム（たとえばGitHub）はプログラマーだけでなく、さまざまな分野の作家や人文社会学の研究者などにも開かれており、これにより包括的で多様なコミュニケーションが発生している。

その代表例はシビックテック（civic、つまり市民とtech、つまりテクノロジーをかけあわせた造語）による、クラウドローの実践だろう。二〇二〇年に出版した『遅いインターネット』では台湾の取り組みなどを例にその可能性を検討しているが[*4]、ここで注目すべきはこれらの取り組みに用いられるソフトウェアには、その公平性などの観点からオープンソースが多用されている点だ。それは今日の資本主義の与えるゲーム（二十一世紀の〈グレート・ゲーム〉）とは異なる回路で、個人と世界を接続する回路として機能する可能性を秘めている。

井庭崇が提唱する「創造社会」（第五章参照）の基盤として、これらオープンソースのプラットフォーム上に結果的に形成される「共創ギルド」が共同性で人間を縛ることのない（共同体ではない）回路として期待されているのは、以上のような現象を背景にしたものだ。こうした現象のみを取り出して眺めれば、「制作の行為化」は十分に成功していると多くの読者が感じるだろう。

ただ問題がある。それはこの「制作の行為化」を、少なくとも四半世紀前には顕現させていたインターネットがなぜプラットフォーム化によってインスタントな共同性への接続の場所になっていったのか、「制作の行為化」はなぜ敗北したのか、という問いだ。少なくともこの二〇二〇年代において「制作の行為化」は肥大する「行為」の中毒のもたらす社会現象——民主主義の空洞化——を相対化する力を発揮できてはいない。それはなぜか？　結論から述べればこの「制作の行為化」の力を削いでいるのは、「格差」の問題だ。それも経済的なものではなく、社会的なものだ。ここで、私たちは本書でたびたび引用してきたデイヴィッド・グッドハートの述べるAnywhereな人びと——現代的なクリエイティブ・クラス——と、そうなれないSomewhereな人びと——前世紀的な労働者——の分断の問題を思い出すべきだろう。

そう、このオープンソースの代表する「制作の行為化」を主に享受しているのは新しい階級的に上位にいる人びと、つまり「Anywhereな人びと」に限られている。

四半世紀前にシリコンバレーではじまった運動は、政治的ではなく経済的なアプローチで、ローカルな国家ではなくグローバルな市場を通して世界を変える可能性を示した。そして、その成果はオープンソースの代表する「制作の行為化」によって、アーレントの批判を乗り越え、人びとに世界に素手で触れることを可能にした。問題は、その過程で新しい階級が生み出され、世界の大半の人にその門が閉ざされてしまったことだ。

いや、この表現は正確ではないだろう。実際のところ、門は閉ざされていない。情報技術によってハードルを下げられた「制作」において階級間に壁はない。ただ、「Anywhereな人びと」と「Somewhereな人びと」の間の距離が途方もなく広がりすぎていて、底辺に暮らす人びとには見上げた先に何があるのか、想像がつかないだけだ。確かに誰もがラップトップ一台あれば、そこにアクセスできる。しかし、そのことをSomewhereな人びとは、想像することもできない。だから挑戦することもできないのだ。

問題はふたつある。まずはAnywhereな人びとの生きる世界を投機から、「制作」へと引き戻すことだ。そしてこの「制作」を技術的にだけではなく社会的に民主化してSomewhereな人びとに拡大し、この分断を解消することだ。そして当然のことだが、重要なのは世界のほとんどの人びとがかかわる後者のほうだ。

§3 「制作」をエンパワーメントする

では、どうすれば「制作」を民主化してSomewhereな人びとに拡大し、この分断を解消することができるのか？

くりかえすが、少なくとも（比喩的に述べれば）GoogleとAmazonとGitHubによって人間が事物を「制作」する環境は前世紀に比して大きく整っている。しかし、人類の大半を占めるSomewhereな人びとにはみずからが制作者であるという自覚はないし、「制作」により世界に関与している実感を得てもいない。それはなぜか？

理由は、おそらくふたつある。ひとつは、これまで検討してきたように人間の「制作」への動機づけが、今日の情報環境下では承認の交換のもたらすインスタントな快楽に負けるかたちで失敗しているためだ。今日における承認の獲得においてもっともコストパフォーマンスが高いのはプラットフォームを通じた政治的「行為」だ。この圧倒的な「行為」と情報技術——具体的にはSNSプラットフォーム——の掛け算の結果生まれる威力が、「制作」を相対的に色褪せさせているのだ。

そしてもうひとつは、多くの人びとが職業的に関与している「制作」が「労働」に呑みこまれてしまい、「制作」としての活動を実感できないことだ。オートメーション化によりベルトコンベアの一部と化した「労働」者に、かつての職人のような「制作」を通じた世界に対する関与を実現することは難しいだろう。

つまり、「制作」の民主化を抑制しているのは、アーレントの述べる他のふたつの活動との関係——「労働」「行為」との関係——なのだ。したがって、この二者とのパワーバランスを再調整し、この二者との関係を結びなおすことで「制作」をエンパワーメントすることが解決につながるのではないか。

では、ここであらためてアーレントが『人間の条件』で示した、人間の「活動」の三分類について現代的に考えなおしてみよう。

ここで、問題となるのは今日における行為(Action)と労働(Labor)が情報技術により、大きくエンパワーメントされているのに対し、制作(Work)は相対的にそのエンパワーメントが「弱い」ことだ。

労働(Labor)とは市場からの評価に、行為(Action)は共同体からの承認にそれぞれ結びついている。

行為(Action)は、共同体の永続を前提に歴史的に個人の行為が記録されることで、市民のアイデンティティと直接的に結びついていた。しかし今日においては情報技術の支援を受けて、行為(Action)による共同体からの承認は安価に、そして即時的に手に入るようになっている。

そして労働（Labor）はかつては糧《かて》を得るための卑しい活動とされていたが、アーレントによれば資本主義によりその位置づけは大きく変化し、あらゆる職業に労働（Labor）的な側面が与えられたという。『人間の条件』の書かれた二十世紀なかばにおいては国家の最高権力者ですらも、その活動には労働（Labor）＝糧を得るための活動としての側面があると同書でアーレントは主張する。そして厄介なことに二十一世紀の今日に至っては、その糧を得る力が、グローバル資本主義市場における個人の評価と直結しているのだ。

こうして考えたとき制作（Work）の快楽は、情報技術の支援を相対的に受けていない。いや、AmazonやGitHubの存在は事物を制作するハードルを圧倒的に下げてはいる。しかし、それが人間のアイデンティティを支えるものになるための支援を受けていない。「制作」した事物が永続的に世界を（ほんのわずかでも）変えると信じられることによって、「制作」は人間を支える。しかし今日においては、その「制作」した事物が市場で売れる（つまり「労働」化する）か、「制作」に従事することが共同体から承認される（つまり「行為」化する）ことに比べて、「制作」そのもの、つまり事物を「つくる」ことそのものの与える世界に関与する手触りは（情報技術の支援が弱いので）相対的に「感じづらい」。

しかし、逆を言えば市場の外部も、共同体の外部も（ちなみにこの両者は、SNSを通じていまや一体化しつつある）おそらくここにしかない。人間が事物を「つくる」快楽それ自体をどうエンパワーメントするのかが、今問われているのだ。

§4 「制作」の快楽とその困難

今日において（ハンナ・アーレントの言う）人間の諸活動、つまり「労働（Labor）」、「制作（Work）」、「行為（Action）」のうち、「労働（Labor）」と「行為（Action）」は情報技術の支援を強力に得て、かつてないレベルで人間のアイデンティティを形成する力を発揮するようになっている。しかし、「制作（Work）」は相対的に置き去りにされている。

つまり「労働（Labor）」とは、現代の経済構造においては「個人」として経済的に自立するという形でその人のアイデンティティを形成しうる。この現代日本でも多くの「社畜」が意識の高い自立したビジネスマンに（究極的には起業家に）憧れをつのらせたり、コンプレックスを爆発させて執拗に攻撃したりするのはこのためだ。

また、「行為（Action）」もSNSプラットフォームの出現により圧倒的に低コストで即時的なものになった。今日において「何もない」人間が手っ取り早く承認を獲得する方法は、とりあえず特定の政治勢力（できれば極右か極左）に加担して「敵」を口汚く罵ることだ。そうするとたちまち「味方」が寄ってきて、短期間で忘れ去られるかもしれないが、あなたにコストパフォーマンスのよい「承認」を与えてくれるだろう。

では「制作（Work）」はどうだろうか。

一般論として物事を「制作」すること（Work）それ自体に、快楽は宿る。これは、よくよく考えてみると少し変わった快楽だ。「制作」に従事することで共同体や他の誰かから承認される快楽も、市場からの評価によってゲームの攻略と同様の達成感を得る快楽も確実に存在する。しかし0から1を生むこと、自分がつくらなければ世界に発生しないものを生み出したときの快楽はそのどれとも違う。もっと言ってしまえば、自分がほしいものを他の誰もつくってくれないので自分でつくるしかない、という思いを実現したときの快楽は他のもので代替できない。

当然、それは自分のなかの理想の制作物にはならず、できあがってからここはこうすればよかった、やっぱりこうしておくべきだったと後悔ばかりが湧き上がってくる。その後悔が次の「制作」に人間を動機づける。この「制作」の快楽は、覚えるハードルが高いが一度覚えるとなかなか手放せない中毒性がある。この中毒をどうもたらすかが最初の問題なのだ。

その上で事物を「制作」することがアイデンティティの形成に寄与するために必要なのは、「制作」した事物が世界をほんの少しでも、しかし確実に「変化」させたという実感だろう。GitHubのようなもの、あるいはインターネットそのものが事物を「制作」するハードルを大きく下げたことは間違いない。しかしその「制作」した事物が世界を変えたことを「実感」させるための回路がまだ弱いのだ。

あなたがもし、ジャングルジムをつくり近所の野原に置いた場合、そのことによって世界は確実に変化する。誰もそれで遊ばなくても、景観や地球環境に影響を与えている。しかし、今日においてそれは「売れる」か「話題になる」ことでしか、つまり労働（Labor）に接近するか、行為（Action）に接近するかのどちらかを経由しないと「実感」しづらいのだ。

では、どうするか。本書が提案するのはこの労働（Labor）、行為（Action）との関係を再設定することで制作（Work）をエンパワーメントすることだ。

§5 「労働」から「制作」の快楽を知る

制作（Work）のエンパワーメントのために本書が注目するのはまず労働（Labor）という回路からのアプローチだ。

本書は、これまで行為（Action）の肥大を制作（Work）を用いて相対的に抑制することを提案してきた。そして次に制作（Work）へ人間を動機づける回路として労働（Labor）を用いることを考えてみたい。しかし、この労働（Labor）こそが問題だ。今日の労働（Labor）は労働集約化と情報化を経て、むしろその現場から制作（Work）の快楽を排除している。したがってここに介入するのだ。

かつて「職業社会学」を確立した尾高邦雄《おだかくにお》は「職業の三要素」[*5]を主張した。これは職業を形成する要素を「生計の維持」「個性の発揮」「役割の実現」に分類したものだ。

この三要素のうち、ここで注目するのは「生計の維持」としての職業、つまりアーレントのいう労働（Labor）だ。

そもそも尾高の「生計の維持」「個性の発揮」「役割の実現」はハンナ・アーレントの『人間の

条件』に登場する人間の活動の三分類、つまり労働（Labor）、制作（Work）、行為（Action）に相当する。逆に考えれば、尾高の三分類はアーレントが切り離した制作（Work）と行為（Action）の要素が労働（Labor）には本来備わっていることを示している、と言えるだろう（社会学者の阿部《あべ》真大《まさひろ》によればこの視点から、労働社会学においてアーレントはしばしば「労働」を狭くとらえすぎていると批判されるという）。

尾高とアーレントを接続して整理するなら、むしろ前世紀の重工業化から、今世紀の情報技術の発展によりこの三者、つまり「労働」「制作」「行為」は大きく切り離されてきたと言える。そしてこれはその「分離」した三者を新しいかたちで再接続することが問題解決の鍵になることを意味している。

その上でここで考えたいのはアーレント的な「労働」、つまり「生計の維持」に特化した活動のなかで、「制作」の快楽を覚えていくという可能性だ。これはそれほど特別な話ではない。労働者がその作業のなかで、事物を「制作」する快楽を知る――これは、労働集約化、オートメーション化が進行する以前では、よりありふれた経験だったはずで、今日においてもけっして珍しいことではないはずだ。窓を拭く「労働」がガラスの美しさを人間に覚えさせる、日々の炊事が料理の楽しさを人間に覚えさせる……むしろ「労働」こそが人間に「制作」の快楽を覚えさせる最大の回路だったはずなのだ。

先に断っておくが、こうした事物を「処理する」快楽は「制作」の快楽を結果的に覚えさせる一方で、これを悪用した搾取も十分ありうるだろう。たとえばゲームプレイ・ワーキングを悪用して、物事をスムーズに片付けることの快楽の中毒にした低賃金労働者を生むことはそれほど難しくない。しかし、ここで提案したいのは、「労働」が本来備えていたはずの「制作」の快楽に触れる回路を殺している要素を取り除くことなのだ。

では本来備わっているはずの労働（Labor）から制作（Work）の快楽を知る回路は、どうすれば回復するのか。おそらくその条件はふたつある。ひとつはそれをかつての職人の仕事のように「自分の仕事」にすることだ。

誤解しないでほしいが、ここで本書はかつての職人たちによる共同体（ギルド）の復権といった、時代錯誤の主張をするつもりはない。むしろ、その逆で今日の情報環境を逆手に取り、労働（Labor）の現場から制作（Work）の快楽を得ることで後者に人間を動機づける回路を再構築したいと考えているのだ。

そしてそれを「自分の仕事」にすることは、制作（Work）した事物を通じて公共性に接続し、世界に関与する実感を取り戻すことにもつながるのだ。

ここで思い出してもらいたいのが、前述した「弱い自立」のモデルだ。株式会社のアグリゲーターによる擬似解体、そしてタンザニアの出稼ぎ商人たちのような「組合」によるプラットフォームのハック的活用といった「弱い自立」のモデルは、言い換えれば人間をAnywhereな人びとのプレイする金融資本主義のゲームから距離を取りつつ「自立」させるものだ。比喩的に述べればシリコンバレー的なアントレプレナーシップとは異なった、小商い的な自立を果たすことにより、Anywhere でも Somewhere でもない「自立」した主体を獲得するモデルだ。この「弱い自立」によってそれが「自分の」仕事になること。「弱い自立」を経ることで、人間がより自由に「労働」にアプローチできるようになること。これによってはじめて「労働」のなかに「制作」の快楽を見つけうる環境を整備できるのだ。そして「弱い自立」を経由して「制作」することが「自分の仕事」として認識されたとき、人間はそこで生みだされた事物に自分の世界への関与を発見しやすくなる。このとき人間は「労働」に対する市場からの「評価」でも、「行為」への共同体からの「承認」でもなく、「制作」した事物そのものを通じて世界に関与する実感を得やすくなるのだ。

その上でここに加えられるべきもうひとつの条件が再分配と「暇」だ。単に「労働」を自由化してもセーフティネットが不十分なら、そこには「弱い自立」は生まれない。たとえば前述の阿部真大は現代日本の労働者のアイデンティティが、職場という共同体からの「承認」に依存しすぎていることが「やりがい搾取」などの悪質な経営を可能にしていることを指摘する。そしてその対策として「労働」の「行為」的な側面、つまり社会的な役割の再評価を主張し、そのために欧米型の職業別の労働組合の導入を提案している。[*6] そしてこうした「労働」環境の改善は、完全に行為（Action）の領域からのアプローチになる。

これはつまり一連の議論が最終的にはアーレントの人間の三活動——「労働」「制作」「行為」——の相互関係を総合的にアップデートすることにたどりつくということだ。

したがって、「弱い自立」を実現し「労働」環境を整えるために「行為」、つまり政治的な活動と「労働」の関係もまた同時にアップデートされるべきなのだ。

§6「人間の条件」をアップデートする

かつて私は『遅いインターネット』のなかで、普通選挙の決定権を相対的に「下げる」ことを主張した。

市民が街頭のデモに参加するとき、あるいは大衆が投票所に足を運びテレビの開票速報を見守るとき、彼ら彼女らは非日常的な体験の中にいる。普段の労働や学習を中心とした日常の生活から切断された非日常に動員されている。そしてそのことで、人間本来の姿を失い（意識の高すぎる）市民／（意識の低すぎる）大衆に加工されてしまっている。（中略）デモは意識の高すぎる「市民」を、選挙は低すぎる「大衆」を非日常に「動員」するシステムなのだ。

民主主義をデモ／選挙といった非日常への動員から解放する。そのことによって、ポピュリズムの影響力を相対的に下げる。いまや自由と平等の敵となりつつある民主主義の暴走リスクを下げることが、必要なのだ。[★7]

つまり、今日の民主主義は等身大の「人間」をターゲットにした制度になっていないのだ。街頭やプラットフォームで「声を上げる」とき、あるいはモニターのなかを生きる物語の登場人物たちに感情移入しているとき、つまり「市民」や「大衆」になっているとき、人間は言ってみれば「行為」する主体のみが肥大して「制作」する主体、「労働」する主体であることを忘れてしまっている。しかしこれらの三つの活動を総合しておこなっているのが「人間」なのだ。そこで、私は以下のように提案した。

そもそも、戦後日本の政治は「意識の低すぎる」選挙と、「意識の高すぎる」デモとが両方空回りすることで暗礁に乗り上げてきた。そして良くも悪くも、機能していたのがこうした団体による個別のコミュニケーションだったはずだ。ときに談合と縁故資本主義の温床となりがちなこうしたコミュニケーションをフェアでオープンなゲームに改革すること。その上で、あたらしい日本人たちの要求を、彼らの団体がこのゲームの上で実現させてゆくこと。この選挙とデモの中間に、社会を変える手掛かりがある。

その具体的な手段としてここでは情報技術を用いたあたらしい政治参加の回路の構築を提案したい。国内において広く認知されているとは言い難いが、2011年前後の失敗を踏まえた上で活動している市民運動や社会起業家の試みが内外に拡大している。そしてこれらの共通点は選挙という非日常的なお祭りではなく、日常の生活の中に政治参加への回路を設定するという発想だ。

その代表例がクラウドローだ。近年、市民が情報技術を活用して社会の課題を解決するシビックテック（civic、つまり市民とtech、つまりテクノロジーをかけ合わせた造語）と呼ばれる運動が現れている。クラウドローはその手段のひとつで、インターネットによって市民が法律や条例などの公的なルールの設定に参加するサービス群のことをさす。[*8]

同書では、vTaiwan（台湾）、Decide Madrid（スペイン）、Better Reykjavik（アイスランド）などを例にシビックテックによるクラウドローの活用例を紹介している。そしてここで重要なのは新技術による市民の政治参加が可能になること「ではない」。

前述したように既存の民主主義は人間を公的な存在（市民）と捉えるか、私的な存在（大衆）として捉えるかしかできていない。

だが実際に人間はその社会生活のほとんどを働くことで、市場のプレイヤーとして生きている。しかし既存の民主主義ではその人間の社会生活の大部分を占める職業人として政治に関与することは（代議士、行政府の職員、ジャーナリストといった政治そのものを仕事にする人々を除けば）できない。しかし現在の情報技術はそれを限定的なかたちでありながらも可能にしはじめているのだ。これらのクラウドローにおいて、人間は「市民」でも「大衆」でもなく、その中間体、具体的には職業人としてその専門的な知見を活かし政治に関与するのだ。

（中略）非日常に動員された市民／大衆のポピュリズムから、日常を生きる職業人の手に政治を取り戻すのだ。[*9]

これは言い換えれば、「労働」の延長に「行為」を発生させることにほかならない。つまり情報技術を用いて、労働（Labor）と行為（Action）との関係を結びなおすのだ。

こうして、労働（Labor）、制作（Work）、行為（Action）の関係は現代の情報技術を前提にしたものにアップデートされることになる。情報技術により民主化された制作（Work）の与える世界との接続（の実感）によって、情報技術によりインスタントに摂取されることによって生じる行為（Action）の中毒を抑制する。その制作（Work）への動機づけは、「弱い自立」によって解放された労働（Labor）によって与えられる。そして労働（Labor）に「弱い自立」をもたらすのは、情報技術でアップデートされ、「市民」でも「大衆」でもなく「人間」そのものを対象にした行為（Action）である。こうして、アーレントが『人間の条件』で示した人間の三大活動の相互関係はアップデートされるのだ。

そしてこの「人間の条件」がアップデートされたとき、プラットフォームの無効化される新しい交通空間＝「庭」もまたはじめて機能するはずなのだ。

註

#1

＊1　https://www.5.ua/ukrayina/pryyd-kyieva-pilot-mih-29-za-30-hodyn-zdobuv-6-povitrianykh-peremoh-nad-okupantom-269346.html

＊2　https://www.indiatoday.in/world/russia-ukraine-war/story/-ghost-of-kyiv-ukraine-arms-surrender-propaganda-galore-fog-of-war-1918247-2022-02-26

＊3　https://www.reuters.com/article/factcheck-animation-ukrainianjet-idUSL1N2V035G

＊4　二〇二四年八月現在、ウクライナの反転攻勢は一進一退をくりかえしており、戦況は初出時（二〇二二年六月）と比べて膠着状態に近づいている。これは、アメリカをはじめとする「西側」諸国のウクライナ支援の相対的な低下を背景にしている。そしてこの支援の低下は、これら諸国の「世論」を背景にしている。開戦から二年が経過し、さらに二〇二三年十月に発生したハマスによるイスラエルへの大規模テロ、そしてイスラエルによるパレスチナへの苛烈な報復攻撃といった一連の状況が、相対的にウクライナへの関心を低下させているのだ。これが意味することはひとつ、アテンション・エコノミーにおける成功こそが、少なくともウクライナにとっては勝利の鍵になっているということだ。

＊5　https://newsdig.tbs.co.jp/articles/-/73597?display=1

＊6　一九九三年公開のアニメーション映画『機動警察パトレイバー2 the Movie』。監督は押井守。同作について私は『母性のディストピア』（ハヤカワ文庫JA、二〇一九年）で詳細な批評を試みている。

＊7　David Goodhart, The Road to Somewhere: The New Tribes Shaping British Politics, Penguin, 2017.

＊8　このオバマの選挙戦術については、井上明人『ゲーミフィケーション――〈ゲーム〉がビジネスを変える』（NHK出版、二〇一二年）に詳しい。

＊9　http://radar.oreilly.com/archives/2005/09/what-is-web-20.html（オライリーによる二〇〇五年九月三十日付のブログの投稿より）

＊10　宇野常寛『遅いインターネット』（幻冬舎、二

〇二〇年）では、この問題を詳細に論じている。

＊11　思想としての義肢――OTOTAKE PROJECTの豊かな副産物について」遠藤謙×落合陽一×乙武洋匡、宇野常寛責任編集『モノノメ #2』（PLANETS、二〇二二年）

＊12　真木悠介『自我の起原――愛とエゴイズムの動物社会学』（岩波現代文庫、二〇〇八年）一三八頁

＊13　「個体が個体にはたらきかける仕方の究極は誘惑である。他者に歓びを与えることである。われわれの経験することのできる生の歓喜は、性であれ、子供の「かわいさ」であれ、花の彩色、森の喧噪に包囲されてあることであれ、いつも他者から〈作用されてあること〉の歓びである。つまり何ほどかは主体でなくなり、何ほどかは自己でなくなることである。」同右

＊14　実例を挙げてみよう。二〇二〇年の秋ごろ、私はとある知り合いの社会起業家から「コロナ禍を、むしろチャンスに」的なキャッチフレーズのついた、政策提言のオンラインイベントへの出席を打診された。正確には、私のかかわる団体に協力要請があった。かねてより与党からの出馬が噂されているその人物が私たちの前で披露したプレゼンテーションでは、このパンデミックを世界史的な危機であると主張するその一方で、これからに向けた提言として、以前からその人が述べている政策が（いわゆる社会の「DX」化の推進を中心に）ほぼそのまま並べられていた。以前と異なるのは、各項目の冒頭に「コロナ禍によって、よりその必要性が増した」というフレーズが枕詞的につけられていたことだけだった。そこで述べられていた提言には、もちろん賛成できるものと、そうではないものとが存在していたのだが、Zoomの画面共有機能を用いて、洗練されたデザインのスライドを表示しながらおこなわれた一時間近い長大なプレゼンテーションが終わったとき、私の心にもっとも強く印象づけられたのはその人物が、実のところこのパンデミックという問題そのものにはほぼ関心を抱いていないことと、与党から出馬する計画があるというあの噂は、ほんとうだったのではないか、ということだった。

　また、ある古い業界に所属する友人は、コロナ・ショックが長期化するにつれてそれ以前から疎ましく思っていた情報技術とそれを前提とした「新しい生活様式」に対して、ことあるごとにFacebookやTwitterでツバを吐くようになっていった。この友人は「新しい生活様式」を、情報技術を使いこなすクリエイティブ・クラスと、生産や流通にかかわり、リモートワークなどやりようがないエッセンシャルワーカーとの格差が拡大するとして批判していた。しか

し、その一方で彼には新しい格差を新しい再分配で是正するという発想はなく、そして古い生活様式に戻したときに、もっとも高い感染リスクにさらされるのがエッセンシャルワーカーであることには触れなかった。彼の動機は明らかに「新しい生活様式」とその背景にある情報技術そのものへの嫌悪にあり、これらに対する批判は、彼にとっては手段ではなく目的になっているように思えた。だとすればそれは、自分の蓄えてきた知識や、携わっている産業が世界の中心から遠ざかっていることをどう受け入れるかという彼の内面の問題であり、実のところ感染抑制にも格差の是正にも無関係なことでしかない。

このふたつのケースに共通するのは、感染の抑制や、経済格差の解消とは実質的には無関係な主張（人間間の相互評価のゲーム）をくりかえし、ほんとうに必要な建設的な批判（ウイルスや情報技術そのもの＝人間外のものとの対峙）は捨て置かれていることだ。たとえば、前者の人物のMicrosoft PowerPointで作成されたプレゼンテーションには、感染の抑制を目的に国家が個人の行動を制限し、監視することのリスクへの言及がなく、そして後者の人物のFacebookでシェアされた罵詈雑言の類には情報技術の濫用を抑制しうる法的な、あるいは技術的な対策という視点が存在していなかった。

いま、必要なのは疫病を口実に火事場泥棒的に権力と権益を拡大することでもなければ、誰かを貶めることで時代に取り残された自分を慰めることでもない。

＊15　この「庭」というキーワードは、もともと二〇二二年二月の福嶋亮大氏との対談において、福嶋氏が私の主宰するメディアを評して述べたものだ。本書の元となった『群像』での連載は、この福嶋氏から与えられたキーワードを用いて彼の期待と問いかけに応えたものであり、本書は一人のメディアの運営者としてのマニフェストでもある。

＊16『精選版　日本国語大辞典』（小学館、二〇〇六年）

＊17『ベーシック版　世界大百科事典　第2版』（日立デジタル平凡社、一九九八年）

＊18『作庭記』（日本思想大系23『古代中世芸術論』林屋辰三郎校注、岩波書店、一九七三年）に拠る。

#2

＊1　ジル・クレマン『動いている庭』（山内朋樹訳、みすず書房、二〇一五年）一〇頁

＊2　ジル・クレマン『庭師と旅人　「動いている庭」

から「第三風景」へ』（エマニュエル・マレス編、秋山研吉訳、あいり出版、二〇二一年）二一頁
＊3　同右、二一頁
＊4　同右、二三頁
＊5　前掲『動いている庭』一六頁
＊6　エマ・マリス『「自然」という幻想』（岸由二／小宮繁訳、草思社、二〇一八年）
＊7　同右「訳者あとがき」より
＊8　柳瀬博一は東京科学大学リベラルアーツ研究教育院教授（メディア論）。一九六四年生まれ。著書に『インターネットが普及したら、ぼくたちが原始人に戻っちゃったわけ』（小林弘人との共著、晶文社）、『「奇跡の自然」の守りかた』（岸由二との共著、ちくまプリマー新書）、『混ぜる教育』（崎谷実穂との共著、日経ＢＰ）などがある。

#3

＊1　『日本大百科全書（ニッポニカ）』（小学館）より。竹内芳太郎による解説。
＊2　京都・右京の桂川で大繁殖「野犬問題」やっと解決　効果上げた捕獲作戦とは
https://www.kyoto-np.co.jp/articles/-/1067041

#4

＊1　「ムジナの庭って?」
https://www.atelier-michaux.com/mujina
＊2　遅いインターネット会議「「ムジナの庭」では何が起きているのか」（ゲスト：鞍田愛希子）二〇二二年五月十七日
https://www.youtube.com/watch?v=TZzhZUITqRU
＊3　伊東豊雄が設計し、ｏ＋ｈが改修。〈ムジナの庭〉の空間に宿るやさしさ https://brutus.jp/mujina_garden/?heading=2
＊4　『BRUTUS』№９４５、二〇二一年九月一日号やさしい気持ち。「やさしい、建築」ｏ＋ｈ、鞍田愛希子
＊5　多賀茂「はじめに」（ジャン・ウリ『コレクティフ　サン・タンヌ病院におけるセミネール』、多賀茂／上尾真道／川村文重／武田宙也訳、月曜社、二〇一七年所収）
＊6　同右
＊7　鞍田崇「生きる意味への応答——民藝と〈ムジナの庭〉をめぐって」（『モノノメ』創刊号、ＰＬＡＮＥＴＳ、二〇二一年）

＊8　同右

＊9　前掲「「ムジナの庭」では何が起きているのか」

#5

＊1　鞍田さん、「民藝」について教えてください

https://slowinternet.jp/article/20201005/

＊2　鞍田崇「生きる意味への応答――民藝と〈ムジナの庭〉をめぐって」（『モノノメ』創刊号、ＰＬＡＮＥＴＳ、二〇二一年）

＊3　井庭崇「創造社会における創造の美　柳宗悦とクリストファー・アレグザンダーを手がかりとして」（『モノノメ』創刊号、ＰＬＡＮＥＴＳ、二〇二一年）

＊4　同右

＊5　柳宗悦『工藝の道』（ぐろりあ　そさえて、一九二八年）。なお、引用は二〇〇五年刊の講談社学術文庫版を使用。

＊6　クリストファー・アレグザンダー『時を超えた建設の道』（平田翰那訳、鹿島出版会、一九九三年）

＊7　前掲「創造社会における創造の美　柳宗悦とクリストファー・アレグザンダーを手がかりとして」

＊8　パターン・ランゲージ一覧（慶應義塾大学　井庭崇研究室&株式会社クリエイティブシフト制作）
http://web.sfc.keio.ac.jp/~iba/patterns_j/index.html

#6

＊1　國分功一郎『暇と退屈の倫理学　増補新版』（太田出版、二〇一五年）

＊2　漫画家のよしながふみはアマチュア時代に、ボーイズラブ分野での二次創作で注目を集めていた。とくに、その活動の中心となった井上雄彦『SLAM DUNK』について以下のように回想する（よしながふみ／山本文子（聞き手）『仕事でも、仕事じゃなくても』フィルムアート社、二〇二二年、七九頁）。

それこそ最初のうちは「木暮だけを好きでもなあ……」と思っていました。そうしたら三井が登場しまして、私の中では木暮の〈昔の男〉が出てきたような衝撃があって、「あ！」って（笑）。今の私だったら、木暮の相手としては明らかにいい人なゴリを立ててあげたくなる気がするのですが、当時はそこへは舵を切りきれなかったというか、相手は三井だなって思ったんです。それで「同人誌を出そう」と。同人誌を出すためのあれこれは、すでに経験していることでしたし、決意

してからは速かったですね。

——そのタイミングでは同人誌活動を熱心にされてはいなかったんですよね。

以前に出した同人誌を細々と売っていたくらいで、ほぼしていないです。ただ、ときどき感想をいただいたりして、それがうれしくて、活動をやめられない人の気持ちもわかると思っていました。時間はすごくかかったんですが、結局初めて作った同人誌を完売することができまして、なんとか赤字にはならずにすんだんですね。そうなると、幼い頃からぼんやりと思っていた、趣味として漫画を描いていくというのは、この形がいいのかなと思うようになっていました。

#7

＊1　國分功一郎『中動態の世界——意志と責任の考古学』（医学書院、二〇一七年）

＊2　ハーマン・メルヴィル『ビリー・バッド』（坂下昇訳、岩波文庫、一九七六年）

＊3　TERRACE HOUSE TOKYO 2019-2020 https://www.fujitv.co.jp/b_hp/terrace-house5/index.html

同ウェブサイトには、株式会社フジテレビジョンとその下請けとして実制作を担当した株式会社イースト・エンタテインメントの連名で、以下の文章が記載されている。

この度、番組に出演されていた、木村花さんがご逝去された事について、改めてお悔やみ申し上げます。またご遺族の方々にも深く哀悼の意を表します。

尚、「TERRACE HOUSE TOKYO: 2019-2020」に関しましては、今後の収録及び放送、ＦＯＤでの配信を中止する事を決定致しました。

この度のことを重く受け止め、今後も真摯に対応して参りたいと考えております。

この制作側の責任に一切触れないアナウンスは多くの批難を呼び、木村の自殺について制作側の責任を問い、遺族が損害賠償を求めた裁判は現在（二〇二四年）も継続している。

＊4　木村花さん母「フジテレビに絶望して提訴」裁判始まり意見陳述、争点は精神疾患の有無　弁護士ドットコムニュース、二〇二三年七月十二日 https://www.bengo4.com/c_23/n_16253/

＊5　ハンナ・アーレント『全体主義の起原2――帝国主義　新版』（大島通義／大島かおり訳、みすず書房、二〇一七年）
＊6　國分功一郎／熊谷晋一郎『〈責任〉の生成――中動態と当事者研究』（新曜社、二〇二〇年）
＊7　この「ＡＡ」とは「アルコホーリクス・アノニマス」の略だ。アルコホーリクス・アノニマスは一九三五年にアメリカで結成された、アルコール依存からの脱却を目的とした自助グループで、今日では世界規模の活動を展開している。「12のステップ」は、このＡＡのプログラムの中核を担っている。以下に、その12ステップを引用しよう。

1．私達はアルコールに対して無力であり、生きていくことがどうにもならなくなったことを認めた。
2．私達は自分より偉大な力が、私達を正気に戻してくれると信じるようになった。
3．私達の意志と生命の方向を変え、自分で理解している神、ハイヤーパワーの配慮の下に置く決心をした。
4．探し求め、恐れることなく、生きてきたことの棚卸表を作った。
5．神に対し、自分自身に対し、いま一人の人間に対し、自分の誤りの正確な本質を認めた。
6．これらの性格上の欠点をすべて取り除くことを、神にゆだねる心の準備が完全にできた。
7．自分の短所を変えて下さい、と謙虚に神に求めた。
8．私達が傷つけたすべての人の表を作り、そのすべての人達に埋め合わせをする気持ちになった。
9．その人達、または他の人々を傷つけない限り、機会あるたびに直接埋め合わせをした。
10．自分の生き方の棚卸を実行し続け、誤った時はただちに認めた。
11．自分で理解している神との意識的触れ合いを深めるために、神の意志を知り、それだけを行っていく力を祈りと黙想によって求めた。
12．これらのステップを経た結果、霊的に目覚め、この話を他の人達に伝え、また自分のあらゆることに、この原理を実践するように努力した。

＃8

＊1　斎藤幸平『人新世の「資本論」』（集英社新書、

二〇二〇年）
＊2　斎藤幸平／松本卓也編『コモンの「自治」論』（集英社シリーズ・コモン、二〇二三年）
＊3　いや、かつての狩猟採集社会のように明確なリーダーや中心人物（グループ）が存在せず、「贈与」や「互酬」が強く働く共同体が人類にはあり得て、こうした「ユートピア」の遺伝子が強く残る共同体（たとえば日本の「里山」）を見習えば、そこには迫害されるマイノリティも「敵」も必要ない世界が成立するのだとロマンチックに語りたくなる人もいるだろう。しかしそれこそが、安易な判断だ。明確なリーダーや中心人物（グループ）がいない共同体こそが、むしろ積極的にその維持のために相互監視による文脈の形成（「空気」の支配と「浮いている」メンバーの排除）や外敵の設定を必要とすることは「津山三十人殺し」から「福田村事件」などの陰惨な事件を通して歴史が既に証明している。
＊4　ジェレミー・リフキン『限界費用ゼロ社会――〈モノのインターネット〉と共有型経済の台頭』（柴田裕之訳、NHK出版、二〇一五年）
＊5　「コモンズ」が駆動する共有型経済は、日本の文化から生まれる～NEC未来創造会議講演レポート　https://wisdom.nec.com/ja/event/nvw/2021012002/index.html
＊6　荒谷大輔『贈与経済2.0　お金を稼がなくても生きていける世界で暮らす』（翔泳社、二〇二四年）
＊7　柄谷行人『探究Ⅰ』（講談社学術文庫、一九九二年）、『探究Ⅱ』（講談社学術文庫、一九九四年）
＊8　同『探究Ⅰ』、七五頁
＊9　同右、七六頁
＊10　原田実『江戸しぐさの正体――教育をむしばむ偽りの伝統』（星海社新書、二〇一四年）
＊11　小野寺拓也／田野大輔『検証　ナチスは「良いこと」もしたのか？』（岩波書店、二〇二三年）
＊12　マーシャル・マクルーハン『グーテンベルクの銀河系――活字人間の形成』（森常治訳、みすず書房、一九八六年）

＃9

＊1　川口いしや「「食べログ」の研究――レビューサイトがもたらした「食文化」と「都市」の風景」（『PLANETS』vol.8、PLANETS、二〇一二年）
＊2　「世界初「孤独担当大臣」置いた英国　孤立を社会問題と見る国の取り組み」（『朝日新聞GLOBE

+』、二〇二〇年一月八日）
https://globe.asahi.com/article/13016730
＊3　同右
＊4　「イギリスの孤独対策に学ぶ」（視点・論点）
https://www.nhk.jp/p/ts/Y5P47Z7YVW/episode/te/7PPR5KGL6V/
＊5　あなたはひとりじゃない――内閣府　孤独・孤立対策推進室
https://www.notalone-cao.go.jp
＊6　きょう、誰と食べる?～孤食を考える～第6回「孤食と名付けた識者の反省　半世紀の研究で得た、指標より大切なこと」（『朝日新聞デジタル』二〇二三年七月八日）
https://www.asahi.com/articles/ASR6X6CR8R62OIPE00G.html?iref=pc_rensai_article_short_1873_article_6
＊7　藤原辰史『縁食論――孤食と共食のあいだ』（ミシマ社、二〇二〇年）
＊8　中島岳志『秋葉原事件――加藤智大の軌跡』（朝日新聞出版、二〇一一年）
＊9　希望は、商店街!～札幌カフェ・ハチャムの挑戦と社会的包摂
http://www.magazine9.jp/article/gakko_report/4949/

＃10

＊1　エリノア・オストロム『コモンズのガバナンス――人びとの協働と制度の進化』（原田禎夫／齋藤暖生／嶋田大作訳、晃洋書房、二〇二二年）
＊2　オストロムは具体的には以下の八つを「長期にわたって持続的な共的資源をめぐる制度から導かれる設計原理」として提示する。

1. 明確な境界
2. 地域的な条件と調和したルール
3. 集合的選択への参画
4. 監視
5. 段階的な制裁
6. 紛争解決メカニズム
7. 組織化における最低限の権利の承認
8. 入れ子状の組織

1の「明確な境界」とはコモンズ（の資源）を利用する個人や世帯、つまりメンバーシップが明確化されていることを指す。

2の「地域的な条件と調和したルール」とは、その

土地の環境や産業の条件、そこに暮らす人々の社会形態に適合した資源の利用ルール、共同運営ルールが定められていることだ。これは、多くの失敗例が中央政府がそれぞれの土地の事情を無視した一般的なルールを定めていたことの反省から導き出されている。

3の「集合的選択への参画」とは、運用ルールの影響を受ける人、つまりコモンズの資源を利用する当事者——多くの場合はその土地の住人たち——がルールの修正に参加できることだ。

4の「監視」は、3と同様に資源を利用する当事者が監視役を兼ねることで、監視役自身がコモンズの維持にインセンティブがある状態を維持することが主張されている。

5の「段階的な制裁」は、ルール違反者に対しての制裁が段階的なものであること、つまり初犯に対しては軽い罰が与えられ、より継続的で計画的なものには重くしていくことが望ましいというものだ。これは、天災や事故などで資源の過剰利用がやむをえない状態に追いこまれた住人に対する事実上の救済措置として機能させながらも、タテマエ的には違反を許さないことを利用者に明示する効果を得るためのものだ。

6の「紛争解決メカニズム」は迅速かつ、低費用で地域の話しあいの場が設けられる仕組みになっていることだ。

7の「組織化における最低限の権利の承認」は外部の政府権力が、占用者みずからの制度づくりの権利を侵害しないことを指す。

そして8の「入れ子状の組織」というのは、より大規模なコモンズの維持のための条件だ。それは「占用、提供、監視、実効化、紛争解決およびガバナンスが、入れ子状に組織化されて行われていること」とされる。これは2と同じく、中央政府がトップダウンに制度を設計し、それを複数の地域に適用したケースの失敗から導き出されたものだ。

オストロムは、より広範囲に及ぶコモンズ——たとえば地下水脈や広い漁場など——の維持のためには、まず小さく始めるべきだと主張する。特定の小さな地域が、その土地の自然条件やそこに暮らす人びとの社会形態に適合したかたちの共同利用と監視制度、そしてこれらのルールを修正できる自治組織を作り上げる。そのなかで、成功したものを近隣の別の土地の諸条件に適応したかたちに微修正したものを採用して少しずつ、漸化的に拡大していくほかない——それがオストロムの結論なのだ。

＊3　平松佑介さんと語り合う、「夕方」の時間を取り戻す方法

https://slowinternet.jp/article/thinkaboutrest03/

＊4　同右

＊5　宇野常寛責任編集『２０２０年代のまちづくり＝ＣＩＴＹ２０２Ｘ――震災復興から地方創生へ、オリンピックからアフターコロナへ』、加藤優一×平松佑介｜銭湯から考える、「適度にひらき、閉じる」公共性のあり方（ＰＬＡＮＥＴＳ、二〇二三年）

＊6　マイパブリックとグランドレベル｜田中元子
https://note.com/wakusei2nd/n/n845c924415fd

＊7　南後由和『ひとり空間の都市論』（ちくま新書、二〇一八年）

＊8　街の家事室〈喫茶ランドリー〉の秘密。第1回｜喫茶店に洗濯機がある理由。
https://fn.miraiteiban.jp/laundry1/

＊9　小杉湯となり
https://kosugiyu-tonari.com

＊10　ポスト・スマートシティの都市を構想する――「デジタルものづくり」から考える｜田中浩也
https://slowinternet.jp/article/niwapro11/

＊11　柄谷行人『探究Ⅰ』（講談社学術文庫、一九九二年）、『探究Ⅱ』（講談社学術文庫、一九九四年）

#11

＊1　オペラ座近くで5人殺傷　パリ、テロ容疑で捜査　犯人は射殺
https://www.nikkei.com/article/DGXMZO30439260T10C18A5I00000/

＊2　Ｔ・Ｅ・ロレンス『完全版　知恵の七柱』第2巻（ジェレミー・ウィルソン編、田隅恒生訳、平凡社東洋文庫、二〇〇八年）

＊3　坂口安吾『戦争と一人の女』（青空文庫）
https://www.aozora.gr.jp/cards/001095/files/42900_35405.html

＊4　同右

＊5　同右

＊6　同右

＊7　坂口安吾『続戦争と一人の女』（青空文庫）
https://www.aozora.gr.jp/cards/001095/files/42904_23099.html

＊8　同右

＊9　前掲『戦争と一人の女』

＊10　同右

＊11　同右

＊12　同右
＊13　前掲『続戦争と一人の女』
＊14　同右

#12

＊1　柴沼俊一／瀬川明秀『知られざる職種　アグリゲーター――5年後に主役になる働き方』（日経BP、二〇一三年）
＊2　同右、四一〜四三頁
＊3　小川さやか『チョンキンマンションのボスは知っている――アングラ経済の人類学』（春秋社、二〇一九年）
＊4　同右、二三六〜二三七頁
＊5　小川の紹介するタンザニアの出稼ぎ商人たちの形成するインフォーマルマーケットは贈与のネットワークに立脚した共同体に支えられている。「贈与」とか「共同体（コミュニティ）」と眼にすると思考停止してもちあげる「脱資本主義bot」のような浅薄な思考者（この人たちの短慮はまさに「プラットフォーム」的だ）が後を絶たない昨今だが、それはビニールハウスの中から、その安全を手放す勇気もなく外の過酷な世界にはその分真実の生きかたがあるのだと説法して、ハウスのなかでのセルフブランディングに勤しむ行為以上のものではない。小川はこうした初歩的なオリエンタリズムの罠には十二分に警戒的で、たとえばタンザニア人の出稼ぎ商人たちの共同体が男女平等とは程遠いものであることをはじめ、その後進性をたびたび指摘している。

#13

＊1　吉本隆明『改訂新版　共同幻想論』（角川ソフィア文庫、二〇二〇年）
＊2　上野千鶴子『女という快楽〔新装版〕』（勁草書房、二〇〇六年）
＊3　山口真一『ソーシャルメディア解体全書――フェイクニュース・ネット炎上・情報の偏り』（勁草書房、二〇二二年）
＊4　「現代思想界をリードする吉本隆明の「ファッション」」（『an·an』No.446、マガジンハウス、一九八四年）
＊5　埴谷雄高「政治と文学と・補足――吉本隆明への最後の手紙」（『海燕』4巻4号、福武書店、一九八五年）
＊6　吉本隆明『重層的な非決定へ――埴谷雄高の

「苦言」への批判』（大和書房、一九八五年）

＊7　『ほぼ日刊イトイ新聞』
https://www.1101.com/home.html

＊8　『ほぼ日刊イトイ新聞』気仙沼ニッティング
https://www.1101.com/store/knitting/

＊9　糸井重里
https://x.com/itoi_shigesato/status/62361426609704960

＊10　吉本隆明／田近伸和（聞き手）『私の「戦争論」』（ぶんか社、一九九九年）

#14

＊1　ハンナ・アレント『人間の条件』（牧野雅彦訳、講談社学術文庫、二〇二三年）

＊2　Kubernetesは、プログラマー向けに複雑なアプリケーションの運用を簡素化し、開発をより効率的にするためのソフトウェアだ。その原型はGoogleが内部で使用していた「Borg」というソフトウェアである。二〇一四年、GoogleはBorgを叩き台に、その発展型「Kubernetes」のオープンソースによる開発を開始した。これによって、Googleは世界中の開発者からのフィードバックを受けた。そして翌二〇一五年、Kubernetesを非営利団体「Cloud Native Computing Foundation（ＣＮＣＦ）」に寄贈し、「Kubernetes」は中立的な開発と使用を保証されている。

＊3　Reactはウェブサイトやアプリケーションを、プログラミングの高度な知識がなくとも制作することを可能にするソフトウェアで、当初はInstagramのニュースフィード機能の実装に用いられ、やがてFacebookのアップデートにも用いられた。その後Metaは、開発の効率性や品質を高めるために、Reactをオープンソースとして公開している。現在、GitHubを通じて世界中の開発者がアップデートをおこなっており、Metaは主要な開発者としてここに参加している。

＊4　宇野常寛『遅いインターネット』（幻冬舎、二〇二〇年）

＊5　尾高邦雄『職業社会学』（岩波書店、一九四一年）

＊6　阿部真大『会社のなかの「仕事」社会のなかの「仕事」——資本主義経済下の職業の考え方』（光文社新書、二〇二三年）

＊7　前掲『遅いインターネット』

＊8　同右

＊9　同右

参考文献

#1

＊書籍・雑誌

アントニオ・ネグリ／マイケル・ハート『〈帝国〉——グローバル化の世界秩序とマルチチュードの可能性』（水嶋一憲／酒井隆史／浜邦彦／吉田俊実訳、以文社、二〇〇三年）

リチャード・フロリダ『クリエイティブ・クラスの世紀——新時代の国、都市、人材の条件』（井口典夫訳、ダイヤモンド社、二〇〇七年）

A・R・ホックシールド『壁の向こうの住人たち——アメリカの右派を覆う怒りと嘆き』（布施由紀子訳、岩波書店、二〇一八年）

ハンス・ロスリング／オーラ・ロスリング／アンナ・ロスリング・ロンランド『FACTFULNESS（ファクトフルネス）——10の思い込みを乗り越え、データを基に世界を正しく見る習慣』（上杉周作／関美和訳、日経BP、二〇一九年）

スティーブン・ピンカー『21世紀の啓蒙』上・下（橘明美／坂田雪子訳、草思社、二〇一九年）

パラグ・カンナ『「接続性」の地政学——グローバリズムの先にある世界』上・下（尼丁千津子／木村高子訳、原書房、二〇一七年）

ダロン・アセモグル／ジェイムズ・A・ロビンソン『国家はなぜ衰退するのか——権力・繁栄・貧困の起源』上・下（鬼澤忍訳、早川書房、二〇一三年）

ルトガー・ブレグマン『Humankind 希望の歴史——人類が善き未来をつくるための18章』上・下（野中香方子訳、文藝春秋、二〇二一年）

ニコラス・クリスタキス『ブループリント——「よい未来」を築くための進化論と人類史』上・下（鬼澤忍／塩原通緒訳、NewsPicks パブリッシング、二〇二〇年）

マイケル・サンデル『実力も運のうち——能力主義は正義か？』（鬼澤忍訳、早川書房、二〇二一年）

デイヴィッド・グッドハート『頭 手 心——偏った能力主義への挑戦と必要不可欠な仕事の未来』（実業之日本社、二〇二二年）

井上明人『ゲーミフィケーション——〈ゲーム〉がビジネスを変える』（NHK出版、二〇一二年）

渡瀬裕哉『なぜ、成熟した民主主義は分断を生み出す

のか――アメリカから世界に拡散する格差と分断の構図』（すばる舎、二〇一九年）
ハンナ・アーレント『全体主義の起原2――帝国主義 新版』（大島通義／大島かおり訳、みすず書房、二〇一七年）
津田大介『動員の革命――ソーシャルメディアは何を変えたのか』（中公新書ラクレ、二〇一二年）
吉本隆明『改訂新版　共同幻想論』（角川ソフィア文庫、二〇二〇年）
宇田亮一『吉本隆明『共同幻想論』の読み方』（菊谷文庫、二〇一三年）
宇野邦一『吉本隆明　煉獄の作法』（みすず書房、二〇一三年）
村瀬学／佐藤幹夫（聞き手）『次の時代のための吉本隆明の読み方』（洋泉社、二〇〇三年）
ミゲル・シカール『プレイ・マターズ――遊び心の哲学』（松永伸司訳、フィルムアート社、二〇一九年）
真木悠介『自我の起原――愛とエゴイズムの動物社会学』（岩波現代文庫、二〇〇八年）
リチャード・ドーキンス『利己的な遺伝子　40周年記念版』（日髙敏隆／岸由二／羽田節子／垂水雄二訳、紀伊國屋書店、二〇一八年）
『作庭記』（日本思想大系23『古代中世芸術論』所収、林屋辰三郎校注、岩波書店、一九七三年）

＊ウェブサイト

生環境構築史　第4号
https://hbh.center/backnumber4/

#2

＊書籍・雑誌

進士五十八『日本の庭園――造景の技とこころ』（中公新書、二〇〇五年）
ジル・クレマン『動いている庭』（山内朋樹訳、みすず書房、二〇一五年）
同『庭師と旅人――「動いている庭」から「第三風景」へ』（エマニュエル・マレス編、秋山研吉訳、あいり出版、二〇二一年）
エマ・マリス『「自然」という幻想』（岸由二／小宮繁訳、草思社、二〇一八年）
岸由二／柳瀬博一『「奇跡の自然」の守りかた――三浦半島・小網代の谷から』（ちくまプリマー新書、二〇一六年）
岸由二『生きのびるための流域思考』（ちくまプリマー新書、二〇二一年）

★ウェブサイト

生環境構築史　第4号

https://hbh.center/backnumber4/

#3

★書籍・雑誌

『精選版　日本国語大辞典』（小学館、二〇〇六年）

『ベーシック版　世界大百科事典　第2版』（日立デジタル平凡社、一九九八年）

『日本大百科全書（ニッポニカ）』（小学館、一九九三年）

馬場正尊／Open A『RePUBLIC 公共空間のリノベーション』（学芸出版社、二〇一三年）

『モノノメ創刊号』（ＰＬＡＮＥＴＳ、二〇二一年）

濱野智史『アーキテクチャの生態系――情報環境はいかに設計されてきたか』（ＮＴＴ出版、二〇〇八年）

槇文彦他『見えがくれする都市――江戸から東京へ』（ＳＤ選書、一九八〇年）

★ウェブサイト

Daily PLANETS『森と干潟の流域を歩く「小網代の森」探訪記・後編』二〇一五年十二月二十五日

https://ch.nicovideo.jp/wakusei2nd/blomaga/ar936010

生環境構築史　第1号　特集：ＳＦ生環境構築史大全

永田希『エイリアンのアヴァンガーデニング』二〇二〇年十一月一日

https://hbh.center/01-issue_07/

#4

★書籍・雑誌

鞍田崇「生きる意味への応答――民藝と〈ムジナの庭〉をめぐって」（『モノノメ』創刊号、ＰＬＡＮＥＴＳ、二〇二一年）

小池真幸「「ムジナの庭」では何が起きているのか」（『モノノメ』＃2、ＰＬＡＮＥＴＳ、二〇二二年）

ジャン・ウリ『コレクティフ サン・タンヌ病院におけるセミネール』（多賀茂／上尾真道／川村文重／武田宙也訳、月曜社、二〇一七年）

#5

★書籍・雑誌

ジャン・ウリ『コレクティフ　サン・タンヌ病院におけるセミネール』（多賀茂／上尾真道／川村文重／武田宙也訳、月曜社、二〇一七年）

柳宗悦『民藝とは何か』（昭和書房〈民藝叢書〉、一九四一年（講談社学術文庫、二〇〇六年を使用））
同『工藝の道』（ぐろりあ　そさえて、一九二八年（講談社学術文庫、二〇〇五年を使用））
河井寛次郎『火の誓ひ』（朝日新聞社、一九五三年（講談社文芸文庫、一九九六年を使用））
鞍田崇『民藝のインティマシー――「いとおしさ」をデザインする』（明治大学出版会、二〇一五年）
クリストファー・アレグザンダー他『パタン・ランゲージ――環境設計の手引』（平田翰那訳、鹿島出版会、一九八四年）
クリストファー・アレグザンダー『時を超えた建設の道』（平田翰那訳、鹿島出版会、一九九三年）
鞍田崇「生きる意味への応答――民藝と〈ムジナの庭〉をめぐって」（『モノノメ』創刊号、PLANETS、二〇二一年）
井庭崇「創造社会における創造の美――柳宗悦とクリストファー・アレグザンダーを手がかりとして」（『モノノメ』創刊号、PLANETS、二〇二一年）

＊ウェブサイト

鞍田さん、「民藝」について教えてください
https://slowinternet.jp/article/20201005/
パターン・ランゲージとは
https://creativeshift.co.jp/pattern-lang/
パターン・ランゲージ一覧（慶應義塾大学　井庭崇研究室&株式会社クリエイティブシフト制作）
http://web.sfc.keio.ac.jp/~iba/patterns_j/index.html

#6

＊書籍・雑誌

國分功一郎『暇と退屈の倫理学　増補新版』（太田出版、二〇一五年）
よしながふみ／山本文子（聞き手）『仕事でも、仕事じゃなくても』（フィルムアート社、二〇二二年）

#7

＊書籍・雑誌

國分功一郎『中動態の世界――意志と責任の考古学』（医学書院、二〇一七年）
ハーマン・メルヴィル『ビリー・バッド』（坂下昇訳、岩波文庫、一九七六年）
ハンナ・アーレント『全体主義の起原2――帝国主義　新版』（大島通義／大島かおり訳、みすず書房、二〇

一七年）
國分功一郎／熊谷晋一郎『〈責任〉の生成——中動態と当事者研究』（新曜社、二〇二〇年）
井上明人『ゲーミフィケーション——〈ゲーム〉がビジネスを変える』（ＮＨＫ出版、二〇一二年）

＊ウェブサイト

TERRACE HOUSE TOKYO 2019 - 2020
https://www.fujitv.co.jp/b_hp/terrace-house5/index.html
木村花さん母「フジテレビに絶望して提訴」裁判始まり意見陳述、争点は精神疾患の有無　弁護士ドットコムニュース、二〇二三年七月十二日
https://www.bengo4.com/c_23/n_16253/

#8

＊書籍・雑誌

斎藤幸平『人新世の「資本論」』（集英社新書、二〇二〇年）
斎藤幸平／松本卓也編『コモンの「自治」論』（集英社シリーズ・コモン、二〇二三年）
ジェレミー・リフキン『限界費用ゼロ社会——〈モノのインターネット〉と共有型経済の台頭』（柴田裕之訳、ＮＨＫ出版、二〇一五年）
荒谷大輔『贈与経済2.0　お金を稼がなくても生きていける世界で暮らす』（翔泳社、二〇二四年）
柄谷行人『探究Ⅰ』（講談社学術文庫、一九九二年）
同『探究Ⅱ』（講談社学術文庫、一九九四年）
原田実『江戸しぐさの正体——教育をむしばむ偽りの伝統』（星海社新書、二〇一四年）
小野寺拓也／田野大輔『検証　ナチスは「良いこと」もしたのか？』（岩波書店、二〇二三年）
マーシャル・マクルーハン『グーテンベルクの銀河系——活字人間の形成』（森常治訳、みすず書房、一九八六年）

＊ウェブサイト

「コモンズ」が駆動する共有型経済は、日本の文化から生まれる〜ＮＥＣ未来創造会議講演レポート
https://wisdom.nec.com/ja/event/nw/2021012002/index.html

#9

＊書籍・雑誌

川口いしや「「食べログ」の研究——レビューサイトがもたらした「食文化」と「都市」の風景」（『ＰＬＡ

NETS』vol.8、PLANETS、二〇一二年）
足立己幸／衛藤久美『共食と孤食――50年の食生態学研究から未来へ』（女子栄養大学出版部、二〇二三年）
藤原辰史『縁食論――孤食と共食のあいだ』（ミシマ社、二〇二〇年）
中島岳志『秋葉原事件――加藤智大の軌跡』（朝日新聞出版、二〇一一年）
宇野常寛『ひとりあそびの教科書――14歳の世渡り術』（河出書房新社、二〇二三年）

＊ウェブサイト

「世界初「孤独担当大臣」置いた英国　孤立を社会問題と見る国の取り組み」（『朝日新聞GLOBE＋』二〇二〇年一月八日）
https://globe.asahi.com/article/13016730
きょう、誰と食べる?～孤食を考える～第6回「孤食と名付けた識者の反省　半世紀の研究で得た、指標より大切なこと」『朝日新聞デジタル』二〇二三年七月八日
https://www.asahi.com/articles/ASR6X6CR8R62OIPE00G.html?iref=pc_rensai_article_short_1873_article_6
あなたはひとりじゃない――内閣府　孤独・孤立対策推進室
https://www.notalone-cao.go.jp/
希望は、商店街!～札幌カフェ・ハチャムの挑戦と社会的包摂
http://www.magazine9.jp/article/gakko_report/4949/

#10

＊書籍・雑誌

塩谷歩波『銭湯図解』（中央公論新社、二〇一九年）
田中元子『マイパブリックとグランドレベル――今日からはじめるまちづくり』（晶文社、二〇一七年）
南後由和『ひとり空間の都市論』（ちくま新書、二〇一八年）
宇野常寛責任編集『2020年代のまちづくり＝CITY202X――震災復興から地方創生へ、オリンピックからアフターコロナへ』（PLANETS、二〇二三年）
エリノア・オストロム『コモンズのガバナンス――人びとの協働と制度の進化』（原田禎夫／齋藤暖生／嶋田大作訳、晃洋書房、二〇二二年）
加藤優一『銭湯から広げるまちづくり――小杉湯に学ぶ、場と人のつなぎ方』（学芸出版社、二〇二三年）

柄谷行人『探究Ⅱ』(講談社学術文庫、一九九四年)

＊ウェブサイト

平松佑介さんと語り合う、「夕方」の時間を取り戻す方法

https://slowinternet.jp/article/thinkaboutrest03/

マイパブリックとグランドレベル|田中元子

https://note.com/wakusei2nd/n/n845c92441 5fd

街の家事室〈喫茶ランドリー〉の秘密。 第1回 喫茶店に洗濯機がある理由。

https://fn.miraiteiban.jp/laundry1/

小杉湯となり

https://kosugiyu-tonari.com

ポスト・スマートシティの都市を構想する——「デジタルものづくり」から考える|田中浩也

https://slowinternet.jp/article/niwapro11/

#11

＊書籍・雑誌

猪子寿之/宇野常寛『人類を前に進めたい——チームラボと境界のない世界』(PLANETS、二〇一九年)

T・E・ロレンス『完全版 知恵の七柱』第2巻(ジェレミー・ウィルソン編、田隅恒生訳、平凡社東洋文庫、二〇〇八年)

丸山真男『日本の思想』(岩波新書、一九六一年)

＊ウェブサイト

オペラ座近くで5人殺傷 パリ、テロ容疑で捜査 犯人は射殺

https://www.nikkei.com/article/DGXMZO30439260T10C18A5I00000/

坂口安吾『戦争と一人の女』(青空文庫)

https://www.aozora.gr.jp/cards/001095/files/42900_35405.html

坂口安吾『続戦争と一人の女』(青空文庫)

https://www.aozora.gr.jp/cards/001095/files/42904_23099.html

#12

＊書籍・雑誌

柴沼俊一/瀬川明秀『知られざる職種 アグリゲーター——5年後に主役になる働き方』(日経BP、二〇一三年)

小川さやか『チョンキンマンションのボスは知っている——アングラ経済の人類学』(春秋社、二〇一九年)

#13

＊書籍・雑誌

吉本隆明『改訂新版　共同幻想論』（角川ソフィア文庫、二〇二〇年）

同『マス・イメージ論』（福武書店、一九八四年）

同『ハイ・イメージ論　1』（福武書店、一九八九年）

同『ハイ・イメージ論　2』（福武書店、一九九〇年）

同『ハイ・イメージ論　3』（福武書店、一九九四年）

同『重層的な非決定へ――埴谷雄高の「苦言」への批判』（大和書房、一九八五年）

吉本隆明／田近伸和（聞き手）『私の「戦争論」』（ぶんか社、一九九九年）

上野千鶴子『女という快楽［新装版］』（勁草書房、二〇〇六年）

山口真一『ソーシャルメディア解体全書――フェイクニュース・ネット炎上・情報の偏り』（勁草書房、二〇二二年）

「現代思想界をリードする吉本隆明の「ファッションン」」（『an·an』№４４６、マガジンハウス、一九八四年）

埴谷雄高「政治と文学と・補足――吉本隆明への最後の手紙」（『海燕』4巻4号、福武書店、一九八五年）

＊ウェブサイト

『ほぼ日刊イトイ新聞』

https://www.1101.com/home.html

『ほぼ日刊イトイ新聞』気仙沼ニッティング

https://www.1101.com/store/knitting/

#14

＊書籍・雑誌

ハンナ・アレント『人間の条件』（牧野雅彦訳、講談社学術文庫、二〇二三年）

宇野常寛『遅いインターネット』（幻冬舎、二〇二〇年）

尾高邦雄『職業社会学』（岩波書店、一九四一年）

阿部真大『会社のなかの「仕事」社会のなかの「仕事」――資本主義経済下の職業の考え方』（光文社新書、二〇二三年）

その他

＊書籍・雑誌

マーシャル・マクルーハン『グーテンベルクの銀河系

——活字人間の形成』（森常治訳、みすず書房、一九八六年）
宇野常寛責任編集『ＰＬＡＮＥＴＳ』vol.9　東京２０２０　オルタナティブ・オリンピック・プロジェクト（ＰＬＡＮＥＴＳ、二〇一五年）
ベン・グリーン『スマート・イナフ・シティ——テクノロジーは都市の未来を取り戻すために』（中村健太郎／酒井康史訳、人文書院、二〇二二年）
ローマン・クルツナリック『グッド・アンセスター——わたしたちは「よき祖先」になれるか』（松本紹圭訳、あすなろ書房、二〇二一年）
梅田望夫『ウェブ進化論——本当の大変化はこれから始まる』（ちくま新書、二〇〇六年）
ジョナサン・ゴットシャル『ストーリーが世界を滅ぼす——物語があなたの脳を操作する』（月谷真紀訳、東洋経済新報社、二〇二二年）
宇野常寛『リトル・ピープルの時代』（幻冬舎、二〇一一年）
竹田青嗣『現代批評の遠近法——夢の外部』（講談社学術文庫、一九九八年）
加藤典洋／竹田青嗣『二つの戦後から』（ちくま文庫、一九九八年）
福嶋亮大『ハロー、ユーラシア——21世紀「中華」圏の政治思想』（講談社、二〇二一年）
福嶋亮大／張彧暋『辺境の思想——日本と香港から考える』（文藝春秋、二〇一八年）
レベッカ・ソルニット『定本　災害ユートピア——なぜそのとき特別な共同体が立ち上がるのか』（高月園子訳、亜紀書房、二〇二〇年）
宇野常寛責任編集『モノノメ』創刊号（ＰＬＡＮＥＴＳ、二〇二一年）
開沼博『「フクシマ」論——原子力ムラはなぜ生まれたのか』（青土社、二〇一一年）
同『漂白される社会』（ダイヤモンド社、二〇一三年）
竹内純子『電力崩壊——戦略なき国家のエネルギー敗戦』（日経ＢＰ　日本経済新聞出版、二〇二一年）
井上岳一『日本列島回復論——この国で生き続けるために』（新潮社、二〇一九年）
指出一正『ぼくらは地方で幸せを見つける——ソトコト流ローカル再生論』（ポプラ新書、二〇一六年）
上妻世海『制作へ』（オーバーキャスト　エクリ編集部、二〇一八年）

＊ウェブサイト

路上生活者ゼロがゴールなのか？　宮下公園で暮らしたＥＸＩＴ兼近「社会から逃れるための場所があってもいいのでは」

https://times.abema.tv/articles/-/8625010
拡張家族 Cift
https://cift.co/
総務省「地域への新しい入り口 関係人口ポータルサイト」
https://www.soumu.go.jp/kankeijinkou/about/index.html

【初出】

『群像』二〇二二年七月号〜二〇二四年一月号に「庭の話」として連載（全十八回。なお二〇二三年三月号を除く）。

単行本化にあたって、全面的に加筆・改稿しました。

著者：宇野常寛（うの・つねひろ）
批評家。1978年生まれ。批評誌〈PLANETS〉編集長。 著書に『リトル・ピープルの時代』『遅いインターネット』（ともに幻冬舎）、『日本文化の論点』（筑摩書房）、『母性のディストピア』（集英社）、石破茂との対談『こんな日本をつくりたい』（太田出版）、『砂漠と異人たち』（朝日新聞出版）、『ひとりあそびの教科書』（河出書房新社）など。 立教大学社会学部兼任講師も務める。

庭《にわ》の話《はなし》

2024年12月 9 日　第 1 刷発行
2025年 7 月25日　第 8 刷発行

著　者　宇《う》野《の》常寛《つねひろ》
発行者　篠木和久
発行所　株式会社講談社
〒 112-8001　東京都文京区音羽2 - 12 - 21
電話　編集 03 - 5395 - 3521
販売 03 - 5395 - 5817
業務 03 - 5395 - 3615

印刷所　TOPPANクロレ株式会社
製本所　大口製本印刷株式会社

KODANSHA

ISBN978-4-06-537791-8
N.D.C.110　366p　20cm

だんまり、つぶやき、語らい

じぶんをひらくことば

鷲田清一　著

二〇二〇年十月十五日、

コロナ禍のなか愛知県立一宮高等学校でおこなわれた講演の記録。

ことばって面倒くさいじゃないですか。／じゃないですかって、挙手をみるかぎり、みなさんのほとんどがそう思っていないようですから、ちょっと困るところではありますが（笑）、ぼくは、ことばってすごく面倒なものだと思ってきたんです。／というのは、たいていの場合、ことばのほうが過剰か過少であり、ピタリ、ズバリはまずない（本文より）。碩学のあたたかい語りかけと生徒たちの真摯な応答に、読者はいつしかわが身をふりかえることだろう。

定価：一一〇〇円（税込）

※定価は変更することがあります